职业教育创新型系列教材

现代物流认知与操作

主　编　党麦玲　许　璐　井润德
副主编　李博豪　王占莹　赵丽君

天津大学出版社
TIANJIN UNIVERSITY PRESS

内容简介

本书是陕西省教育科学“十四五”规划课题———新商科背景下中职电子商务专业“三教”改革研究(SGH22Y0004)成果之一,是参照国家职教教材改革文件精神和要求,校企合作开发的一本“岗课赛证”融通的融媒体新形态职教教材。

全书分为上下两篇:上篇为认知篇,包括7个学习项目,突出了职业活动的整体认知和基础能力的训练;下篇为操作篇,紧密结合省级(全国)职业院校技能大赛智慧物流作业赛项要求,包括5个专项训练项目,并配有标准化操作视频。同时,与本教材配套的在线课程在超星平台也已上线,可供读者访问、学习,从而获取更多的教学资源。

本书适合职业院校物流服务与管理、电子商务等相关专业教学使用,也可以作为现代物流从业人员的培训资料和参考用书。

图书在版编目(CIP)数据

现代物流认知与操作 / 党麦玲, 许璐, 井润德主编 ; 李博豪, 王占莹, 赵丽君副主编. -- 天津 : 天津大学出版社, 2024. 10. -- (职业教育创新型系列教材).
ISBN 978-7-5618-7843-9

Ⅰ. F252

中国国家版本馆CIP数据核字第2024Q23Q13号

出版发行　天津大学出版社
地　　址　天津市卫津路92号天津大学内(邮编:300072)
电　　话　发行部:022-27403647
网　　址　www.tjupress.com.cn
印　　刷　河北鑫彩博图印刷有限公司
经　　销　全国各地新华书店
开　　本　787mm×1092mm　1/16
印　　张　14.25
字　　数　362千
版　　次　2024年10月第1版
印　　次　2024年10月第1次
定　　价　48.80元

本书编委会

主　编：党麦玲　许　璐　井润德

副主编：李博豪　王占莹　赵丽君

主　审：顾学福

前　言

教材作为课程建设和改革成果的载体，是教学模式的重要支撑，是人才培养的首要介质，承载着立德树人、服务国家发展战略的重任。《国家职业教育改革实施方案》《职业院校教材管理办法》《"十四五"职业教育规划教材建设实施方案》均从国家层面规划了职业教育教材建设与改革工作，并倡议"校企双元合作"，尽快开发出一批新型活页式、工作手册式的国规和地方规划教材。

在"互联网+"迅猛发展的背景下，随着云计算、大数据、物联网、移动通信、人工智能、区块链等信息技术蓬勃发展，我国经济不断深化转型，供给侧结构性改革迅速推进，商业模式也在推陈出新，这些变化都对现代物流人才培养提出了新要求。如何针对学生特点，融合多样化的教学活动，提升学生的参与度，在教材中融入新技术、新工艺、新规范，使教材能够适应线上线下混合式教学，是我们编撰《现代物流认知与操作》这本活页式、融媒体、"岗课赛证"融通教材的初心和目标。

本书在以物流活动基本功能要素为主线组织教材内容的基础上，打破了以知识传授为主要特征的传统课程模式，转变为以工作任务为中心组织教材内容和课程教学，让学生在完成具体任务的过程中构建相关理论知识，并发展职业能力。从知识和技能上来讲够用就行，不强调系统性和深入性，但强调通过为初学者建立整个物流职业的知识技能框架，来达到全面认知物流产业和物流活动的目标。全书分为上下两篇。上篇为认知篇：包括 7 个学习项目：走进现代物流、仓储作业体验、运输作业体验、配送作业体验、物流包装作业体验、物流信息处理作业体验、电子商务物流体验，突出职业活动的整体认知和基础能力的训练；每个学习项目包含了四个学习任务，任务内容均按照真实工作任务实施过程组织，由知识准备、任务实施、任务评价等模块组成。另外，在每个学习项目中都附有知识拓展、思政课堂、物流"1+X"考证系列简介等内容；下篇为操作篇：结合省级（全国）职业院校技能大赛智慧物流作业赛项要求，设定 5 个专项训练项目：运输与配送操作、入库作业、移库作业、出库作业、盘点作业。具体内容分为任务描述、操作步骤、标准化操作视频（扫码学习）3 个模块，并附有成绩评定用表。

教材按照专业基础课程"先进性、综合性、开放性"的建设要求，积极融入课程思政教育，将社会主义核心价值观和物流工匠精神融入教学内容，在"润物细无声"中培养学生认真严谨、精益求精的职业精神。同时，本书突出以能力为本位的课程特色，采用新形态活页式、融媒体的编写形式，促使教师积极运用现代教学理念，在教学内容与体系、教学手段与方法等方面进行跨越式的创新与改革。教材文字表述生动活泼，案例及活动选取尽量贴近工作和生活实际，书中设计的教学活动和行动任务便于教师组织教学，适合在校生动手操作。此外，本书积极将"互联网+"思维融入教材，一方面，学生可以通过扫描二维码随时随地学习教材配套"思政课堂""知识拓展""操作视频"等内容；另一方面，与本教材配套的在线课程我们也已在超星平台上线（https://www.xueyinonline.com/detail/246514328），欢迎大家访问、学习，获取更多的教学资源！

本教材由陕西省电子信息学校党麦玲、许璐、井润德担任主编，陕西省电子信息学校李博豪、王占莹、赵丽君担任副主编，陕西省电子信息学校孙巧、刘诚怡、吕莹、冯璐、蒲彬、张建永、李孝勇，青海汇信资产管理有限责任公司李善学参与了本书的编写工作。具体编写分工如下：党麦玲负责拟定全书框架结构，负责编写项目一及全书的总撰和定稿；许璐负责编写项目二及“1+X”考证拓展与提升系列内容；井润德负责编写项目六及全书统稿和修订；李博豪负责编写项目三及操作篇；王占莹负责编写项目四；赵丽君负责编写项目五；孙巧负责编写项目七；陕西省教育科学研究院高居红、青海汇信资产管理有限责任公司李善学为本书编撰提供了全程咨询、指导支持；陕西省电子信息学校顾学福担任本书终审工作，在此特致以诚挚的感谢！

需要说明的是，本书关于物流管理“1+X”考证系列内容借鉴了北京中物联物流采购培训中心《物流管理职业技能等级证书认证考务手册（2023 版）》，本书操作篇实操平台是基于北京络捷斯特现代物流综合业务系统（版本号：V2.0.1），操训项目设置、操训过程及要求也是完全按照平台操作要求整理编写。

此外，本书案例中的人名、电话号码、地址、情节等均为虚构，如有雷同，纯属巧合。在本书的编写过程中，借鉴和参考了许多文献资料，在此对相关作者表示诚挚的感谢。由于编写时间仓促，书中难免有错漏之处，敬请广大读者批评指正。读者意见可发送至信箱：dangmailing @ 163.com。

编　者

2024 年 8 月

目　　录

认知篇

操作篇

认知篇

项目一

走进现代物流

本项目共有四个任务，亲爱的同学们，现在让我们通过任务的学习，走进并体验现代物流吧！

项目导入

今天，在飞速前进的中国，每小时会有超过 10 亿元的商品通过互联网成交，每天有超过了 2 亿件的电商快递在各地穿梭……这些不断跳动的字节后面，是现代物流体系带给中国经济的强大活力。2022 年 12 月 15 日，国务院办公厅发布了《关于印发“十四五”现代物流发展规划的通知》。这是我国现代物流领域的第一个国家五年规划，对于加快构建现代物流体系，促进经济高质量发展具有重要意义。现代物流一头联结着生产，一头联结着消费，高度集成并融合运输、仓储、分拣、配送和信息处理等服务功能，是支撑经济社会发展的大动脉，更是延伸产业链、提升价值链、打造供应链的重要支撑。

同学们，作为一名现代物流服务与管理及相关专业的学生，未来现代物流领域的从业者，你对现代物流的产生与发展有充分的认知吗？你了解现代物流职场吗？你能对个人职业生涯发展做出清晰、科学的规划吗？本项目将带领你走进现代物流，助你打造职业理想。

头脑风暴

有没有哪个特殊的瞬间，让你感受到中国物流的强大？

知识目标

1. 能够概述现代物流基本概念、我国现代物流产生与发展的过程及物流在社会经济中的作用；

2. 能准确认知企业物流、物流企业等基本概念；

3. 了解现代物流企业组织结构及部门设置，对物流岗位的从业要求有清楚的认知。

能力目标

1. 能够总结现代物流的发展趋势，对区域物流发展有较深入的认识；

2. 能够辨析物流企业的类型，总结不同类型物流企业的服务特色；

3. 能够总结、归纳企业物流分类以及各项目的工作内容；

4. 能够结合物流岗位的专业素养要求及个人理想，对未来职业成长路线做出科学合理的规划。

素质目标

1. 坚定理想信念，对大国物流充满民族自信；

2. 培养团队分工协作的精神，树立合作共赢的大局观念；

3. 树立正确的人生观和价值观，对未来的人生和职业发展有梦想、有追求、肯行动。

任务一　物流初步认知

张慧是 ×× 职业学校现代物流服务与管理专业的一名新生。按照学校工作安排，下个星期要举办“技能成才，强国有我”职业教育周主题教育活动。在职教周活动开幕式上，张慧要代表本专业全体新生做专业认知演讲。那么，张慧该如何完成这一光荣而艰巨的任务呢？

一、知识准备

（一）什么是物流

物流活动作为一种社会经济活动，伴随着人类社会的产生而存在，具有久远的历史。在我国历史上，著名的“丝绸之路”“茶马古道”等古代贸易流通，实质上就是“物流”活动的一种体现。“物流”（Logistics）的概念是 1979 年中国物资经济学会代表团在日本参加第三届国际物流会议后首次引入中国，中文的“物流"一词，也来自日语中的“物の流通”，简称“物流”。

物流虽然是个传统行业，但随着经济的迅速发展，高新技术的不断涌现，已赋予它更新、更深的内涵和全新的概念，为了提高国民对于现代物流的认知，统一物流行业参与者对术语的理解，实现物流信息准确传递，促进物流行业的协同作业，并实现与国际化标准的接轨，从 2001 年 4 月起，我国发布并不断更新了《物流术语》（GB/T 18354—2021）国家标准。

最新《物流术语》标准于 2021 年 8 月 20 日发布，2021 年 12 月 1 日起实施。其中，对物流的定义是：根据实际需要，将运输、储存、装卸、搬运、包装、流通加工、配送、信息处理等基本功能实施有机结合，使物品从供应地向接收地进行实体流动的过程。

物流的定义可以从以下四个方面理解。

（1）物流是物品物质实体的流动，而不是物品社会实体的流动；物流只实现物品物质实体的转移，而不发生物品所有权的转移。

（2）物流是一种满足社会需要的经济活动，反之，则不属于物流范畴。

（3）物流包括空间位移、时间变动、形状变动、性质变动，从而创造物品时间和形态效用。

（4）有物品必然会有物流，因而物流具有普遍性。

（二）传统物流与现代物流的区别

仅从字面意思地理解，物流就是物质实体的流动。但是当把这个物质实体的流动，当作一个动态的、有机的过程来把握的时候，物流就成为包括运输、储存、搬运、分拣、包装、加工等多个环节在内有计划、有组织的活动了。这也就是人们通常所提及的传统物流（Physical Distribution）或一般意义上的物流概念。

现代物流（Modren Logistics）是相对于传统物流而言的。它是在传统物流的基础上，引入高科技手段，即通过计算机信息技术实现物流过程联网，并对物流信息进行协同管理，从而使物流速度加快，准确率提高，库存减少，成本降低，以此延伸和放大传统物流的功能。简而言之，现代物流就是指运用信息化手段，对物流过程加以控制，从而达到经济化、高效化目标的过程。现实条件下，衡量现代物流水平的一个重要依据就是物流过程的信息化程度。

（三）现代物流的七大环节

一个完整的物流过程是由 7 个部分组成，包括运输、储存、配送、装卸、包装、流通加工、信息处理。

1. 运输

运输功能是物流服务的基本职能之一。物流的主要目的就是要满足客户在时间和地点两个条件下对一定货物的要求。时间的变换和地点的转移是实现物流价值的基本因素。

2. 储存

储存是物流服务的第二大职能。物流企业用仓库对货物进行管理，完整地保留好货物，让货物在流通过程中不至于损坏影响其使用价值，从而实现了物流的时间价值。

3. 配送

配送是物流服务的第三大职能。配送是将货物送交收货人的一种活动，目的是要做到收发货经济，运输过程更为完善，保持合理库存，为客户提供方便，降低缺货的危险，减少订发货费用。

4. 装卸

装卸是为了加快商品的流通速度必须具备的功能。无论是传统的商务活动还是电子商务活动，都必须配备一定的装卸搬运能力，以提高装卸搬运作业效率，降低订货周期，减少作业对商品造成的破损。

5. 包装

物流包装作业的目的，不是要改变商品的销售包装，而是通过对销售包装进行组合、拼配、加固，最终形成适合物流和配送的组合包装单元。

6. 流通加工

流通加工的主要目的是便于生产和销售过程的需要，专业化的物流中心常常与固定的制造商或分销商进行长期合作，为制造商或分销商完成一定的加工作业，比如货物分组包装、制作条形码、粘贴标签等。

7. 信息处理

现代物流的各个环节都已经离不开信息处理这一功能，它通过将物流各个环节及各种作业信息进行实时采集、分析、传递，并向发货人和收货人提供各作业环节明细信息及咨询信息，以保证信息的可靠性和及时性。

（四）商品流通中的“四流”

任何商品的流通都是由商流、物流、信息流和资金流（简称“四流”）构成的一个有机整体，缺一不可。

商流是指商品在购、销双方之间进行交易和商品所有权转移的运动过程，具体是指商品交易的一系列活动。物流是指商品物质实体的流动过程，具体指运输、储存、配送、装卸、包装、流通加工、物流信息处理等各种活动。资金流是资金的转移过程，是客户确认购买商品/服务后，付款给商家的过程。它包括货币的流入和流出，以及资金的清算和结算等环节。信息流是商品交易过程中各主体之间信息传递与交流的过程。它包括商品信息的发布、传递、反馈等环节，以及市场信息的传递和处理等环节。其中，商流是前提，没有商流就没有后续的物流、资金流和信息流，同时没有物流、资金流和信息流等过程作为支撑，商流也无法完成。

从学术角度理解：“四流合一”概念是对理想电子商务模式的一个定义，学者们通常认为电子商务最佳模式应该是商流、物流、信息流、资金流同时完成的。

在现实商品交易流通中，我们应该这样理解“四流合一”的观念：商流、物流、信息流和资金流是商品流通过程中的四大组成部分，构成了一个完整的流通过程，互为存在，密不可分又相互作用。我们将“四流”作为一个整体来考虑和对待，会产生更大的能量，创造更大的经济效益。在具体的企业经营实践中，建立“四流合一”的专业认知观念，要求我们必须树立、具备全局意识、效率意识和成本节约意识。

（五）第三利润源的涵义

“第三利润源”这个词，最早诞生于 1970 年日本学者西泽修教授的著作《流通费用——不为人知的第三利润源泉》。西泽修将三大利润源进行了分类，节约原材料是“第一利润源泉”，提高劳动生产率是“第二利润源泉”，建立高效的物流系统被视为生产企业建立竞争优势的“第三利润源泉”。

第三利润源是相对第一利润源和第二利润源而言的。第一利润源是以降低生产成本，节约物化劳动消耗为途径，实现利润最大化；第二利润源是以提高劳动效率，降低活劳动消耗为途径，实现利润最大化；第三利润源不同于前两者，主要是以降低生产企业物流费用为途径，实现利润最大化。因此人们又把现代物流管理称为第三利润源。

关于如何挖掘生产企业第三利润源，建议从以下方面思考和探索。

（1）企业必须加强物流信息化建设和技术改造，尽可能实现物流智能化。

（2）企业必须重视物流管理和操作人才的引进和培养。

（3）建议中小企业采用第三方物流运作模式。

（六）未来物流的发展趋势

随着全球经济一体化进程的加快，资源在全球范围内的流动和配置大大加强，世界各国将更加重视物流发展对于本国经济、民生的各方面影响，更加重视物流的现代化建设。现代物流的发展趋势可以归纳为六个方向：电子化物流、绿色化物流、全球化物流、网络化物流、基于供应链的物流和一体化物流。

二、任务实施

（1）组建4人项目小组，根据小组成员特点，进行团队分工。

小组成员名单	成员特点	小组中的分工	备注
		搜集演讲资料	
		撰写演讲稿	
		制作演讲 PPT	
		登台演讲	

（2）拟定演讲题目和大纲。

小组拟定的演讲题目是：____

比如：物畅其流、货通天下，从物流大国迈向物流强国。

小组拟定的演讲大纲是：

（3）搜集演讲资料。

小组搜集资料的渠道和方法是：____

小组搜集的主要资料有（以思维导图的形式展示）：

（4）将小组完成的演讲稿提交至班级“现代物流认知与操作”课程 QQ 群，并摘录最精彩的选段展示如下。

（5）将小组制作的演讲 PPT 提交至班级“现代物流认知与操作”课程 QQ 群，并对 PPT 制作过程中遇到的问题以及解决问题的过程总结如下。

（6）小组派代表登台演讲展示，对演讲效果做小结并记录如下。

三、任务评价

"物流初步认知"任务评价表

项目组			成　员				
评价标准	评价项目	评价要素	分值	小组自评（20%）	他组评价（30%）	教师评价（50%）	合计
	学习纪律与行为素养	出勤情况；衣着仪表；行为秩序；5S 素养	20				
	学习方法与参与过程	学习方法是否得当；能否进行有效信息检索；是否养成了探究学习、自主学习的习惯；能否处理好合作学习和独立思考的关系	30				
	任务实施过程与结果	任务实施过程是否规范，是否掌握必备专业知识与技能；能否认真分析问题、解决问题并创新问题；是否具备较强的信息处理能力并能条理清晰表述成文	30				
	协作交流与分享	与教师、同学之间能否相互尊重、理解，进行适时、多向的信息交流；能否发表个人见解并提出有意义、有价值的意见或建议；能否认真倾听、协作分享	20				
合　计			100				

任务二　熟悉企业物流

中国家电制造企业之首的海尔集团已带动整个家电制造产业从"中国产品"走向"中国品牌"。海尔集团创始人张瑞敏曾在一次演讲中提到：物流对海尔的发展是非常之重要，为此，他们投入了大量的精力，利用了约两年半的时间进行物流的整合和改造。到目前为止，物流已经对企业的发展起到了巨大的作用。而且他特别强调，一个现代企业在网络经济时代，必须推进现代化物流，否则就没有生路。

请上网搜索：张瑞敏在"海尔现代物流同步模式研讨会"上的演讲稿，并以小组为单位通过多渠道调研完成一个小型调研报告，揭示海尔集团现代物流的发展之路。

一、知识准备

（一）什么是企业物流

《物流术语》国家标准对企业物流的定义：生产和流通企业围绕其经营活动所发生的物流活动。

所以说，企业物流是在企业内部物品实体流动的过程。这些活动构成了企业内部的物流网络，旨在支持企业的总体运营目标，确保生产顺利进行和高效率的资源分配。企业物流管理系统的主要任务是确保这些物流活动能够顺畅地进行，并进行必要的优化，以提高企业的竞争力和社会效益。

（二）企业物流的分类

按照企业业务性质不同，企业物流可分为两类，即生产企业物流和流通企业物流。

1. 生产企业物流

生产企业物流是以购进生产所需要的原材料、设备为始点，经过劳动加工形成新的产品，然后供应给社会需要部门为止的全过程的物流形式。包括了从原材料及设备零部件的采购、产品的生产过程、商品销售出厂以及售后服务的一切物流活动。生产企业物流由5大部分构成，包括供应物流、生产物流、销售物流、回收物流、废弃物物流。

（1）供应物流：为生产企业提供原材料、零部件或其他物品时，物品在提供者与需求者之间的实体流动。

（2）生产物流：生产过程中，原材料、在制品、半成品、产成品等，在企业内部的实体流动。

（3）销售物流：生产企业、流通企业出售商品时，商品在供方与需方之间的实体流动。

（4）回收物流：不合格商品的返修、退货以及周转使用的包装容器从需方返回到供方所形成的物品实体流动。

（5）废弃物物流：将经济活动中失去原有使用价值的物品，根据实际需要进行收集、分类、加工、包装、搬运、储存等，并分送到专门处理场所时所形成的物品实体流动。

这些部分相互协作、共同作用，构成了企业物流的整体。有效的企业物流管理可以提高企业的生产效率、降低成本、提高客户满意度，并增强企业的竞争力。

2. 流通企业物流

流通企业物流是指从事商品流通的企业和专门从事实物流通的企业的物流。它是为了克服商品从生产地到消费地之间存在的空间和时间上的间隔而产生的一种物品流动方式，主要通过运输、仓储、包装、流通加工和配送等物流运作手段，以最低的成本，把特定的产品和服务在特定的时间和地点提交给特定的客户，具体包括以下几种。

（1）批发企业的物流。批发企业的物流是指以商品批发基地为核心，由批发经营活动所派生的物流活动。

（2）零售企业的物流。零售企业物流是以零售商店据点为核心，以实现零售销售为主体的物流活动，零售企业的类型可分为一般多品种零售企业、连锁型零售企业和直销企业等。

（3）仓储企业物流。仓储企业是以储存业务为营利手段的企业，仓储企业物流是以接运、入库、保管、发运或运输为主营业务的物流活动，其中储存保管是其主要的物流功能。

（4）配送中心的物流。配送中心是从事配送业务的物流结点，配送中心物流是集储存、流通加工、分货、拣选和短途运输为一体的综合性物流活动。

（5）“第三方物流”企业的物流。第三方物流又称合同制物流，是由供方和需方以外的物流企业提供物流服务的业务模式。

（三）企业物流合理化

1. 企业物流合理化

所谓企业物流合理化，就是指企业对物流设备配置和物流活动组织进行调整和改进，实现物流系统整体优化的过程。具体体现为兼顾物流成本与物流服务两个方面：物流成本是物流系统为提高物流服务水平所投入的活劳动和物化劳动的成本，物流服务是物流系统通过投入后所实现的产出，合理化是投入和产出之间比例的合理化。企业物流合理化目的，就是要以尽可能低的物流成本获得可以接受的物流服务，或者，是以可以接受的物流成本达到尽可能高的服务水平。

2. 企业物流合理化的意义

（1）降低物流费用：通过合理化物流，企业可以降低物流费用，减少产品成本，提高经济效益。

（2）缩短生产周期：合理化的物流可以缩短生产周期，加快资金周转，提高企业的资金使用效率。

（3）压缩库存：通过合理化的物流管理，企业可以压缩库存，减少流动资金的占用。

（4）提高管理水平：物流合理化不仅关注物流本身的优化，还涉及整个企业的运营管理。通过物流的改善，可以提高企业的管理水平。

（四）企业物流作业的目标

企业物流作业的总目标：是实现物流成本的最低以及作业流程的最优。尽可能在最低的总成本条件下实现既定的客户服务水平。

实现企业物流目标的四点要求如下。

1. 快速响应——零迟缓

快速响应是企业物流作业目标中最基本的要求，要求企业对客户的服务需求必须做出及时、快速的满足，尽可能提高客户满意度。

2. 最小变异——零失误

在企业物流领域，要求系统作业始终保持稳定运行，尽量降低未预期事故事件对企业物流运转的影响，尽可能避免业务受损。

3. 最低库存——零库存

最低库存是企业物流作业目标中最核心的要求，就是要将存货减少控制在尽可能低的水平，以最低的存货满足客户需求，从而尽可能实现企业物流总成本最低。

4. 物流质量——零缺陷

物流质量要求企业对物流作业质量的控制容不得半点马虎，在企业物流领域应引进全面质量管理，无限寻求客户服务质量水平的改善与提高。

传统的物流作业要求要同时达到上述物流作业的目标比较困难，而市场的激烈竞争又对物流作业的全新目标几乎都要求同时满足，因此就要求企业必须对物流作业的各个环节进行高效整合。

（四）企业物流整合的趋势

在经济全球化和电子商务的双重推动下，从传统物流向现代物流迅速转型已成为当前物流业发展的必然趋势。在此背景下，企业物流可以分解为货物流和信息流两大流。

在系统工程思想的指导下，以信息技术为核心，强化资源整合和物流全过程优化是现代物流的最本质特征，当前，企业物流整合也已经从企业内部进行的整合扩展至独立企业之间的协调和企业外部的物流和信息流的集成和优化。

二、任务实施

（1）组建 4 人项目小组，根据小组成员特点，进行团队分工。

小组成员名单	成员特点	小组中的分工	备注
		调研资料搜集	
		资料整理	
		调研报告撰写	
		调研结果分享	

（2）资料搜集与整理。

小组搜集资料的渠道和方法是：____

小组搜集的主要资料有（以思维导图的形式展示）：

（3）将小组完成的调研报告提交至班级“现代物流认知与操作”课程 QQ 群，并将调研报告大纲展示如下。

（4）小组派代表登台分享调研过程与结果，并对调研过程遇到的问题、解决问题的过程以及调研结果总结如下。

三、任务评价

"熟悉物流企业"任务评价表

项目组		成　员					
评价标准	评价项目	评价要素	分值	小组自评（20%）	他组评价（30%）	教师评价（50%）	合计
	学习纪律与行为素养	出勤情况；衣着仪表；行为秩序；5S 素养	20				
	学习方法与参与过程	学习方法是否得当；能否进行有效信息检索；是否养成了探究学习、自主学习的习惯；能否处理好合作学习和独立思考的关系	30				
	任务实施过程与结果	任务实施过程是否规范，是否掌握必备专业知识与技能；能否认真分析问题、解决问题并创新问题；是否具备较强的信息处理能力并能条理清晰表述成文	30				
	协作交流与分享	与教师、同学之间能否相互尊重、理解，进行适时、多向的信息交流；能否发表个人见解并提出有意义、有价值的意见或建议；能否认真倾听、协作分享	20				
合　计			100				

任务三　识别物流企业

在经济全球化和电子商务的双驱推动下，物流业正在从传统物流向现代物流迅速转型，也已成为当前物流业发展的必然趋势。在国家和地方政府的大力支持和推动下，我国物流产业规模不断扩增，一大批现代化物流企业相继涌现、崛起并保持快速发展的态势，区域性物流网络已构建成型、联结成网、纵横全国。

请以小组为单位展开调查，分别搜集一个运输型物流企业、一个仓储型物流企业和一个综合型物流企业的相关资料，制作一份图文并茂、生动精美的手抄小报，分析比较他们各自的经营范围、核心业务和工作流程等。

一、知识准备

（一）什么是物流企业

《物流术语》国家标准对物流企业（Logistics service provider）定义是：从事物流基本功能范围内的物流业务设计及系统运作，具有与自身业务相适应的信息管理系统，实行独立核算、独立承担民事责任的经济组织。

（二）物流企业的类型

1. 按服务类型分类

（1）运输型物流企业。这类企业主要提供货品的运输服务，包括海运、陆运、空运等多种方式。他们拥有自己的运输团队和设备,能够根据客户需求提供个性化的运输方案。

(2)仓储型物流企业。这类企业以提供仓储服务为主,包括货物存储、保管、分拣、出库等环节。他们通常在特定的区域建立大型仓库,并利用先进的仓储管理系统满足客户的需求。

(3)综合服务型物流企业。这类企业可以提供运输、仓储、配送等全方位的服务。他们能够根据客户的具体需求,提供一体化的物流服务解决方案,帮助客户优化供应链管理。

2. 按业务范围分类

(1)区域性物流企业。这类企业的业务范围主要局限于某个特定地区,例如国内或某个片区。他们专注于满足当地市场的需求,提供本地化的物流服务。

(2)跨国物流企业。这类企业的业务范围涵盖多个国家和地区。他们拥有全球化的网络和资源,能够提供全球范围内的物流服务。

3. 按服务对象分类

(1)企业物流。这类企业的服务对象主要是各类生产或流通企业,他们为企业提供专业的物流服务,帮助企业管理和优化供应链。

(2)电商物流。这类企业的服务对象主要是电商平台和电商卖家,为他们提供快速的配送和高效的仓储服务,帮助电商企业提高客户满意度。

不同类型的物流企业在服务类型、业务范围和服务对象上有所区别,各有其特点和优势:运输型物流企业更注重运输环节的优化,仓储型物流企业强调仓储和分拣的高效性,综合服务型物流企业能够提供全方位的物流解决方案;按业务范围分类的区域性物流企业和跨国物流企业分别侧重于满足本地市场需求和提供全球化的物流服务;企业物流和电商物流针对不同客户群体的需求提供相应的专业化物流服务。

(三)第三方物流企业

1. 第三方物流的定义

国家标准《物流术语》对第三方物流所下的定义是:由独立于物流服务供需双方之外且以物流服务为主营业务的组织提供物流服务的模式。

根据定义,第三方物流主要由以下两个要件构成。第一、主体要件,第三方物流的主体是独立的第三方企业,而不是依附于供方或需方等任何一方的非独立性经济组织;第二,行为要件,第三方物流的行为是按照约定时间、价格和质量,为物流服务供需双方提供的是定制化物流服务。

2. 第三方物流企业的定义及特点

第三方物流企业是指为其他公司提供全部或部分专业化物流服务的外部供应商。

当前,无论是从市场需求、技术条件还是政策扶持看,都为第三方物流企业提供了广阔的市场空间和良好的发展机遇及条件。第三方物流企业特点体现为以下几点。

(1)独立性,第三方物流企业是独立的企业经济组织。

(2)专业化,第三方物流企业通常具有高度的专业化水平,能够提供符合客户需求的个性化物流服务。

(3)灵活性,第三方物流企业可以根据客户需求的变化快速响应,调整物流服务。所以说,第三方物流企业的优势在于效率更高、灵活性更强、更具可靠性。

3. 第三方物流企业的经营模式

第三方物流企业的业务范围一般包括:物流服务、信息系统支持和供应链管理。因其提供的业务范围和类型不同,第三方物流遵循了从初级到高级的发展历程,其经营模式可分为以下几种。

1)初级模式

这种模式表现为第三方物流企业接受客户的委托,根据客户发出的指令处理货物。从表现形式上看,第三方物流企业是站在自身物流业务经营的角度,接受供方企业的物流业务委托,并收取服务费。因此,我们认为这种经营模式与传统运输业、仓储业的区别不大,只不过是对运输、仓储等诸多环节按照成本最小化的原则进行了系统集成。

对于供方企业而言,属于部分物流外包。

2)中级模式

这种模式表现为由专业的第三方企业为供方企业提供物流系统设计并对系统运营承担责任的物流形态。

从表现形式看,第三方物流企业是站在供方的立场上,以供方企业的物流合理化为目标设计物流系统,并对系统运营承担责任。采取这种经营模式的第三方企业,往往为供方提供的是物流信息系统支持,自身不一定保有物流作业能力,具体的作业可以采取对外委托的方式由专业的运输、仓储企业去完成。

对于供方企业而言,属于物流系统整体外包。

3)高级模式

以供应链管理为核心的第三方物流模式,是由在物流综合管理经验、人才、技术、理念等方面均拥有明显优势的企业,对公司内部及具有互补性的服务提供商所拥有的不同资源、能力、技术进行整合和管理,从而为客户提供全方位的综合物流代理服务。

采用这种模式的第三方物流企业应该具有很强的实力,往往会选择网络组织结构组建企业联盟,并通过统一的信息系统平台,实现供应链各环节的信息共享和协同作业,从而达到整合和优化供应链上的各个环节,为客户提供更高效、更可靠、更灵活的物流服务的目标。

对于供方企业而言,属于加入物流战略联盟。

(四)国内外知名物流企业介绍

1. 2023 年中国物流企业排行榜前 10 名企业

2023 年 8 月 3 日,中国物流与采购联合会正式发布《关于发布 2023 年度中国物流企业 50 强、民营物流企业 50 强的通告》。其中, 2023 年中国物流 50 强,排名前十的依次是:中远海运集团、厦门象屿、顺丰控股、京邦达贸易(京东物流集团)、中国外运、菜鸟供应链、三快智送(美团配送)、圆通速递、中通快递、中铁物资。

2. 全球十大物流企业

全球十大物流公司分别为: UPS(美国联合包裹运送服务公司)、FedEX(联邦快递)、Deutsche Post World Net(德国邮政世界网)、A.P. Moller-Maersk Group(马士基集团)、Nippon Express(日本通运株式会社)、Ryder System(莱德系统)、TNT Post Group(TNT 快递公司)、Expeditors International(康捷国际公司)、Panalpina(泛亚班拿)、Exel(英运物流)。

以上公司基本上也都属于第三方物流企业。

二、任务实施

(1)组建 4 人项目小组,根据小组成员特点,进行团队分工。

小组成员名单	成员特点	小组中的分工	备注
		资料搜集	
		版设与美工	
		小报誊写	
		展示与分享	

(2)资料搜集与整理。

小组搜集资料的渠道和方法是:________________________________

小组搜集的调研对象是:

①____________________________________

②____________________________________

③____________________________________

(3)将小组完成的手抄小报拍照提交至班级“现代物流认知与操作”课程 QQ 群,并将小报完成过程记录如下。

(4)小组派代表登台展示小组制作的小报,分享小报制作的思路、过程与特色。通过分享与交流,对小组成果优势与不足总结如下。

三、任务评价

"识别物流企业"任务评价表

<table>
<tr><td>项目组</td><td colspan="2"></td><td colspan="2">成 员</td><td colspan="4"></td></tr>
<tr><td rowspan="5">评价标准</td><td>评价项目</td><td colspan="2">评价要素</td><td>分值</td><td>小组自评（20%）</td><td>他组评价（30%）</td><td>教师评价（50%）</td><td>合计</td></tr>
<tr><td>学习纪律与行为素养</td><td colspan="2">出勤情况；衣着仪表；行为秩序；5S 素养</td><td>20</td><td></td><td></td><td></td><td></td></tr>
<tr><td>学习方法与参与过程</td><td colspan="2">学习方法是否得当；能否进行有效信息检索；是否养成了探究学习、自主学习的习惯；能否处理好合作学习和独立思考的关系</td><td>30</td><td></td><td></td><td></td><td></td></tr>
<tr><td>任务实施过程与结果</td><td colspan="2">任务实施过程是否规范，是否掌握必备专业知识与技能；能否认真分析问题、解决问题并创新问题；是否具备较强的信息处理能力并能条理清晰表述成文</td><td>30</td><td></td><td></td><td></td><td></td></tr>
<tr><td>协作交流与分享</td><td colspan="2">与教师、同学之间能否相互尊重、理解，进行适时、多向的信息交流；能否发表个人见解并提出有意义、有价值的意见或建议；能否认真倾听、协作分享</td><td>20</td><td></td><td></td><td></td><td></td></tr>
<tr><td colspan="4">合 计</td><td>100</td><td></td><td></td><td></td><td></td></tr>
</table>

任务四 物流职业生涯规划

职业生涯规划是个人对自己一生职业发展道路的设想和谋划，是对个人职业前途的展望，是实现职业理想的前提。亲爱的同学，假如你从职业院校毕业后，成功应聘到一家物流企业工作，从公司基层管理实习岗位做起，那么你该如何一步一个脚印走好自己的职场之路呢？

请以小组为单位，讨论、交流各自的职业发展目标和方向，对个人职业成长路线做出科学、合理规划，并以某组员的职业生涯规划为例，参考给定的模板，完成一份《我的物流职业生涯规划书》。

一、知识准备

（一）了解物流企业组织结构

1. 什么是物流企业组织结构

物流企业组织结构是指物流企业内部组织机构按分工协作关系和领导隶属关系有序结合的整体。组织机构设计的基本内容包括明确组织机构的部门划分和层次划分，以及各个机构的职责、权限和相互关系，由此构成一个有机整体。

组织结构有两个要素，分别是部门和层次。不同部门及其责权的划分，反映组织机构之间的分工协作关系，称为部门结构；不同层次及其责权的划分，反映组织机构之间的上下级或领导隶属关系，称为层次结构。

2. 部门结构

一般来说，物流企业内部的组织结构从横向可划分为业务经营部门、职能管理部门和行政事务部门。

业务经营部门是指负责组织和从事商品流通经营业务的机构。业务经营部门是物流企业组织机构的主体，其主要任务、职责、权限是直接从事商品流通的经营，对外建立经济联系，并负责处理经营业务纠纷等。

职能管理机构是指与经营业务机构的活动有着直接的联系，专为经营业务活动服务的管理工作机构，它直接担负计划、指导、监督和调节职能。一般的物流企业都要设置计划与统计、财务与会计、劳动与工资、公关与市场等专门的职能管理机构。

行政事务管理机构间接地服务于业务经营部门和职能管理机构，主要任务和职责权限是为经营和管理工作提供后勤服务、安全保卫和法律咨询等。

3. 层次结构

物流企业内部的组织机构，从纵向又划分为若干层次（即管理层次）。所谓管理层次，是指从企业经理到基层工作人员之间体现领导隶属关系的管理环节，即经营管理工作层级划分。

物流企业组织机构的管理层级，一般划分为三个层次：最高管理层，即以经理为首的领导班子，统一领导各个层次的经营管理等活动；中间管理层，是指根据经营管理工作的需要设置的承上启下的中间层次的管理机构；基层管理层，是指经营管理工作的执行操作机构，是直接领导基层工作人员的管理层次，是企业中的最低管理层。

4. 部门设置与职责划分

物流企业的组织结构是确保物流企业高效运作和管理的关键因素。以下是常规物流企业组织结构下的部门设置与职责划分。

（1）最高管理层：包括董事会、首席执行官和执行管理层。他们负责制定公司的战略方向和目标，监督并协调各部门的工作。

（2）运营部门：负责日常物流运作，包括运输、仓储、配送等。该部门通常由运营经理领导，下设运输团队、仓储团队和配送团队等。

（3）客户服务部门：负责处理客户咨询、订单处理以及客户关系管理。该部门通常由客户服务经理领导，下设客户服务中心和售后团队。

（4）市场营销部门：负责市场调研、营销策略制定和实施，以及与潜在客户建立联系。该部门通常由市场营销经理领导，下设市场调研团队和营销团队等。

（5）技术支持部门：负责物流信息系统的开发与维护，以及网络信息技术支持等工作。该部门通常由技术经理领导，下设开发团队、测试团队和维护团队等。

（6）财务部门：负责财务管理、成本控制和预算编制等工作。该部门通常由财务经理领导，下设会计团队、财务分析团队和预算编制团队等。

（7）人力资源部门：负责招聘、培训、绩效管理和员工关系等工作。该部门通常由人力资源经理领导，下设招聘团队、培训团队和绩效管理团队等。

（8）法律事务部门：负责处理法律事务，包括合同管理、法律咨询和知识产权保护等。该部门通常由法律事务经理领导，下设法律咨询团队和合同管理团队等。

（9）行政管理部门：负责日常行政事务，包括文件管理、会议组织和管理协调等。该部门通常由行政经理领导，下设行政助理团队和管理协调团队等。

（10）战略规划部门：负责制订公司长远发展规划和战略计划，分析市场趋势和竞争环境。该部门通常由战略规划经理领导，下设市场分析团队和规划团队等。

（11）采购部门：负责供应商管理、采购执行和成本控制等。该部门通常由采购经理领导，下设供应商管理团队、采购执行团队和成本控制团队等。

（12）安全管理部门：负责物流过程中的安全监控和管理，包括运输安全、仓储安全和员工安全等。该部门通常由安全经理领导，下设安全监控团队和应急响应团队等。

（二）认知、理解职业能力

1. 什么是职业能力，怎样培养职业能力

职业能力是指个人在职业活动中所需的知识、技能、态度和价值观等，这些能力可以帮助个人有效地完成工作任务，适应职业环境，实现职业发展。职业能力包括硬技能（如专业知识、操作技能）和软技能（如沟通能力、团队合作、解决问题的能力）。培养职业能力的方法通常包括以下几个方面。

（1）教育和培训：通过参加学历教育和业余培训，可以系统地学习专业知识和技能。

（2）实践经验：通过实习、兼职、志愿服务等方式获得实际工作经验，将理论知识用到实践中，提高解决实际问题的能力。

（3）自我学习：利用网络资源、书籍、期刊等自学材料，不断更新和扩展自己的知识储备。

（4）反思和总结：在工作中不断反思自己的表现，总结经验教训，找出改进的空间。

（5）人际关系和网络：建立和维护良好的人际关系网，可以通过交流和合作学习他人的优点，获取新的信息和机会。

（6）目标设定：为自己设定清晰的职业发展目标，并制订实现这些目标的计划和步骤。

（7）持续更新：随着行业的变化和技术的进步，定期更新自己的知识和技能，保持竞争力。

（8）时间管理：有效地管理时间，确保有足够的时间投入职业技能的提升中。

（9）求助与指导：在需要时寻求专业人士的帮助和指导，比如职业导师、资深同事等。

（10）跨文化能力：在全球化的工作环境中，了解不同文化背景的工作伙伴和客户，提高跨文化交流和合作的能力。

2. 现代物流技能型人才必备职业能力

物流业的快速发展离不开现代物流人才的支撑。当前，我国职业院校物流服务与管理专业人才培养目标普遍设定为：培养面向物流企业或企业物流部门的“精操作、能管理、懂经营、可持续发展”的高素质技能型人才。因此，本专业毕业生职业能力培养规格主要涵盖了三个方面。

（1）必备专业理论知识。专业理论知识决定一个人的发展空间，扎实的理论知识是专

业人才发展的基础。物流专业人才必备专业理论知识一般包括仓储、配送、运输、物流客服等专业知识，国际贸易和通关知识，财务知识，安全管理知识，法律知识等。

（2）必备专业技能。物流专业必备专业技能主要包括物流业务销售技能、仓储与配送业务技能、运输协调组织技能、货代处理技能、快递业务处理技能、企业物流处理技能等，如表 1-1 所示。

表 1-1 物流专业技能要求一览表

类型	专业技能要求
物流业务销售技能	①具备寻找与发展客户的能力； ②能做好客户关系维护和客户异议与投诉处理等工作； ③能妥善维护好大客户关系
仓储与配送业务技能	①能熟练进行入库、在库、出库作业； ②具备货物的认知与养护能力； ③具有仓储信息系统操作的能力； ④会进行配送流程中分拣、流通加工等各项作业的操作； ⑤能做好物流设备的使用与维护工作
运输协调组织技能	①具备组织运输作业的能力； ②能确定运输线路和审核运价，了解运输保险、理赔的程序； ③具有安排和监管现场货物装卸搬运和执行特殊货物装卸搬运与运输的能力； ④具有填制、识读、制作和修改运输单证的能力； ⑤能根据集装箱运输与多式联运的组织形式和方案进行操作； ⑥能熟练处理货运代理作业
国际货代处理技能	①能确定海运线路和审核运价，了解运输保险、理赔的程序及相关法律、法规； ②具有办理港区仓储与配送业务的能力； ③具有填制、识读、制作和修改空港或海港相关单证的能力； ④具有开展报税、加工、监管区作业的能力
快递业务处理技能	①具有安排和监管现场货物装卸搬运，执行特殊货物装卸搬运与运输的能力； ②能确定运输线路和审核运价，了解运输保险、理赔的程序； ③具有填制、识读、制作和修改快递单证的能力； ④具备客户开发与客户关系维护的能力
企业物流处理技能	①能熟练制订物品的采购计划与执行； ②能熟练进行物品入库、在库、出库作业； ③具备货品的认知与养护能力； ④能顺利进行物料的统计与调度等工作

（3）必备的专业素养。

①具有良好的道德品质、职业素养、竞争和创新意识。

②具有良好的责任心、进取心和坚强的意志。

③具有良好的人际交往、团队协作能力。

④具有健康的身体和心理。

⑤具有良好的书面表达和口头表达能力。

⑥具有良好的人文素养和继续学习的能力。

⑦具有运用计算机进行技术交流和信息处理的能力。

⑧具有借助工具查阅中、英文技术资料的基础能力等。

(三)物流从业岗位分析

物流行业的职位主要分布在企业内部物流和第三方物流公司,就业岗位大致分为两大类:第一类是物流操作类;第二类是物流管理类。

一般来说,物流行业工作岗位从低到高可以分为4个层次,第一个层次是操作工,他们基本上都不太掌握物流的理论知识,主要从事一些体力劳动,如搬运、装卸、货车司机等;第二个层次是基层管理者,这部分人往往有一定的理论知识基础或者在某一方面的技能特别突出,如物流客服人员、车辆调度人员、采购员等;第三个层次是中层管理者,这部分人不仅要具备一定的专业知识技能,而且要能够胜任管理岗位的工作,如业务经理、客服经理等都属于企业的业务骨干,与基层管理者相比,他们熟悉并掌握物流某个环节的流程,并能对这个流程进行计划、组织与管理;最后一个层次是高级物流管理者,是整个物流系统的设计、掌控者,属于这个领域的精英。

从专业方向看,物流行业工作岗位可以划分为五个方向,即采购方向、仓储方向、运输方向、物流信息方向和国际货运代理方向。每一个方向下面有多个岗位组成一个岗位群:采购方向的岗位群、仓储方向的岗位群、运输方向的岗位群、物流信息方向的岗位群、国际货运代理方向的岗位群。每个岗位群对应一个就业方向,如表1-2所示。

表1-2 物流行业工作岗位群

岗位方向	采购	仓储	运输	物流信息	国际货运代理
岗位名称	采购员	仓库管理员	运输调度员	信息分析员、客服人员	集装箱码头管理员
	采购助理	仓库主管	货运主管	物流信息主管	货代员
	采购主管	仓库经理	运输经理	物流信息经理	货代经理

物流业的快速发展离不开现代物流人才的支撑,虽然当下物流产业发展比较快,发展势头也很迅猛,但是物流领域的从业人员素质并不是很理想。

他们一部分来源于传统的从事搬运装卸和储存的人员,受教育的层次不高,主要靠出卖自身的体力劳动;另外一部分是通过招聘渠道,引进物流或者非物流的人员加入,由于目前物流专业的毕业生人数并不是特别多,大部分非物流专业的人员也被大量吸纳到了这个队伍中来。因此,普遍来说,从事这个行业的人员的整体素质并不高,也就成了制约这个产业发展的障碍。

从对物流行业工作岗位层次划分可以清晰地看到,作为职业院校现代物流专业毕业生,首先我们不能将自己的职业目标定位在操作层,因为一旦定位在这个层次,在校所学的专业知识就将无用武之地了,也不能体现出职业院校的培养特色与就业优势;当然也不可能将职业目标定位在高层管理者,因为客观地讲,新鲜出炉的我们能力和条件还远远达不到这样的高度。所以,我们应该适时地将职业发展中的初步目标定位在基层管理者这一层次,在充分发挥我们在校所学的专业知识和技能的基础上,经过一定的社会历练和几年的工作经验积累之后,再向中层管理者、高层管理者挑战和跨越。

（四）个人职业生涯规划

1. 职业生涯规划的含义

职业生涯是指一个人一生的职业历程，即一个人一生职业、职位的变迁及职业理想的实现过程。职业生涯规划是指将个人发展与组织发展相结合，在对个人和内外部环境因素进行分析的基础上，确定一个人的事业发展目标，并选择实现这一事业目标的职业或岗位，编制相应的工作、教育和培训行动的计划，对每一步骤的时间、行动目标和拟采取措施做出合理的安排。

2. 职业生涯规划的内容

职业生涯规划的内容一般包括以下几点。

（1）自我分析：包括职业兴趣、职业能力、个人特质、职业价值观等。

（2）职业分析：包括家庭环境分析、学校环境分析、社会环境分析、职业环境分析等。

（3）职业定位：可以通过“SWOT 分析法”确定职业目标、职业发展路径。

（4）计划实施方案：包括近期计划、中期计划和长期规划。

（5）评估调整：计划的检查与实施，备选方案等。

3. 物流职业生涯规划的步骤

1）职业基本分析

（1）要求我们首先要了解物流横向职业群和纵向职业群。横向职业群是指首次就业时择业面的拓展或今后可能转岗的职业。纵向职业群主要体现为技术等级和职位提升的层级和空间。

（2）个人情况分析。一是要正确分析自己的兴趣、性格、专长等，为职业规划提供依据。物流职业发展有很多不同的工作岗位，对工作人员的兴趣、性格的要求也不一样，清楚地认识自己才能更好地发挥自己的长处，让职业生涯发展更顺利。二是要寻求、把握发展机遇。通过各种渠道了解某区域内的物流发展形势，了解物流企业的人才需求，从宏观上判断自己的就业方向。

2）确立发展目标

在分析和了解自己的基础上，选准适合自己的发展方向，明确具体的发展目标并及时抓住机遇，扬长避短，这是职业生涯规划的最关键一步。职业生涯目标一般可分为长期目标和阶段目标。

3）制定发展措施

实现职业目标，必须要有实实在在的具体办法，并制定好落实计划的措施，意志坚定地去执行。制定发展措施应当切实、明确、有可行性。

4）计划的实施和调整

职业生涯发展不可能一帆风顺，规划也不可能是完美无缺的，在实施过程中，必然存在各种问题或不适应，这就需要时常检查计划实施情况并进行必要调整。当外部条件的变化导致职业生涯目标难以实现时，必须及时调整近期目标和发展措施，甚至调整长远目标。

希望通过科学、合理的职业生涯规划，能让我们每一位同学都对自己的人生充满希望和信心，为自己的未来绘制好一张美好蓝图，指导我们走向成功的职业道路。

二、任务实施

（1）组建 4 人项目小组团队，进行个人基本情况分析，初步确定个人职业发展目标。

姓名	小组成员画像	职业发展阶段目标	职业发展长远目标

（2）小组成员展开讨论、交流，对个人职业发展目标展开可行性分析，提出个人为实现职业目标制定的发展措施，成员之间可以相互补充、提出建议，并记录如下。

姓名	职业发展措施		其他成员建议
	在校期间行动计划	工作后的行动计划	

（3）以某组员的职业生涯规划为例，参考给定的模板，完成一份《我的物流职业生涯规划书》。

我的物流职业生涯规划书

一、职业分析

二、自我分析

1. 我的优势

2. 我的劣势

三、提升举措

1. 专业知识

其中学业提升计划：

2. 专业技能

其中考证计划：

3. 专业素养

四、职场规划

（4）将小组完成的《我的物流职业生涯规划书》提交至班级“现代物流认知与操作”课程QQ群，在班级内部分享与交流。

三、任务评价

“物流职业生涯规划”任务评价表

项目组		成 员					
评价标准	评价项目	评价要素	分值	小组自评（20%）	他组评价（30%）	教师评价（50%）	合计
	学习纪律与行为素养	出勤情况；衣着仪表；行为秩序；5S 素养	20				
	学习方法与参与过程	学习方法是否得当；能否进行有效信息检索；是否养成了探究学习、自主学习的习惯；能否处理好合作学习和独立思考的关系	30				
	任务实施过程与结果	任务实施过程是否规范，是否掌握必备专业知识与技能；能否认真分析问题、解决问题并创新问题；是否具备较强的信息处理能力并能条理清晰表述成文	30				
	协作交流与分享	与教师、同学之间能否相互尊重、理解，进行适时、多向的信息交流；能否发表个人见解并提出有意义、有价值的意见或建议；能否认真倾听、协作分享	20				
合 计			100				

知识拓展

扫码进行学习。

思政课堂

请扫码学习：大国物流的崛起。

“1+X”考证拓展与提升(一)

“1+X”考证简介

为贯彻落实《国家职业教育改革实施方案》(国发〔2019〕4号)和《关于在院校实施“学历证书+若干职业技能等级证书”制度试点方案》(教职成〔2019〕6号)文件精神,根据《关于确认参与1+X证书制度试点的首批职业教育培训评价组织及职业技能等级证书的通知》(教职所〔2019〕89号)文件要求,物流管理首批入选六个职业技能等级证书之一,北京中物联物流采购培训中心首批入选职业教育培训评价组织。

物流管理职业技能等级证书以社会需求、物流企业岗位需求和物流职业技能等级标准为依据,对学习者物流职业技能进行综合评价,如实反映学习者物流职业技术能力,有利于促进物流产业发展,规范物流人才培养工作。

2021年起,全国职业院校技能大赛现代物流综合作业和智慧物流作业方案设计与实施赛项规程要求,职业素养考核内容已经包括“物流管理1+X”职业能力测评模块,物流管理1+X证书与大赛紧密结合,促进了“岗课赛证融通”。

项目二

仓储作业体验

本项目共有四个任务，亲爱的同学们，现在让我们通过任务的学习，走进并体验仓储作业吧！

项目导入

在现代物流体系中，仓储作为连接生产与消费的重要环节，其管理效率和服务质量直接影响着整个供应链的运行。因此，培养出一批具备专业知识和实践能力的仓储管理人才，对于提升我国物流行业的整体水平具有重要意义。为了帮助学生更好地理解和掌握仓储作业的基本理论和方法，本文将通过一个生动的情景案例——小明的仓储认知体验，带领大家走进仓储作业的认知与操作场景，感受仓储作业的魅力。

头脑风暴

在日常生活中你对物品有过怎样的存储行为？

知识目标

1. 能够掌握仓储的基本概念，理解仓储在现代物流活动中的功能与作用；
2. 能熟知仓储作业流程；
3. 了解仓储设备的分类、特点及使用方法；
4. 能掌握 5S 管理的实施方法和技巧。

能力目标

1. 能够进行货物入库、出库和盘点等仓储作业操作；
2. 能够正确使用仓库常用设施设备；
3. 能够根据仓库需求，为仓库选择合适的设施设备；
4. 能够结合作业现场环境，编制 5S 管理制度。

素质目标

1. 培养学生的沟通能力及团队协作精神；
2. 培养良好的工作习惯和素养，提高工作效率和质量；
3. 树立安全操作、环保意识。

任务一　仓储初步认知

小明是 ×× 职业学校现代物流专业一名新生，对于物流仓储充满了好奇和向往，恰逢这学期学校开设了一门现代物流认知课程，老师为了让同学们有更好的学习体验，带领学生参观了几家大型仓储企业，对仓储运营模式和工作流程进行了认知调研。在参观的过程中，小明发现不同企业仓储业务类型大有差异。

调研结束后，老师让同学们分组搜集资料，并派代表上台就不同企业仓储活动的类型特点展开具体案例演示和分析。

一、知识准备

(一)什么是仓储

"仓"即仓库，为存放、保管、储存物品的建筑物和场地的总称，可以是房屋建筑、洞穴、大型容器或特定的场地等，具有存放和保护物品的功能。"储"即储存、储备，表示收存以备使用，具有收存、保管、交付使用的意思。仓储是指通过仓库对商品与物品进行储存与保管。图 2-1、图 2-2 分别为古代与现代仓储活动场所。

图 2-1　古时粮仓

图 2-2　现代化仓库

《物流术语》对仓储(Warehousing)的定义为：利用仓库及相关设施设备进行物品的入库、存储、出库的活动。

仓储是集中反映工厂物资活动状况的综合场所，是连接生产、供应、销售的中转站，对促进生产、提高效率起着重要的辅助作用。

(二)仓储的功能

1. 基本功能

(1)存储功能：仓储的基本功能，确保存储物的价值不受损害，保障生产和销售。

（2）调节功能：调节生产和消费的时间差，调节市场供求关系，维持市场稳定。

（3）养护功能：采取先进技术保证仓储物质量不变。

2. 增值功能

（1）流通加工功能：实现产品从生产到消费之间的价值增值。

（2）配送功能：实现物品的小批量送达。

（3）集散功能：通过配载和拼装运输到消费地。

（4）交易中介功能：开展现货交易中介。

（三）仓储的作用

1. 仓储在国家战略中的作用

从国家战略角度出发，战略储备仓储是国家安全的重要保障。它确保在紧急情况、自然灾害、经济危机等突发事件下，国家能够有序、高效地调配各类物资资源，以维持国家安全和稳定。

通过储备足够数量的关键物资，如粮食、石油、能源等，仓储能够应对供应中断、国际市场波动等不利因素，从而保障国家的稳定发展和应对能力。

2. 仓储在社会生产中的作用

仓储是社会生产顺利进行的必要环节。通过合理的仓储管理，可以确保生产所需的原材料及时供应，防止生产过程被堵塞，确保生产过程能够持续进行。

对于防止因缺货造成的生产停顿尤为重要。适当的原材料、半成品的储存，可以确保生产过程的连续性和稳定性。

3. 仓储在供应链物流中的作用

物流活动中，运输改变了物品的空间状态，而仓储改变了物品的时间状态。所以，在物流系统中，仓储能够在供应链各环节之间起到缓冲和调节的作用。由于供应链中生产、运输、销售等环节存在时间差，仓储可以通过存储货物来平衡这种时间差异，确保供应链的连续性和稳定性。仓储能够根据市场需求的变化，调整货物的存储量和发货速度，从而满足市场的波动需求。其次，仓储作为供应链中的物流枢纽，能够优化资源配置。通过合理的仓储布局和物流流程设计，可以减少物流环节中的冗余和浪费，降低物流成本。

（四）企业仓储活动的类型

企业可以选择自建仓库、租赁公共仓库或采用合同制仓储为需要存储的物料、商品准备仓储空间。所以，企业仓储活动也可以分为三种主要类型：租赁公共仓库仓储、自有仓库仓储和合同制仓储。

（1）租赁公共仓库是指企业通常租赁提供营业性服务的公共仓库进行储存，满足自己的仓储服务需要，并付相应数量的租金。

（2）自有仓库也称为自营仓库，是由企业自己拥有并管理的仓库。相对于公共仓储而言，企业利用自有仓库进行仓储活动可以更大程度地控制仓储，管理也更具灵活性。这种仓储模式更适合大型企业或需要大量储存物资的企业和组织。

（3）合同制仓储也称第三方仓储，是指企业将仓储等物流活动转包给外部公司，由外部企业提供综合物流服务的仓储方式。第三方仓储不同于一般的租赁仓库仓储，第三方仓储公司能够提供更专业化的高效、经济和准确的分销服务。

一个企业是自建仓库还是租赁公共仓库或采用合同制仓储通常需要考虑以下因素：货物周转总量；仓储需要的稳定性以及市场密度等。

二、任务实施

（1）组建 4 人项目小组，根据小组成员特点，进行团队分工。

小组成员名单	成员特点	小组中的分工	备注
		搜集案例资料	
		整理资料	
		任务小结	
		登台发言展示	

（2）从以下方面搜集说明资料，并将主要内容填入下方。

①仓储的功能作用；

②仓储活动分类；

③仓储企业的经营模式。

（3）小组派代表登台展示，对任务完成效果做小结并记录如下。

（4）任务巩固，总结不同仓储模式的优势与不足。

三、任务评价

“仓储初步认知”任务评价表

项目组		成　员					
评价标准	评价项目	评价要素	分值	小组自评（20%）	他组评价（30%）	教师评价（50%）	合计
	学习纪律与行为素养	出勤情况；衣着仪表；行为秩序；5S 素养	20				
	学习方法与参与过程	学习方法是否得当；能否进行有效信息检索；是否养成了探究学习、自主学习的习惯；能否处理好合作学习和独立思考的关系	30				
	任务实施过程与结果	任务实施过程是否规范，是否掌握必备专业知识与技能；能否认真分析问题、解决问题并创新问题；是否具备较强的信息处理能力并能条理清晰表述成文	30				
	协作交流与分享	与教师、同学之间能否相互尊重、理解，进行适时、多向的信息交流；能否发表个人见解并提出有意义、有价值的意见或建议；能否认真倾听、协作分享	20				
合　计			100				

任务二　仓储设施设备认知

对仓储活动有了初步认知后，老师又带领小明和同学们参观了一家大型仓储企业。这家企业位于城市的一角，占地面积庞大，仓库内的设施设备琳琅满目，让小明和同学们兴奋不已，他们带着好奇的心情，进入了一个充满神秘色彩的世界。在工作人员的带领下，同学们对仓储作业环节中主要仓储设备进行了观察和记录，并体验了部分设备的操作与应用。参观结束后老师让同学们分组搜集资料，了解不同仓储设备的用途、特点和操作要领，并能为待入库货物，选择合适的仓储设备。

一、知识准备

(一)仓库认知

1. 定义

《物流术语》对仓库(Warehouse)的定义为:保管、储存物品的建筑物和场所的总称。仓库在物流和供应链管理中扮演着重要的角色,是一个集中储存、管理和控制物品的地方。仓库是一个组织或企业中的重要部分,涉及许多关键的功能和活动。

2. 仓库的分类

(1)按使用范围分类,仓库可分为自用仓库、营业仓库、公共仓库、出口监管仓库、保税仓库(图2-3)。

图2-3 保税仓

(2)按保管物品种类分类,仓库可分为综合仓库(图2-4)和专业仓库(图2-5)。

图2-4 存放多种商品的综合仓库

图2-5 医药专用仓库

(3)按保管条件分类,仓库可分为普通仓库、恒温仓库(图2-6)、特种仓库、气调仓库。

图2-6 恒温仓库

(4)按仓库空间结构分类,仓库可分为封闭式仓库、半封闭式仓库(图2-7)、露天式仓库。

图 2-7　半封闭式仓库

（5）按建筑结构分类，仓库可分为平房仓库、楼房仓库、高层货架仓库（图 2-8）、罐式仓库（图 2-9）、简易仓库。

图 2-8　高层货架仓库

图 2-9　罐式仓库

（二）仓储设施设备

仓储设施设备，是指在仓库中用于存储、保管、搬运、分拣、计量、包装、信息处理等环节的各种设备和设施，它是现代物流体系的重要组成部分，是实现物资高效流通的基础保障。仓储设施设备的概念涵盖了从传统的货架、叉车、搬运车等简单设备，到现代的自动化立体仓库、无人搬运车、智能分拣系统等高科技设备的广泛范围。

1. 仓储设施设备的分类

（1）按照用途，仓储设施设备可以分为以下几类，如表 2-1 所示。

表 2-1　仓储设施设备用途分类表

用途	设备类型
存储设备	货架、托盘、集装箱、手持终端设备
装卸搬运设备	起重机械、连续输送机械、堆垛设备、自动分拣设备
其他仓储设备	包装设备、计量检验设备、安全设备、养护设备

（2）按照功能，仓储设施设备可以分为以下几类，如表 2-2 所示。

表 2-2　仓储设施设备功能分类表

功能	设备类型
存货、取货	货架、叉车、堆垛设备、起重运输机械
分拣、配货	分拣设备、托盘、搬运车、传输机械
流通加工	分拣、包装、加工设备
验货、养护	检验仪器、工具、养护设备等
防火、防盗	温度监视器、防火报警器、防盗报警设备等
信息处理	计算机、条码扫描器、RFID 读写器等

（三）常用仓储设施介绍

1. 货架

货架是存放货物的架子，是用于提高仓库或商店空间利用率的重要工具。它可以用于存储、分类、摆放各种物品，并方便存取和管理。

1）托盘货架

托盘货架是以托盘为存储单位的货架。它由立柱、横梁、层板等主要部件组成，通过连接件将各部件连接起来，形成一个立体的存储空间，如图 2-10 所示。

特点：
①结构稳定
②适应性强
③空间利用率高
④作业效率高

图 2-10　托盘货架

2）重力式货架

重力式货架是利用重力原理设计的货架。它通过货架框架的倾斜设计，使货物在货架上受到自身重力的作用自然滑动，从而实现货物的自动补货和分拣，如图 2-11 所示。

特点：
①结构简单
②存储密度高
③作业效率高
④安全性高

图 2-11　重力式货架

3)悬臂式货架

悬臂式货架是悬挂在立柱上的货架,其主体结构由悬臂和立柱两部分组成。悬臂式货架可以根据实际需求调整悬臂的长度和角度,以满足不同货物的存储要求,如图 2-12 所示。

特点:
①结构稳定
②载重力强
③空间利用率高

图 2-12　悬臂式货架

4)贯通式货架

贯通式货架是一种能够实现货物驶入和驶出的货架。这种货架的出现,是物流行业不断发展、创新的产物,如图 2-13 所示。

特点:
①高存储密度
②适用性广
③成本效益

图 2-13　贯通式货架

2. 托盘

《物流术语》对托盘的定义是:"用于集装、堆放、搬运和运输的放置作为单元负荷的货物和制品的水平平台装置。"托盘在实际中也经常被叫做卡板。托盘是物流运作过程中重要的装卸、储存和运输设备,与叉车配套使用,在现代物流中发挥着巨大的作用。

1)平托盘

平托盘如图 2-14 所示。

特点:
①节省空间
②降低运输成本
③环保节能

图 2-14　平托盘

2)柱式托盘

柱式托盘是以立柱为主要支撑结构的托盘。它通常由立柱、横梁和底板组成,具有较强的承重能力和稳定性。柱式托盘广泛应用于物流、仓储、工厂等领域,是现代物流行业不可或缺的重要工具,如图 2-15 所示。

特点:
①可堆叠
②稳定性好
③高强度
④易于拆卸

图 2-15　柱式托盘

3)箱式托盘

箱式托盘将货物放置在一个具有一定规格和结构的箱子中,然后通过托盘进行搬运和运输。这种设计既方便了货物的装卸,又提高了运输效率,降低了运输成本,如图 2-16 所示。

特点:
①效率高
②装卸迅速
③可堆叠
④提高仓容率

图 2-16　箱式托盘

3. 常用手动搬运设备

1)手推车

手推车是一种以人力为主,在路面上水平输送物料的搬运车。其特点是价廉、轻巧、易操作、回转半径小,适合于短距离搬运轻型物料,如图 2-17 所示。

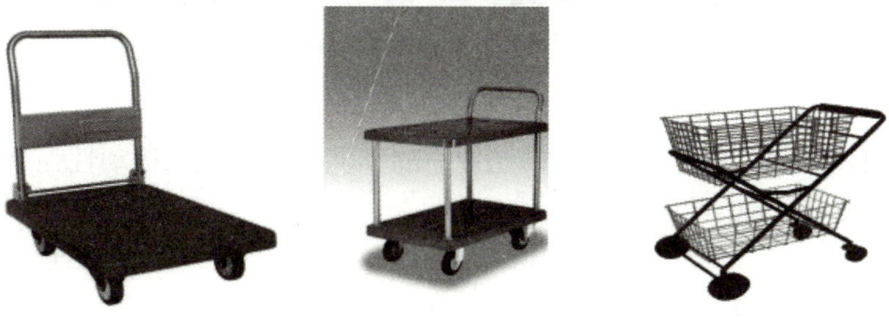

图 2-17　各式手推车

2)手动液压搬运车

手动液压搬运车属于小体积液压装置,其操作简单、使用方便。手柄设计符合人体工程学原理,具有三大功能:提升、搬运、放下,如图 2-18 所示。

图 2-18　手动液压搬运车

4. 装卸搬运设备

1)起重机械

起重机械是在采用输送机之前曾被广泛使用的具有代表性的一种搬运机械,它是指将货物吊起,在一定范围内做水平运动的机械,如图 2-19 所示。

图 2-19　门式起重机械

2)叉车

叉车是一种用来提取、搬运、堆码单元货物的车辆,具有灵活、机动性强、转弯半径小、结构紧凑等优点,如图 2-20 所示。

图 2-20　各式叉车

（四）仓储设施设备的重要性

仓储设施设备在现代物流体系中具有举足轻重的地位，其重要性主要体现在以下几个方面。

（1）提高仓储作业效率。先进的仓储设施设备可以实现货物的快速入库、出库、搬运、分拣等作业，大大提高了仓储作业的效率，缩短了物资流通周期。

（2）降低仓储成本。通过合理配置和使用仓储设施设备，可以降低人力、物力等成本，提高企业的经济效益。

（3）保证货物安全。仓储设施设备可以有效地保护货物免受损坏、丢失等风险，确保货物的安全和完整。

（4）提高管理水平。仓储设施设备可以实现对仓库内各种信息的实时收集、处理和传递，为企业提供准确、及时的决策依据，提高仓储管理水平。

（5）促进物流业的发展。仓储设施设备的不断创新和发展，为物流业提供了强大的硬件支持，推动了物流业的快速发展。

二、任务实施

（1）组建 4 人项目小组，根据小组成员特点，进行团队分工。

小组成员名单	成员特点	小组中的分工	备注
		搜集资料	
		整理资料	
		设计方案	
		登台发言展示	

（2）搜集不同仓储设施设备的名称、用途、特点、操作要领等资料，并将主要内容整理后填入下方。

（3）选择一批待入库货物，以小组为单位设计一份所需仓储设施设备列表方案呈现在下方。

（4）派代表登台阐述、展示小组为待入库货物选择的仓储设施设备方案，并将任务实施收获总结如下。

（5）对完成效果做小结并记录于下表。

1. 怕尘土、潮湿的货物的存放：   2. 托盘货物的库内运输：   3. 散装货物的称重：

（6）任务巩固：为上表中的货物对象选择合适的仓储设备，并说明选择理由。

三、任务评价

"仓储设施设备认知"任务评价表

项目组			成 员				
评价标准	评价项目	评价要素	分值	小组自评（20%）	他组评价（30%）	教师评价（50%）	合计
	学习纪律与行为素养	出勤情况；衣着仪表；行为秩序；5S 素养	20				
	学习方法与参与过程	学习方法是否得当；能否进行有效信息检索；是否养成了探究学习、自主学习的习惯；能否处理好合作学习和独立思考的关系	30				
	任务实施过程与结果	任务实施过程是否规范，是否掌握必备专业知识与技能；能否认真分析问题、解决问题并创新问题；是否具备较强的信息处理能力并能条理清晰表述成文	30				
	协作交流与分享	与教师、同学之间能否相互尊重、理解，进行适时、多向的信息交流；能否发表个人见解并提出有意义、有价值的意见或建议；能否认真倾听、协作分享	20				
合 计			100				

任务三　熟悉仓储作业流程

小明和同学们在了解了不同仓储设施设备的用途、特点和适用范围后发现，仓储作业流程也是一个复杂的系统工程，涉及货物的入库、存储、出库等环节。为了使大家对仓储作业过程能有更深入的了解和体验，老师要求同学们通过课内外资料搜集，请教企业工作人员等多种方式获取知识与信息，以小组为单位阐述企业仓储作业的工作流程并绘制流程图。

一、知识准备

仓储作业是物流活动的重要组成部分，它涉及货物入库、在库、出库等多个作业环节。高效、规范的仓储作业能够提高企业的物流效率，降低企业的运营成本，从而提高企业的市场竞争力。

（一）入库作业

商品入库，是指接到商品入库申请后，经过入库准备、接运提货、装卸搬运、检查验收、办理入库手续等一系列作业环节构成的工作流程。

1. 入库申请

入库申请是从供应商发出货物、进入仓库存储的必要流程。通过入库申请，可以对物品信息、供应商信息、入库时间、入库地点、质量检验、物品验收、入库单证以及特殊要求进行详细记录和管理。入库申请流程如图 2-21 所示。

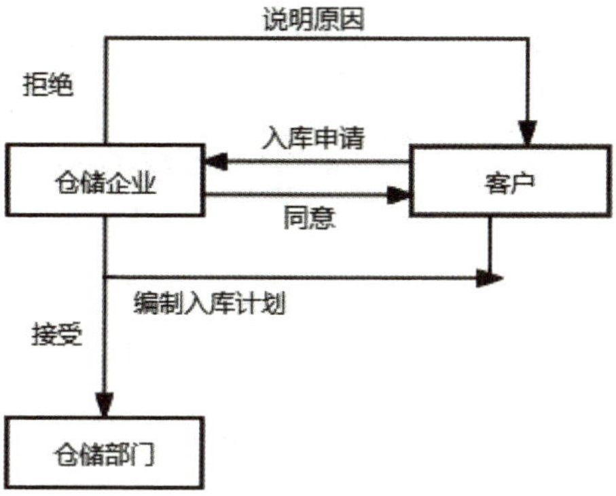

图 2-21　入库申请

2. 入库作业计划

入库作业计划是对入库作业过程的计划安排，是收发货人和仓库部门进行入库前准备的依据。入库作业计划包括以下内容：

(1)了解货物入库的时间、数量、包装形式、规格；

(2)计划货物所需占用的仓容大小；

(3)预测车辆到达的时间及送货车型；

(4)为了方便装卸搬运，计划车辆的停放位置；

(5)计划货物的临时存放地点；

(6)确定入库作业的相关部门。

3. 入库前准备

仓库业务部门根据入库作业计划将任务下达到各相应的作业单位、管理部门。仓库相关部门应对货物入库做好相关准备工作，具体工作如图 2-22 所示。

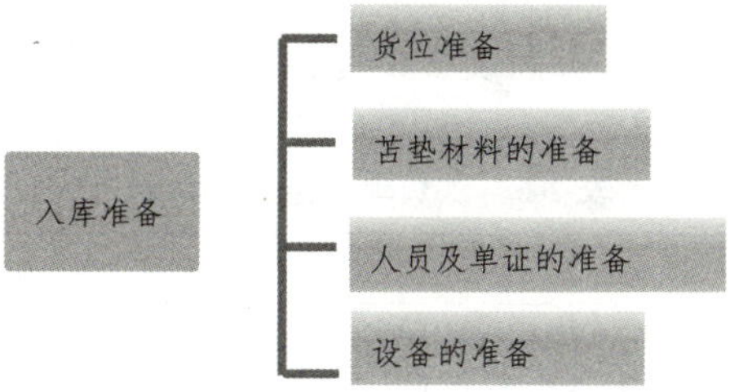

图 2-22　入库准备

4. 接运

由于商品到达仓库的形式不同，除了一小部分由供货单位直接运到仓库交货外，大部分要经过铁路、公路、航运、空运和短途运输等工具转运。

(1)铁路专用线接货,如表2-3所示。

表2-3 铁路专用线接货表

种类	含义	注意事项
专用线接车 适用于:整车大批量货物	仓储企业在本企业的专用线上接货	接到专用线到货通知后,应立即确定卸货货位,做好卸车准备
		车到达后,应检查车厢,核对货物
		卸车时要注意为物品验收和入库保管提供便利条件
		编制卸车记录,办好内部交接手续

(2)到承运单位提货(车站、码头),如表2-4所示。

表2-4 到承运单位提货表

种类	含义	注意事项
车站、码头接货 适用于:零担托运和小批量货物	仓储企业受存货人委托或合同约定到车站、码头接运货物	提货人员应对所提取的物品做到全面了解
		提货时应根据运单以及有关资料详细核对货物
		在短途运输中,要做到不混不乱,避免碰坏损失
		物品到库后,提货员应与保管员密切配合

(3)到供货单位提货(自提),如表2-5所示。

表2-5 到供货单位提货表

种类	含义	注意事项
供货单位提货	仓储企业直接到存货委托人指定的企业接货	仓库应根据提货通知,做好准备,接货与验收合并一次

(4)供货单位送货到库(送料),如表2-6所示。

表2-6 供货单位送货到库表

种类	含义	注意事项
送货到库	仓储企业在仓库内接到存货委托人送来的物品	保管员或验收人员直接与送货人员办理交接手续,当面验收并做好记录。若有差错,应填写记录,由送货人员签字证明,据此向有关部门提出索赔

5. 核对入库凭证

(1)入库通知单和订货合同副本。

(2)供货单位提供的材质证明书、装箱单、磅码单、发货明细表等。

(3)物品承运单位提供的运单,若物品在入库前发现残损情况,还要有承运部门提供的货运记录,作为向责任方交涉的依据。

（4）核对凭证，将上述凭证加以整理全面核对。入库通知单、订货合同要与供货单位提供的所有凭证逐一核对，相符后，才可进行下一步实物验收。

6. 物品验收

所谓物品验收，就是根据入库单和有关技术资料对实物进行数量和质量检验。

（1）数量检验。数量检验是保证物资数量准确不可缺少的重要步骤，一般在质量验收之前，由仓库保管职能部门组织进行。按商品性质和包装情况，数量检验分为三种形式，即计件、检斤和检尺求积。

（2）质量检验。质量检验包括外观检验、尺寸精度检验、机械物理性能检验和化学成分检验四种形式。仓库一般只做外观检验和尺寸精度检验，后两种检验如果有必要，则由仓库技术管理职能部门取样，委托专门检验机构检验。

7. 办理交接手续

仓库方接收送货人送交的货物资料、运输的货运记录等以及跟随货物在运输单证上注明的相应文件，如图纸、准运证等。仓库与送货人或承运人共同在送货人交来的送货单、交接单上签名和批注，并留存相应单证。同时提供相应的入库、查验、理货、残损单证、事故报告，由送货人或承运人签署。

8. 入库信息处理

（1）填写入库单。仓库管理人员要根据验收的结果，据实填写商品入库单。在填写入库单时，应做到内容准确完整、字迹清晰，并于每日工作结束后，整理入库单的存根联。

（2）立卡。商品入库后，仓库保管员将各种商品的名称、数量、规格、质量状况等信息编制成卡片，即商品的物料卡，并将卡插放在货架的支架上或货垛的显著位置。

（3）建档。物料入库后，在立卡的同时，必须建立商品档案，即按商品品名、型号、规格、单价、批次等分类立账归档，集中保存记录商品数量、质量等情况的资料、证件和凭证等。

9. 生成提货凭证

仓库在接收物品后，根据合同的约定或者存货人的要求，及时向存货人签发仓单，并作为提货时的有效凭证。存储期满时，根据仓单的记录向仓单持有人交付物品。

（二）在库作业

1. 保管养护作业

通过科学合理的养护措施以保证存储商品的质量。依据商品的物理、化学性质，运用商品养护中各类理论知识和养护技术，掌握商品质量发生变化的规律。做到最大限度地减少损耗以维护商品的安全，保证储存商品的使用价值。

2. 盘点作业

盘点作业是指定期或临时对库存商品的实际数量进行清查、清点的作业。盘点作业的目的是掌握货物的流动情况（入库、在库、出库的流动状况），对仓库现有物品的实际数量与保管账上记录的数量相核对，以便准确地掌握库存数量。

1）盘点的目的

（1）确定现存量，并修正料账的误差；

（2）计算企业的损益；

（3）稽核货品管理的绩效。

2）盘点的内容（图 2-23）

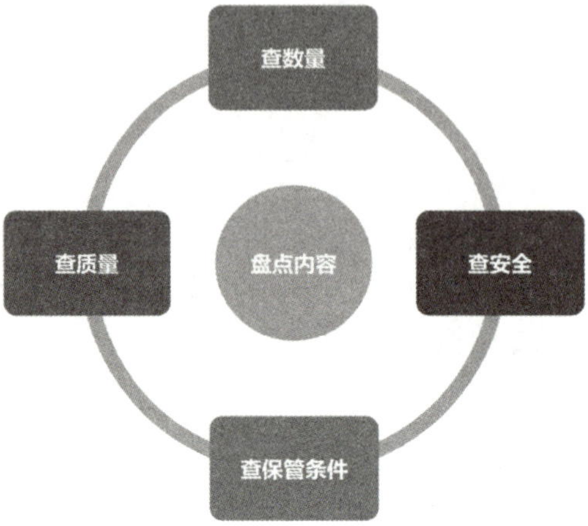

图 2-23　盘点内容

（1）查数量：查明货物在库的实际数量，核对库存账料与实际库存数量是否一致。

（2）查质量：检查在库货物质量是否变化，有无超过有效期，有无长期积压等现象。

（3）查保管条件：检查库内保管条件是否与各种货物的保管要求相符合。

（4）查安全：检查各种安全措施和消防设备是否符合安全要求，建筑物和设备是否处于安全状态。

3）盘点的方法

（1）账面盘点法。将每一种货物分别设账，然后将每一种货物的入库与出库情况详细记载，不必实地盘点即能随时从电脑或账册上查悉货品的存量。

（2）现货盘点法。其也称为实地盘点或实盘，就是直接去现场清点库存数，再依照货品单价计算出实际库存金额的方法。现货盘点法又分为以下两种。

①期末盘点法。期末统一清点所有货物的数量。由于需要一次清点完毕所有货品，因此工作量大，要求严格。

②循环盘点法。每天或每周盘点一定数量货物，每隔一定周期每种货物都盘点完一遍。

（三）出库作业

物品出库作业是仓储作业管理的最后一步，也是仓储作业管理的重要环节，它是仓储经营人根据存货人或仓单持有人所持有的仓单，按其所列物品的编号、名称、规格、型号、数量等项目，组织物品出库的一系列活动。

1. 货物出库的原则（图 2-24）

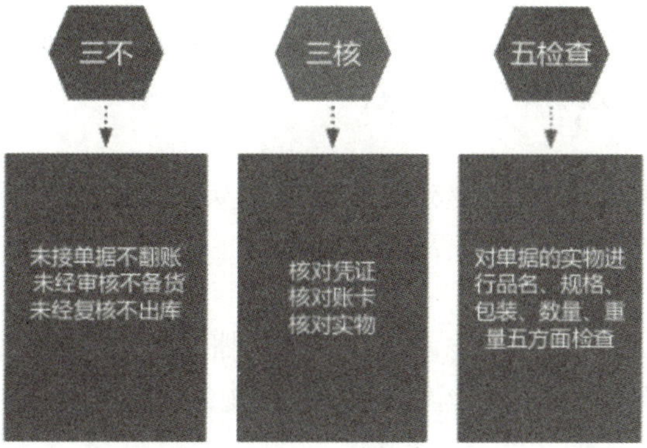

图 2-24　出库原则

2. 出库前准备

为了安全、准确、及时、节约地搞好物品出库，提高工作效率，在物品出库前，应存货人要求，保管人应做好出库准备。准备流程如表 2-7 所示。

表 2-7　货物出库准备流程表

节点控制	相关说明
1	（1）销售部对客户提交的订货单进行审核，经确认无误后，销售主管签发发货单，并将发货单交给出库主管；（2）出库主管核实发货单的内容，据此填发出库单
2	出库专员根据主管填写的出库单备货、理货做好货物出库的准备工作
3	出库专员根据运输的需要，对待领货物进行组配封装，或拆零分装；对受损的包装进行加固或重新包装；对于易碎货物要加装相应的衬垫物
4	包装完成后，出库作业人员应于货物包装的显眼处添加标识，标明货物的名称、规格及提货单位等
5	出库专员联系货物配送部门，协调好搬运装载工具，按照规定办理出库交接手续
6	出库专员发货准备完毕后，通知相关单位，确定提货的时间和地点

3. 核对凭证

核对凭证主要内容有：

（1）仓库的名称是否相符；

（2）提单式样是否相符；

（3）印鉴（货主的调拨章、财务章）是否齐全；

（4）物资编号、品名、规格、质量、等级或型号、应发数量、单位有无差错、涂改；

（5）是否逾期。

以上内容有一项不符，仓库有权拒绝发货，待原开证单位（货主）更正并盖章后，才可继续发货。

4. 备货

1)拣货作业

拣货作业是指依据客户的订单要求或者配送中心的配送计划,尽可能迅速、准确地将货物从其储位或其他区域挑选出来的作业过程。

2)补货作业

在配送中心,为了保证拣货区有货可拣,将货物从储存区的货架上或货堆中转移到拣货区的货架上,然后将此移库作业做库存信息处理,这一过程就形成了补货作业。

3)加工作业

这里所说的"加工"实际上是指出库流通加工的概念,是在物品由生产领域向消费领域流动的运输过程中,为提高物流效率和运输实载率,对物品进行的流通加工,如图 2-25 所示。

图 2-25 流通加工作业

4)复核

(1)商品出库,要遵循先产先出、先进先出、易变先出、近期先出、按批号发货的原则。

(2)发货人应依据出库凭证所列的购货单位、品名、规格或型号、数量、生产厂家、生产日期等与实物逐项核对。整件商品要检查包装是否完好,零头商品要仔细装箱包装,特别应记清生产批号及每批的数量,以便质量跟踪。发货人、复核人应在出库凭证上签名。

5)点交

货物经复核后,要向提货人员点交,同时,应将出库货物及随行证件逐笔与提货人员当面核对。在点交过程中,对于一些重要货物的注意事项,保管员应主动向提货人员交代清楚。货物移交清楚后,提货人员应在出库凭证上签名;保管员做好出库记录并签名,将出库凭证有关联次及有关证件及时送交货主,以便办理相关款项结算。

6)装载发运

根据不同配送要求,在选择合适车辆的基础上对车辆进行配载,提高车辆利用率。由于物品品种、特性各异,为提高配送效率,确保物品质量,首先必须对差异大的物品进行分类,并确定不同的运输方式。

7)清理现场

经过出库的一系列工作程序之后,实物、账目和库存档案等都发生了变化。应按以下几项工作彻底清理,使保管工作重新趋于账、物、资金相符的状态。

(1)按出库单,核对结存数;

(2)如果该批货物全部出库,应查实损耗数量,在规定损耗范围内的进行核销,超过损耗范围的查明原因,进行处理;

(3)总结保管经验;

(4)清理现场,收集苫垫材料,妥善保管。

二、任务实施

(1)组建4人项目小组,根据小组成员特点,进行团队分工。

小组成员名单	成员特点	小组中的分工	备注
		搜集资料	
		整理资料	
		流程图绘制	
		登台展示	

(2)搜集并整理资料:将小组搜集到的资料整理后填入下方。

1. 课内外搜集到的资料: 2. 请教参观企业工作人员获得的资料:

（3）绘制仓储作业流程图草稿。

①将需要使用的流程图连接符号填入下表中，并简单说明每个符号的作用。

②将小组编制的仓储作业流程图绘制在下方。

（4）将小组整理、总结的企业仓储作业流程阐述如下。

三、任务评价

“熟悉仓储作业流程”任务评价表

项目组		成　员					
评价标准	评价项目	评价要素	分值	小组自评（20%）	他组评价（30%）	教师评价（50%）	合计
	学习纪律与行为素养	出勤情况；衣着仪表；行为秩序；5S 素养	20				
	学习方法与参与过程	学习方法是否得当；能否进行有效信息检索；是否养成了探究学习、自主学习的习惯；能否处理好合作学习和独立思考的关系	30				
	任务实施过程与结果	任务实施过程是否规范，是否掌握必备专业知识与技能；能否认真分析问题、解决问题并创新问题；是否具备较强的信息处理能力并能条理清晰表述成文	30				
	协作交流与分享	与教师、同学之间能否相互尊重、理解，进行适时、多向的信息交流；能否发表个人见解并提出有意义、有价值的意见或建议；能否认真倾听、协作分享	20				
合　计			100				

任务四　了解仓储“5S”管理

在完成仓储作业流程体验学习任务后，小明和同学们以为仓储作业的工作任务就该结束了。没想到，老师却说仓储作业流程结束后，仓储管理工作并没有结束，仓库工作人员还需完成对设备归位、打扫现场卫生、整理单据等库内“5S”操作管理。通过“5S”操作管理，能够保持库房的整洁、有序和高效，从而提高整个仓储部门的工作效率和质量。

随后，老师给大家下达了一个学习任务，通过对仓储“5S”管理的认知和学习，以小组为单位拟定班级教室“5S”管理制度并登台展示。

一、知识准备

（一）什么是“5S”管理

“5S”管理是起源于日本的一种现场管理方法，提出于 20 世纪 50 年代。由 5 个日文词汇组成，而这五个日文词汇罗马拼音的首个字母均为“S”。“5S”管理的对象是现场的环境，是指对生产现场环境全局进行综合考虑，并制订切实可行的计划与措施，从而达到规范化管理，如图 2-26 所示。

图 2-26 “5S 管理”要素

1. 整理(Seiri)

把要与不要的人、事、物分开,再将不需要的人、事、物加以处理,这是开始改善的第一步。要点是:对呆滞废料进行处理、把一个月生产计划内不用的物品放到指定位置、把一周内生产计划要用的物品放到易取位置;做好这一步,是树立好作风的开始。“5S”管理前后对比如图 2-27 所示。

整理目的是:

(1)改善和增加作业面积;

(2)现场无杂物、行道通畅、提高工作效率;

(3)减少磕碰的机会、保障安全、提高质量;

(4)消除管理上的混放、混料等差错事故;

(5)有利于减少库存量、节约资金;

(6)改变作风、提高工作情绪。

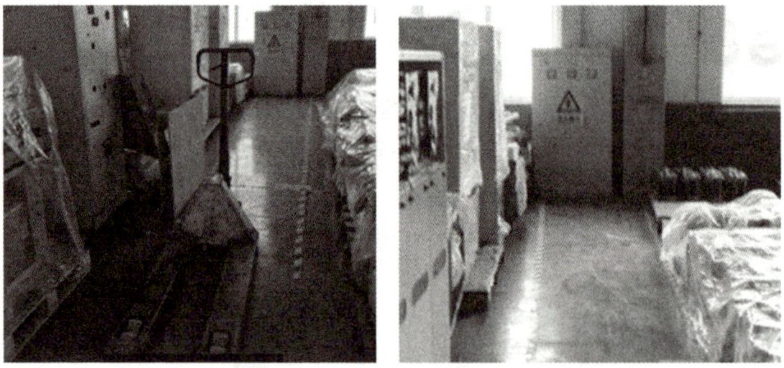

(a)“5S”管理前　　(b)“5S”管理后

图 2-27 “5S”管理前后对比

2. 整顿(Seiton)

把不要的清理掉,留下的有限物品再加以定点、定位(图 2-28)、定量放置。做法如下:

(1)分析现状;

(2)决定物品属于哪一项;

(3)决定物品怎样储存,用物件位置图示说明。

图 2-28 定位管理

3. 清扫(Seiso)

清除工作场所内的脏污(图 2-29),并防止脏污的产生。保持工作场所干净亮丽,创建一个明快、舒畅的工作环境。目的在于:

(1)保证工作场所干净亮丽,没有污垢;

(2)减少工业伤害事故;

(3)减少脏污对品质的影响;

(4)查找现场的污染源。

图 2-29 清扫作业区

4. 清洁(Seiketsu)

整理、整顿、清扫之后要认真维护,使现场保持完美和最佳状态。清洁,是对前三项活动的坚持与深入,从而消除发生安全事故的根源。创造一个良好的工作环境,使职工能愉快地工作,如图 2-30 所示。清洁的推行要领:

(1)每天保持公司正在进行"5S"管理评价的自觉与警醒;

(2)对长时间养成的坏习惯,要花时间改正;

(3)连续不断地进行整理、整顿、清扫活动;

（4）改正“眼不见为净”等自欺欺人的行动。

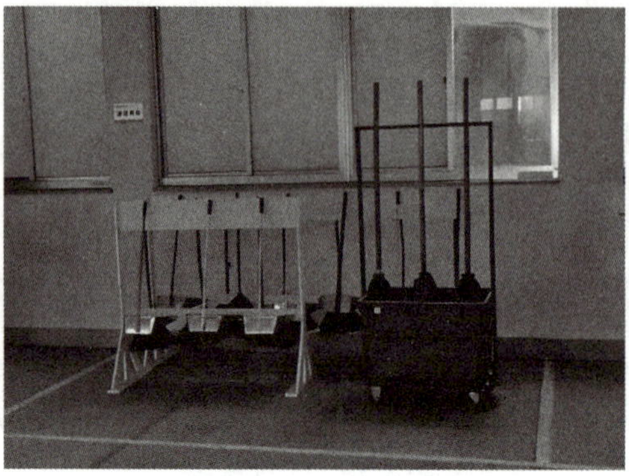

图 2-30　保持作业现场清洁干净

5. 素养（Shitsuke）

素养即教养，就是把遵守各项规定作为自觉行动，从简单的事情开始约束自己并养成习惯，作业者要培养为自己行为负责的习惯，努力提高人员的素养，养成严格遵守规章制度的习惯和作风，作业区内统一着装，如图 2-31 所示。这是“5S”管理活动的核心。目的在于：

（1）提升人的品质，成为对任何工作都持认真态度的人；

（2）培养良好习惯，遵守规则；

（3）营造团队精神。

图 2-31　作业区内统一着装

（二）“5S”管理的原则

1. 自我管理的原则

良好的工作环境，不能单靠添置设备来实现，也不能指望别人来创造。要充分依靠现场人员，用“美”的意识，养成现代化大生产所要求的遵章守纪、严格管理的风气和习惯。

2. 勤俭办厂的原则

应本着废物利用、变废为宝的精神，该利用的应千方百计地利用，需要报废的也应按报废手续办理。

3. 持之以恒原则

“5S”管理活动开展起来比较容易，在短时间内取得效果明显的，但要坚持下去，持之以恒，不断优化就不太容易。不少企业发生过一紧、二松、三垮台、四重来的现象。要将“5S”活动纳入岗位责任制，要严格、认真地搞好检查、评比和考核工作，将考核结果同各部门和每一名工作人员的经济利益挂钩，要坚持“PDCA”持续改善，如图 2-32 所示。

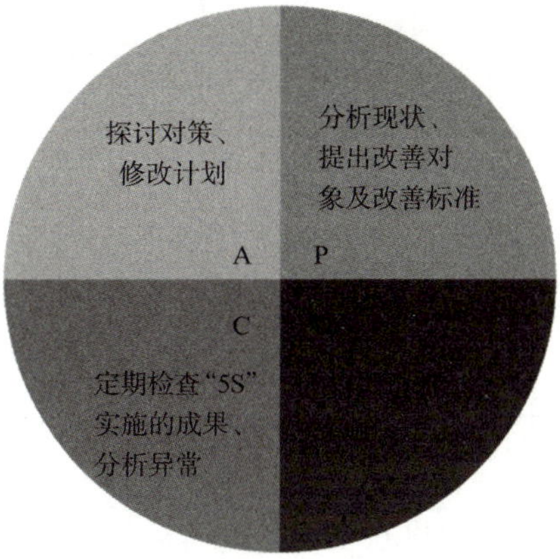

图 2-32　PDCA 持续改善

（三）“5S”管理的效用

1. 提升企业形象

企业通过推行“5S”管理，创造一个干净、整洁的工作环境，打造一支拥有良好素养的员工队伍，使得产品在一个良好的环境下制造、保管、交付，保持质量稳定，从而提升了企业的整体形象和口碑。

2. 提高生产效率

企业通过推行“5S”管理，创设一个摆放有序、整洁整齐的物料管理环境，减少员工寻找工具和材料的时间，使员工能够更快地找到所需的资源，从而提高了生产效率。

3. 确保生产安全

企业通过推行“5S”管理，创造一个宽敞明亮、视野开阔的工作环境，实现生产场所自觉遵守堆积限制，通道畅通无阻，各种标识显眼，确保生产过程的迅速化、规范化和标准化，因而能使生产安全得到落实。

4. 推动标准化生产

企业通过推行“5S”管理，在企业内部养成遵守标准的习惯，使得各项活动、作业均按标准的要求运行，使生产实现标准化。这有助于确保生产过程的稳定性和一致性，从而提高产品质量。

5. 降低生产成本

企业通过推行“5S”管理，减少不必要的材料和工具的浪费，减少了生产的辅助时间，提高了设备使用效率，实现了成本的优化。

6. 提升员工归属感

企业通过推行“5S”管理，创设一个明亮、清洁的工作场所，使人人都成为有素养的员工，从而打造令人满意的职场，提升员工的满意度和成就感，并进一步提升员工的工作积极性和团队凝聚力，形成良好的企业文化。

二、任务实施

(1)组建4人项目小组,根据小组成员特点,进行团队分工。

小组成员名单	成员特点	小组中的分工	备注
		调研班级教室管理中存在的问题	
		拟定班级教室“5S”管理制度	
		制作 PPT	
		登台展示	

(2)调研班级教室管理中存在的问题并总结如下。

(3)确定班级教室“5S”管理目标填入下方。

(4)将小组拟定班级教室“5S”管理制度填入下方。

（5）派代表登台阐述、展示小组拟定的班级教室"5S"管理制度，并将任务实施收获总结如下。

（6）任务拓展："5S"管理方法是否可以拓展应用？请将小组讨论的结果填入下方。

三、任务评价

"了解仓储'5S'管理"任务评价表

项目组			成　员				
评价标准	评价项目	评价要素	分值	小组自评（20%）	他组评价（30%）	教师评价（50%）	合计
	学习纪律与行为素养	出勤情况；衣着仪表；行为秩序；"5S"素养	20				
	学习方法与参与过程	学习方法是否得当；能否进行有效信息检索；是否养成了探究学习、自主学习的习惯；能否处理好合作学习和独立思考的关系	30				
	任务实施过程与结果	任务实施过程是否规范，是否掌握必备专业知识与技能；能否认真分析问题、解决问题并创新问题；是否具备较强的信息处理能力并能条理清晰表述成文	30				
	协作交流与分享	与教师、同学之间能否相互尊重、理解，进行适时、多向的信息交流；能否发表个人见解并提出有意义、有价值的意见或建议；能否认真倾听、协作分享	20				
合　计			100				

知识拓展

扫码进行学习。

思政课堂

请扫码学习:独当一面,一个非常腼腆而又特别能干的库管!

“1+X”考证拓展与提升(二)

“1+X”认证级别

物流管理 1+X 证书分为三个等级:初级、中级、高级,三个级别依次递进,高级别涵盖低级别职业技能要求,一般职业能力要求为所有级别人员都需要具备。

(1)初级。初级主要职责是根据作业流程的规定,完成物流市场开发与客户信息管理、业务流程执行、物流数据统计、仓储与配送、运输资源调度等作业的实施与优化。

(2)中级。中级主要职责是根据业务管理的要求,对物流市场与客户开发、仓储与配送作业、运输资源整合等作业进行管理和流程优化,管理物流项目的成本、绩效和风险,编制和优化业务流程,利用数字化技术和工具实现物流数据统计与分析、仿真与数字化。

(3)高级。高级主要职责是根据业务的需求,对物流市场与客户开发进行管理和绩效考核,提出物流项目需求、项目实施方案和绩效评价方案,对仓储项目与运输项目的设计、运营质量监督、成本控制、绩效管理、风险防控等进行全程管理,利用数字化技术和工具辅助日常管理和决策。

项目三

运输作业体验

本项目共有四个任务，亲爱的同学们，现在让我们通过任务的学习，走进并体验运输作业吧！

项目导入

运输是指物品借助运力在空间内发生的位置移动。具体地说，运输实现了物品空间位置的物理转移，实现了物流的空间效用。从古至今，交通运输就是人类赖以生存、发展的重要活动之一。运输是整个社会物流系统中一个极为重要的环节，在整个物流活动中处于中心地位，是物流的一个支柱。

近十年来，中国运输服务于贸易快速发展，竞争力不断增强，货运总量逐年递增。2024年2月29日，国家统计局发布的《中华人民共和国2023年国民经济和社会发展统计公报》显示：2023年我国货物运输总量557亿吨，比上年增长8.1%；货物运输周转量247 713亿吨公里，增长6.3%；港口完成货物吞吐量170亿吨，比上年增长8.2%，其中外贸货物吞吐量50亿吨，增长9.5%；港口集装箱吞吐量31 034万标准箱，增长4.9%。运输在拉动经济、服务贸易快速发展中发挥着积极的作用。

头脑风暴

运输在我们日常生活与工作中，发挥了哪些重要的作用？

知识目标

1. 能够解释、阐述运输的基本概念和功能，运输管理工作基本原则；
2. 能够阐述物流运输主要方式和特点，熟悉常用运输工具；
3. 理解并掌握物流运输合理化的含义以及实现运输合理化的有效措施；
4. 对危险品运输有深入的了解和认知。

能力目标

1. 能够应用所学理论知识，为不同货物选择运输方式；

2. 在教师的指导下，能够正确应用运输合理化知识进行相关案例讨论分析；
3. 能够根据货物种类和客户需求合理安排、设计货物运输方案；
4. 能够对危险品运输做出合理、科学的安排。

素质目标

1. 养成货物运输服务意识和经济意识，提高货物运输经济效率和服务质量；
2. 有坚定的理想信念，对大国运输充满民族自信；
3. 培养团队分工协作精神，树立合作共赢的大局观念。

任务一　运输初步认知

法国一家大型百货公司，准备在圣诞节时回馈客户一款精美的女式长筒靴子。这是一款由著名设计师设计，在中国广州生产的 OEM 商品（贴牌生产的商品）。但是在圣诞节那天这个商业促销活动被迫取消，令法国的客户大失所望，百货公司也没有获得预期的经济收益。经事后调查发现，造成这个商业促销活动被迫取消的问题出在运输环节，当货品从厂家仓库送到广州港口时，却没有及时赶上开往马赛的海轮。

请大家以小组为单位，围绕“什么是货物运输、货物运输的效用、运输管理的目标与原则”对该案例展开深入分析。

一、知识准备

（一）什么是运输

《物流术语》对运输（Transportation）的定义是：用设备和工具，将物品从一地点向另一地点运送的物流活动。其中包括集货、分配、搬运、中转、装入、卸下及分散等一系列操作。

运输是实现物品“场所效用”的主要手段。通过运输，物品能够从一个地方转移到另一个地方，实现其空间位置的改变，从而满足生产和消费的需求。

运输是整个社会物流系统中一个极为重要的环节，在物流活动中处于中心地位，是物流的一个支柱。

（二）运输分类

运输就其运送对象来说，分为货物运输和旅客运输。即货运和客运两类。

客运是指以旅客为运输对象，以公共汽车、船舶、火车、飞机为主要运输工具，实施的有目的的旅客空间位移的运输活动，一般是由公共交通运输业所承担。

货运是指以货物为运输对象，以汽车、船舶、火车、飞机为主要运输工具，实施的有目的的货物空间位移的运输活动，连接生产和消费，一般是由货运企业，货代公司所组织和实施。

客运和货运都是从属于服务产业。随着现代工业技术的迅速发展，国内外贸易发展异常繁盛，而货物运输作为贸易活动的重要环节，在经济发展中扮演着至关重要的角色，已经成为影响贸易成败的一个关键因素。

本项目的学习，是以货运为主，主要讲授货物运输的基本知识和技能。

1. 按运输区域来分

按运输区域来分，货物运输又可划分为国内货物运输和国际货物运输两大类。国内货物运输，顾名思义是指在同一国家内不同地区之间的运输；国际货物运输，就是在国家与国家、国家与地区之间的运输。

2. 按照运输方式来分

货物运输常见的运输方式有公路运输、铁路运输、水路运输、航空运输和管道运输。

（三）运输的功能

在物流中，运输主要有以下两个功能。

（1）产品转移。无论物品处于什么形式，是材料、零部件、装配件、在制品，还是制成品；不管它是在制造过程中，还是将被移到下一阶段，还是接近最终的客户，运输都是必不可少的。因此，运输的一个主要功能就是实现产品在价值链中的来回移动。并在产品转移的过程中实现产品价值的提升，创造了“空间效用”。

（2）产品短期储存。对产品进行临时储存是运输的特殊功能。物品在运输途中，运输工具则成为物品短期储存的场所，对物品进行短期储存，创造了“时间效用”。

（四）运输管理的工作原则

（1）要求及时。按照产、供、销的实际需要，及时把货物送到指定的地点，尽量缩短物资在途时间。

（2）要求准确。在货物运输过程中防止各种差错的发生，准确无误地将物资送达收货人手中。

（3）要求经济。通过合理的运输手段、运输线路以及配货方案，提高运输效率，降低运输成本。

（4）要求安全。在货物运输前做好运输包装工作，保证在货物运输过程中不发生霉烂、碰撞、挤压、残损以及丢失现象。对于危险品要防止燃烧、爆炸。

二、任务实施

（1）组建4人项目小组，根据小组成员特点，进行团队分工。

小组成员名单	成员特点	小组中的分工	备注
		搜集资料	
		案例分析	
		任务小结	
		登台发言展示	

（2）从以下方面搜集说明资料，并将主要内容填入。

1. 运输的涵义： 2. 货物运输的效用： 3. 货物运输的目标与原则：

（3）将小组案例分析结果填入下方。

（4）小组派代表登台阐述、展示本组案例分析结果，并将任务实施收获总结如下。

三、任务评价

“运输初步认知”任务评价表

<table>
<tr><td>项目组</td><td colspan="2"></td><td colspan="2">成　员</td><td colspan="4"></td></tr>
<tr><td rowspan="5">评价标准</td><td>评价项目</td><td colspan="2">评价要素</td><td>分值</td><td>小组自评（20%）</td><td>他组评价（30%）</td><td>教师评价（50%）</td><td>合计</td></tr>
<tr><td>学习纪律与行为素养</td><td colspan="2">出勤情况；衣着仪表；行为秩序；5S 素养</td><td>20</td><td></td><td></td><td></td><td></td></tr>
<tr><td>学习方法与参与过程</td><td colspan="2">学习方法是否得当；能否进行有效信息检索；是否养成了探究学习、自主学习的习惯；能否处理好合作学习和独立思考的关系</td><td>30</td><td></td><td></td><td></td><td></td></tr>
<tr><td>任务实施过程与结果</td><td colspan="2">任务实施过程是否规范，是否掌握必备专业知识与技能；能否认真分析问题、解决问题并创新问题；是否具备较强的信息处理能力并能条理清晰表述成文</td><td>30</td><td></td><td></td><td></td><td></td></tr>
<tr><td>协作交流与分享</td><td colspan="2">与教师、同学之间能否相互尊重、理解，进行适时、多向的信息交流；能否发表个人见解并提出有意义、有价值的意见或建议；能否认真倾听、协作分享</td><td>20</td><td></td><td></td><td></td><td></td></tr>
<tr><td colspan="4">合　计</td><td>100</td><td></td><td></td><td></td><td></td></tr>
</table>

任务二　熟悉常见的货运方式和工具

运输方式和工具的不断创新和发展，让我们的生活和工作方式发生了翻天覆地的变化。如今，我们可以轻松地将商品从世界的任何一个角落运送到另一个角落，与全球各地的人们进行贸易交流和合作，这一切都离不开各种先进的运输方式和工具所提供的便利。

请大家以小组为单位展开调查、搜集相关资料，围绕“常见货物运输方式与工具展示”这一主题，制作一份图文并茂、生动精美的 PPT，在班级内部分享交流。

一、知识准备

（一）熟悉常见的运输方式

1. 铁路运输

铁路运输是在固定的铁路轨道上利用铁路设施、设备运送货物的一种运输方式。现行的铁路货物运输分为整车运输、零担运输、集装箱运输三种运输类型。其中，整车适合运输大宗货物；零担适合运输小批量的零星货物；集装箱适合运输精密、贵重、易损的货物。

（1）铁路运输的优点。铁路运输具有适应性强、运输能力大、可持续运营、受气候影响小等优点。

（2）铁路运输的缺点。铁路运输由于受路线、货站的限制，机动灵活性较差，不能直达运送物资，而且待运时间比较长，不适合短途运输。

（3）适运货物。铁路运输主要承担长距离、大批量的货物运输，在没有水路运输条件的地区，几乎所有的大批量货物都是依靠铁路运输。

2. 公路运输

公路运输一般是指汽车运输，即使用汽车在公路上进行货物运输的一种方式。近年来，我国公路运输业快速发展，运量和周转量也有很大增长。按照货运营运方式的不同，可分为整车运输、零担运输、集装箱运输、联合运输和包车运输。

（1）公路运输的优点。公路运输可以采取“门到门”的运输形式，可做到取货上门、送货到家，实现直达运输，无需中途换装，运送速度较快。

（2）公路运输的缺点。公路运输载运量小，运费较高。

（3）适运货物。公路运输主要承担近距离、小批量的货物运输，以及水路运输、铁路运输难以到达的长途、大批量货物运输和水路运输、铁路运输难以发挥优势的短途运输。

3. 航空运输

航空运输是使用飞机或其他航空器进行运输的一种形式。

（1）航空运输的优点。航空运输的优点是运行速度快，机动性能好，几乎可以飞越各种天然障碍，可以到达其他运输方式难以到达的地方。所以说，航空运输交货迅速、航行便利，可以将货物运往世界各地并不受地面条件限制。

（2）航空运输的缺点。航空运输的缺点是飞机载货量比较小，运费比较高，技术复杂，会受天气条件的一定限制。其中天气条件往往会影响其准点性。

（3）适运货物。航空运输是五种运输方式中运送速度最快、运费最贵的运输方式，往往适用于运输体轻、贵重、易损、鲜活或急需的货物。

4. 水路运输

水路运输是以船舶为主要运输工具，以港口或港站为运输基地，以水域（海洋、河、湖等）为运输活动范围的一种运输方式。

（1）水路运输的优点。水路运输的优点是运输能力大、运输成本低、航道投资省。

（2）水路运输的缺点。水路运输的缺点是航行速度慢，受航道和港口的限制而不够灵活，易受季节和气候的影响，运输的连续性较差。

（3）适运货物。水路运输可以运送其他运输方式不易运输的超重、超长、超高的物资。水路运输中最重要的运输方式是海洋运输，海洋运输在国际物流运输中所占的地位和所起的作用大大超过其他运输方式。目前，世界贸易货物运量的2/3都是通过海洋运输来完成的。

5. 管道运输

管道运输是随着石油和天然气产量的增长而发展起来的，是用管道作为运输工具的一种长距离输送液体和气体物资的运输方式。

（1）管道运输的优点。管道运输的优点是运量大、连续性强、损耗少、无需包装、运输能力大、运输成本低，能不间断地均衡地进行运输。

（2）管道运输的缺点。管道运输的缺点是灵活性差，运输的货物品种受到限制，管道的建设成本较高。

（3）适运货物。管道所输送的货物主要有油品、天然气、煤浆以及其他矿浆。

(二)认识常见的运输工具

1. 公路运输工具

在道路运输体系中,运输车辆主要包括客运车辆和货运车辆。轿车、微型客车、轻型客车、中型客车、大型客车以及特大型客车(如铰接客车、双层客车等),都属于客运车辆的范畴。敞车、箱车、罐车(液槽车)、平板车等货运汽车以及由多节挂车组成的汽车列车都属于载货车辆的范畴,公路运输常用工具如图 3-1、3-2、3-3 所示。

图 3-1　箱车(1)

图 3-2　箱车(2)

图 3-3　罐车

2. 铁路运输工具

铁路运输工具主要包括铁路机车、铁路车辆和列车等。铁路机车是铁路运输的动力。列车和车辆在铁路线路上的位移都需要机车的牵引或推送。从原动力看，机车分为蒸汽机车、内燃机车和电力机车。铁路车辆分为客车和货车两大类。列车是指按照有关规定将若干车辆编挂在一起，列车挂上机车，并配备列车乘务员和列车标志的车辆。铁路运输常用工具如图 3-4、3-5 所示。

图 3-4　铁路客车

图 3-5　铁路货车

3. 水路运输工具

水路运输工具也称浮动工具（浮动器），包括船、驳、舟、筏。船和驳是现代水路运输工具的核心，分为货船和客船。货船按其功能可以分为：杂货船、集装箱船、散货船、油船、液化气船、冷藏船、滚装船、载驳船等。水路运输常用工具如图 3-6、3-7 所示。

图 3-6　集装箱船

图 3-7　客船

4. 航空运输工具

航空运输工具通常是指专门用于运送旅客或货物的民用飞机。根据国际上的统一规定，航空机还包括直升机、气球和气艇等。按照运输对象分，民航飞机可以分为客机和货机两类，客机以运送旅客为主，运送货物为辅（腹舱载货），而货机则专门用于运送各类货物。典型航空运输工具如图 3-8、3-9 所示。

图 3-8　客机

图 3-9　货机

5. 管道运输工具

管道运输是一种特殊的运输方式，其运行方式有别于其他运输方式。它的载货容器与原动机的组合比较特殊，载货容器为干管，原动机为泵(热)站，总是固定在特定的空间内，可将其视为运输工具。管道运输常见运输工具如图 3-10、3-11 所示。

图 3-10 成品油管道

图 3-11 天然气管道

(三)影响运输方式选择的因素

运输方式的选择应满足运输的基本要求，即经济性、迅速性、安全性和便利性，达到多、快、好、省的目的。五种运输方式各有优缺点，选择时应综合考虑，扬长避短，充分发挥每种运输方式的优势。影响运输方式选择的因素有以下几点。

1. 货物品种

关于货物品种及性质、形状，应在包装项目中加以说明，并据此选择适合这些货物特性和形状的运输方式。当然，不同货物运输情形对运费的负担能力也要认真考虑。

2. 运输期限

运输期限必须与交货日期相适应，以此保证运输时限。必须调研各种运输工具所需要的运输时间，根据运输时间来选择运输工具。运输时间由快到慢的顺序一般情况下依次为航空运输、汽车运输、铁路运输、船舶运输。各运输工具可以按照其速度编组来安排日程，加上其两端及中转的作业时间，就可以算出所需的运输时间。

3. 运输成本

运输成本因货物的种类、重量、运输工具容积、运距不同而不同。此外，运输工具不同，运输成本也会发生变化。在考虑运输成本时，必须注意运费与其他物流要素之间存在着互为利弊的关系，不能只根据运输费用来决定运输方式，要考虑运输效果的总体最优目标。

4. 运输距离

从运输距离看，一般情况下可以依据以下原则：300 千米以内，用汽车运输；300~500 千米的区间，用铁路运输；500 千米以上，用船舶运输。一般情况下，参照这样的原则选择运输方式比较经济合理。

5. 运输批量

货物运输的批量也会直接影响到运输方式的选择，选择合适的运输方式和工具进行运输是降低成本的一道良策。一般来说，15~20 吨以下的商品用汽车运输；15~20 吨以上的商品用铁路运输；数百吨以上的原材料之类的商品，应选择船舶运输。

二、任务实施

（1）组建 4 人项目小组，根据小组成员特点，进行团队分工。

小组成员名单	成员特点	小组中的分工	备注
		搜集资料	
		整理资料	
		制作 PPT	
		登台交流展示	

（2）搜集演讲资料。

小组搜集资料的渠道和方法是：______________________________

小组搜集到的主要资料有（以思维导图的形式展示）：

（3）将小组制作、完成的 PPT 提交至班级“现代物流认知与操作”课程 QQ 群，并对 PPT 制作过程中遇到的问题以及解决问题的过程总结如下。

(4)小组派代表登台展示、分享,对展示效果做小结并记录如下。

三、任务评价

“熟悉常见的货运方式与工具”任务评价表

项目组			成员				
评价标准	评价项目	评价要素	分值	小组自评(20%)	他组评价(30%)	教师评价(50%)	合计
	学习纪律与行为素养	出勤情况;衣着仪表;行为秩序;5S 素养	20				
	学习方法与参与过程	学习方法是否得当;能否进行有效信息检索;是否养成了探究学习、自主学习的习惯;能否处理好合作学习和独立思考的关系	30				
	任务实施过程与结果	任务实施过程是否规范,是否掌握必备专业知识与技能;能否认真分析问题、解决问题并创新问题;是否具备较强的信息处理能力并能条理清晰表述成文	30				
	协作交流与分享	与教师、同学之间能否相互尊重、理解,进行适时、多向的信息交流;能否发表个人见解并提出有意义、有价值的意见或建议;能否认真倾听、协作分享	20				
合计			100				

任务三　运输合理化设计

2024 年 1 月 18 日,天地华宇集团西安分公司接到一客户订单,需要将一批 5 吨中药材(共 10 箱)从西安运到上海,将两箱急救药从西安运到拉萨。请大家以小组为单位,帮助其设计一份运输方案以满足该客户的运输需求,并向客户提出正确、合理的建议。

一、知识准备

（一）运输合理化的概念

运输合理化是指从物流系统的总体目标出发，按照货物流通规律，运用系统理论和系统工程原理和方法，选择合理的运输路线和运输工具，以最短的路径、最少的环节、最快的速度和最少的劳动消耗，组织好货物的运输与配送，以获取最大的经济效益。

（二）企业运输合理化的重要意义

由于运输是物流中最重要的功能要素之一，所以物流合理化在很大程度上依赖于运输合理化。运输合理化的重要意义如下。

（1）提高物流效率。对物流运输环节进行优化升级，可以提高物流运输效率，降低物流运输时间，提高客户满意度。

（2）降低物流成本。物流运输合理化，可以降低运输成本，提升物流企业竞争力。

（3）提高物流过程安全性。物流运输合理化可以增加运输过程的安全性，避免因为物流运输安全问题导致的经济损失。

（三）合理运输的"五要素"

运输管理的目的就是实现运输合理化。影响运输合理化的因素很多，起决定性作用的有五个方面的因素，称为合理运输"五要素"。

1. 运输距离

在物流系统中，运输时间、运输费用、运输货损等很多技术经济指标都与运输距离有一定的比例关系。因此运输距离就成为衡量运输合理化的一个最基本要素。

2. 运输环节

在物流过程中，每增加一次运输，不但会耗费运输时间，增加运输费用，而且也会增加与运输相关的附属活动，如包装、装卸等。因而适当减少运输环节，对实现运输合理化有促进作用。

3. 运输工具

各类运输工具都有其使用的优势领域。对运输工具进行优化选用，充分利用各类运输工具的特点，可以最大限度地发挥运输工具的作用。这也是实现运输合理化重要的一环。

4. 运输时间

运输是物流过程中耗费时间较多的环节，尤其是远程运输，在全部物流时间中占据了绝大部分。因此缩短运输时间对提高整个物流系统的效率有着决定性的作用。此外，运输时间的缩短，有利于运输工具加速周转，充分发挥运输能力，还可以加快货主资金的周转，对运输合理化贡献很大。

5. 运输费用

运输费用的高低在很大程度上决定了整个物流系统的竞争能力。实际上，无论是对于供货企业，还是对于物流企业，运输费用都是运输合理化的重要目标。运输费用的合理程度，也是上述各类合理化要素是否有效实施的最终判断依据。

二、任务实施

（1）组建学习团队，将学生分成若干组，每组 4 人，展开学习讨论。

小组成员名单	成员特点	小组中的分工	备　注
		搜集资料	
		案例分析	
		任务小结	
		登台发言展示	

（2）在给客户设计运输方案时需考虑运输货物的特点，请在下面分析该批货物的特点。

货物一：
货物二：

（3）运输方案的设计还需考虑运输合理化，运输合理化的影响因素很多。请小组分析并讨论运输的合理化需要考虑哪些因素，并将讨论结果填在下表中。

序号	影响因素	说　明
1		
2		
3		
4		
5		
6		
7		

（4）请根据以上两个问题的分析，在下面完成运输方案的设计及对客户的建议。

三、任务评价

“运输合理化设计”任务评价表

项目组		成　员					
评价标准	评价项目	评价要素	分值	小组自评（20%）	他组评价（30%）	教师评价（50%）	合计
	学习纪律与行为素养	出勤情况；衣着仪表；行为秩序；5S 素养	20				
	学习方法与参与过程	学习方法是否得当；能否进行有效信息检索；是否养成了探究学习、自主学习的习惯；能否处理好合作学习和独立思考的关系	30				
	任务实施过程与结果	任务实施过程是否规范，是否掌握必备专业知识与技能；能否认真分析问题、解决问题并创新问题；是否具备较强的信息处理能力并能条理清晰表述成文	30				
	协作交流与分享	与教师、同学之间能否相互尊重、理解，进行适时、多向的信息交流；能否发表个人见解并提出有意义、有价值的意见或建议；能否认真倾听、协作分享	20				
合　计			100				

任务四　了解危险品物流运输

危险品物流近年发展迅速，随之而来的，是层出不穷的运输安全事故。危险货物道路运输事故不同于一般运输事故，往往会衍生出燃烧、爆炸、泄漏等更严重的后果，造成经济损失、环境污染、生态破坏，甚至人员伤亡等一系列的社会问题。

请大家以小组为单位，选取近十年内我国危险货物运输典型事故案例，围绕“事故概况、事故原因，暴露出来的问题”对该案例展开深入分析，为有效预防和减少危险货物运输事故提供借鉴。

一、知识准备

(一)特种货物运输与危险品运输

1. 特种货物运输

特种货物运输是指对装卸、运送和保管等环节有特殊要求的货物运输的通称,包括危险品运输、三超大件运输、冷藏运输、特殊机密物品运输及特种柜运输等。

2. 危险品运输

危险品运输是特种货物运输的一种,是指专门组织或技术人员对非常规物品使用特殊车辆进行的运输。一般只有经过国家相关职能部门严格审核,并且拥有能保证安全运输危险货物的相应设施设备,才能有资格进行危险品运输。

依据《常用危险化学品的分类及标志》(GB 13690—2009)和《危险货物分类和品名编号》(GB 6944—2012)两个国家标准,将化学品按其危险性分为八大类:爆炸品;压缩气体和液化气体;易燃液体;易燃固体、自燃物品和遇湿易燃物品;氧化剂和有机过氧化物;毒害品和感染性物品;放射性物品;腐蚀品。

国家鼓励技术力量雄厚、设备和运输条件好的大型专业危险化学品生产企业从事道路危险货物运输,鼓励道路危险货物运输企业实行集约化、专业化经营,鼓励使用厢式、罐式和集装箱等专用车辆运输危险货物。

(二)危险品的运输的要求

1. 基本要求

依据《中华人民共和国道路运输条例》第八十条和《道路危险货物运输管理规定》第二条的规定:需要进行危险品运输的车辆,车况要达到一级标准;并向道路运输管理机构提出申请,取得相关危险品运输许可证;车辆要配备司机(需要有危险品运输上岗证)、押运员(需要有危险品押运员证)。

2. 承运人注意事项

(1)危险品运输企业或者单位,应当经常对从业人员进行安全教育、职业道德教育、业务知识培训、操作规程培训。

(2)从事危险品运输的驾驶员,应当具有高度的责任感和事业心,牢固树立对国家、企业和人民生命财产负责的责任观。

(3)危险品运输企业要事先了解掌握货物的性能和消防、消毒等措施,对包装容器、工具和防护设备要认真检查,严禁危险品漏、散和车辆带病运行。

(4)危险品在装运前应根据其性质、运送路程、沿途路况等采用安全的包装方式。包装必须牢固、严密,在包装上做好清晰、规范、易识别的标志。

(5)装运危险品的车辆,应设置《道路运输危险货物车辆标志》(GB 6944—2005)规定的标志。汽车运行必须严格遵守交通、消防、治安等法规,应控制车速,保持与前车的距离,遇有情况提前减速,避免紧急刹车,严禁违章超车,确保行车安全。

(6)在危险货物装卸、保管、贮存过程中,应当根据危险货物的性质和保管要求,轻装轻卸,分区存放,堆码整齐,不得与普通货物混合存放。

(7)装运危险品必须选用合适的车辆。爆炸品、一级氧化剂、有机氧化物不得用全挂汽车、列车、三轮机动车、摩托车、人力三轮车和自行车装运;爆炸器、一级氧化剂、有机过氧物、一级易燃品不得用拖拉机装运。除二级固定危险品外,其他危险品不得用自卸汽车装运。

(8)凡危险品的盛装容器,发现有渗漏、破损等现象,应立即采取自救,尽快妥善处理解决。

(9)注意防火。危险品在装卸时应使用不产生火花的工具,车厢内严禁吸烟,车辆不得靠近明火、高温场所和太阳暴晒的地方。

(10)注意停放。装载危险品的车辆不得在学校、机关、集市、名胜古迹、风景游览区停放。

(11)注意清厢。危险品卸车后应清扫车上残留物,被危险品污染过的车辆及工具必须洗刷清毒。

(12)危险品运输企业或单位应当为危险货物投保承运人责任险。

3. 托运人注意事项

(1)危险货物托运人应当委托具有道路危险货物运输资质的企业承运。

(2)必须在托运单上,完整填写危险货物品名、规格、件重、件数、包装方法、起运日期、收发货人详细地址及运输过程中的注意事项。

(3)货物性质不同或灭火方法相抵触的危险货物,必须分别托运。

(4)对有特殊要求或凭证运输的危险货物,必须附有相关单证,并在托运单备注栏内注明。

(5)托运未列入《汽车运输危险货物品名表》的危险货物新品种时,必须提交《危险货物鉴定表》。

凡未按以上规定办理危险货物运输托运,由此发生的运输事故,由托运人承担全部责任。

二、任务实施

(1)组建4人项目小组,根据小组成员特点,进行团队分工。

小组成员名单	成员特点	小组中的分工	备注
		搜集资料	
		案例分析	
		任务小结	
		登台发言展示	

(2)请参照以下案例,将小组案例分析结果填入下方。

2017年保定张石高速浮图峪5号隧道“5·23”重大道路交通事故案例分析

(一)事故概况

(1)时间:2017年5月23日6时23分。

(2)地点:河北保定张石高速公路301千米处(浮图峪5号隧道石家庄方向)。

（3）经过：一辆挂重型半挂货车行驶至张石高速浮图峪5号隧道（石家庄方向）时，发生初始燃烧爆炸，发出较大声音和火光，隧道内司乘人员迅速逃生，隧道外桥上车辆急速驶离现场。之后，燃烧爆炸的强热引发氯酸钠和爆炸性混合物爆炸，爆炸产生的冲击波、高温及火焰导致车辆损毁、人员伤亡，煤炭燃烧及爆炸破片飞溅，后续油箱、刹车气罐、灭火器及轮胎等又相继发生连锁爆炸，挥发出白色的氯酸钠粉尘细微颗粒漂浮至隧道外。

（4）事故损失：事故波及9部车辆，其中，6部损毁，15人遇难，3人重度烧伤。事故波及高速桥下，导致43户民房受损，16名村民轻微受伤，造成直接经济损失4 200多万元。

（二）事故原因

事故车辆装载吨袋包装超规格大体积量氯酸钠，在运输过程中，由于货物与货物及货物与车辆底板、箱板及残留的石油焦粉末（含硫）等杂质之间相互摩擦产生热量并不断聚集，后一桥左侧车轮橡胶轮胎自燃，引燃了捆绑绳、篷布和密封布，厢体温度升高，当能量聚集达到氯酸钠燃爆点时，发生了氯酸钠初始爆炸并引发了后续爆炸和燃烧。

（三）暴露问题（仅危险货物道路运输方面）

（1）运输车辆：违法改装；未悬挂危险化学品运输车辆警示标志。

（2）源头管理：危险货物运输车辆所属企业安全生产管理缺失，未严格落实车辆安全例检制度和安全培训制度，私自改装危险化学品运输车辆，遮盖危险品运输警示标志，伪装运输，违规配货，使用不具备防火功能的篷布等，违法违规问题突出。

（3）道路条件：相关单位未按有关规定和要求对事发路段申请组织竣工验收。

(3)小组派代表登台阐述本组案例分析结果,并将任务实施收获总结如下。

三、任务评价

"了解危险品物流运输"任务评价表

项目组			成　员				
评价标准	评价项目	评价要素	分值	小组自评(20%)	他组评价(30%)	教师评价(50%)	合计
	学习纪律与行为素养	出勤情况;衣着仪表;行为秩序;5S 素养	20				
	学习方法与参与过程	学习方法是否得当;能否进行有效信息检索;是否养成了探究学习、自主学习的习惯;能否处理好合作学习和独立思考的关系	30				
	任务实施过程与结果	任务实施过程是否规范,是否掌握必备专业知识与技能;能否认真分析问题、解决问题并创新问题;是否具备较强的信息处理能力并能条理清晰表述成文	30				
	协作交流与分享	与教师、同学之间能否相互尊重、理解,进行适时、多向的信息交流;能否发表个人见解并提出有意义、有价值的意见或建议;能否认真倾听、协作分享	20				
合　计			100				

知识拓展

扫码进行学习。

思政课堂

请扫码学习:我国道路危险货物运输。

"1+X"考证拓展与提升(三)

报考条件与方式

物流管理"1+X"证书的报考条件如下。

● 初级(具备以下条件之一)

①中专及以上院校物流及相关专业学生(含毕业生);

②从事物流相关工作的行业从业人员。

● 中级(具备以下条件之一)

①高职及以上院校物流及相关专业学生(含毕业生);

②取得初级证书后且从事物流相关工作满1年以上(含1年)者;

③从事物流相关工作满3年以上(含3年)者。

● 高级(具备以下条件之一)

①本科及以上院校物流及相关专业在校学生(含毕业生);

②取得中级证书后且从事物流相关工作满2年以上(含2年)者;

③从事物流相关工作满5年以上(含5年)者。

报考方式:职业技能等级证书的网站不直接面向考生个人提供报考服务,考生若要报考,需通过自己所在的试点院校进行报考。

附件:物流管理"1+X"证书报考流程图。

项目四

配送作业体验

本项目共有四个任务，亲爱的同学们，现在让我们通过任务的学习，走进并体验配送作业吧！

项目导入

2023 年 4 月 9 日，京东物流正式推出“闪电送”时效产品体系，进军本地生活即时配送，即从经典的次日达变为一小时内的即时配送。京东物流 CEO 王振辉在博鳌论坛上表示：“随着无界零售时代的到来，消费场景将变得无处不在、无时不有，消费者希望获得‘所想即所得’的极致体验，这最终需要通过物流来推动实现。因此，物流也将面临深刻变革，达到‘无界物流’这一终极状态。”

同学们，作为一名现代物流服务与管理及相关专业的学子，你对现代物流配送的产生与发展前景有充分的认知吗？你了解现代物流配送岗位吗？本项目的学习将带领你走进现代物流配送。

头脑风暴

现如今，即时零售已经成为年轻人的新宠，那么都有哪些物流配送企业可以实现“即时配送”呢？

知识目标

1. 能够概述配送的基本概念、现代物流配送在我国产生与发展过程以及配送在物流流程中的作用；
2. 能准确认知配送、配送模式的基本概念、特点和功能；
3. 能够掌握不同配送模式选择方法；
4. 能够掌握配送分拣的流程。

能力目标

1. 能够综合分析、比较中外配送发展现状，总结现代配送的发展趋势，对新型配送模式进行深入、细致的调研；

2. 能够辨析配送模式，总结不同配送模式的服务特色；

3. 能够总结、归纳、分析、选择配送模式的类型以及各模式的工作内容和工作流程；

4. 具备开展物流配送合理化的能力。

素质目标

1. 有坚定的理想信念，培养团队分工协作的精神，树立合作共赢的大局观念；

2. 提升职业道德与职业素养，对未来人生和职业发展有梦想、有追求、肯行动；

3. 爱岗敬业，有较强的工作效率意识和工作质量意识。

任务一　配送初步认知

肖明是 ×× 职业学校现代物流服务与管理专业的一名学生。按照学校工作安排，下个星期要举办“爱我中华、爱我专业”职业教育主题周活动。结合本学期的专业课学习，班主任老师让大家以小组为单位，围绕“揭开配送的神秘面纱”主题制作一份图文并茂、生动精美的手抄小报，在班上展示、分享和交流。

那么，肖明该如何完成这一任务呢？

一、知识准备

（一）配送的概念与特点

1. 配送的概念

国家标准《物流术语》中对配送（Distribution）的定义是：在经济合理区域范围内，根据客户要求，对物品进行拣选、加工、包装、分割、组配等作业，并按时送达指定地点的物流活动。在整个物流系统中，配送具有特殊性和综合性。它结合了商流与物流，融合了物流中的仓储、运输、流通加工、装卸搬运、包装和物流信息处理等各功能要素。

2. 配送的特点

配送几乎融合了物流中的所有功能，可以说是整个物流活动的缩影。配送不仅是简单的货物配送，比起独立的运输、仓储等物流活动，配送有自己的特点，具体如下。

（1）配送不仅是送货。配送的本质是送货，但又不是简单意义上的送货，更不是生产企业直接从事的销售性送货，而是将货物由物流据点送至用户的一种特殊送货形式。送货仅是送生产企业生产的货物，有什么就送什么，然而配送则要考虑客户的需要，客户需要什么就送什么。它是一种主动的、固定的、积极的送货方式。

（2）配送是一种“门到门”的服务。配送具有服务性，它可以将货物从物流据点一直送到用户的营业场所、仓库、车间乃至生产线的起点。配送不是简单的订货、签约、结算、送货等组织物资的活动，或单纯对物资处理分配的供应，而是以供给者身份将货物送到客户要求的最方便的地点，是一种“门到门”的服务。

（3）配送不是单纯的运输。配送依托于运输，由运输以及其他物流活动共同构成，但对于物流中的运输环节来说，配送又不是单纯的运输或输送，它是运输环节的补充，属于末端运输、支线运输、二次运输。

（4）配送是“配”和“送”的有机结合。配送是以科学、经济、合理的配货为前提的送货过程。配送既包括了各种运送活动，又要从事大量配货、分货、配装等工作。“配”是“送”的前提和条件，只有“配”的合理，才能“送”的顺畅；“送”是“配”的实现和完成，只有“送”的顺利完成，才能说明“配”的合理。“配”与“送”两者相辅相成，不可或缺。

（二）配送合理化

配送合理化是指用最经济的手段和方法实现配送的功能。实现配送合理化的前提是要避免配送不合理现象的发生。不合理的配送主要表现在进货、库存决策、价格、配送与直达的决策、运输方式、经营观念等方面的不合理行为。这些不合理的配送最终会反映到物流领域中的效率、安全、成本等各个方面。因此，要想避免不合理配送，就必须要采取合理化配送措施。

为了提高配送的合理化程度和经济效益，主要采取以下几方面措施。

1. 配送中心设置合理

配送中心在运营过程中能否取得高效益，其数量及地理位置的设置是前提条件。在确定了配送中心数量和位置的基础上，才能选择配送路线、决定配送方式。如果配送中心设置不恰当，有很难弥补的缺陷，那么在进行下一步决策时就会造成难以挽回的损失。因此，配送中心设置是否恰当是提高配送合理化程度的前提条件。

2. 加强配送的计划

在配送活动中，导致配送效益降低的主要因素是一些临时配送、紧急配送或无计划配送的出现。这些情况的出现很大程度上是由事先计划不妥造成的。因此要避免临时配送等情况的出现，就必须要加强配送计划的制订。

3. 推行专业化配送

为了取得较好的配送效果，需尽量采用专业设施、设备及操作程序，降低配送的复杂程度和难度，提高配送专业化。

4. 推行加工配送

在物流系统中，中转次数越多，物流效率越低。在配送过程中，往往需要中转停留。如果为了加工环节再增加新的中转，那么一定会影响整个物流系统的运行速度。所以在配送中转过程中进行加工活动，既能够提高物流效率，也更加接近目标用户，便于加工过程中更加贴合用户的喜好，提高顾客满意度。

5. 推行共同配送

与相关的企业合作，推行协作式的共同配送，能够以最近的路程、最低的成本完成配送，实现企业之间合作共赢，从而实现配送合理化。

6. 实行送取结合配送

配送企业要与用户建立稳定、密切的协作关系。在配送时，企业将用户所需的物资送到，在返程时运回该用户生产的产品。这样能够充分利用运力，最大限度地发挥了配送企业的功能，从而实现配送合理化。

7. 推行准时配送系统

配送做到准时，用户对获得货物的时间才有一定把握，才可以放心地实施低库存或零库存管理，从而有效地安排人力、物力。所以，准时配送系统已经成为国内外许多配送企业追求配送合理化的重要手段。

8. 推行即时配送

即时配送，能免去用户企业断供的忧虑，能够大幅度提高供应保证能力。它是配送企业快速反应能力的具体化，体现了配送企业的能力。尽管配送成本较高，但它却能够保证整个配送过程的合理化。

二、任务实施

（1）组建4人项目小组，根据小组成员特点，进行团队分工。

小组成员名单	成员特点	小组中的分工	备注
		资料搜集	
		版式设计与美工	
		小报誊写	
		展示与分享	

（2）资料搜集与整理。

小组搜集资料的渠道和方法是：________________

小组搜集的主要资料有（以思维导图的形式展示）：

（3）将小组完成的手抄小报在教室“学习与交流园地”有序张贴，并将小报完成过程记录如下。

(4)通过分享与交流,对小组成果优势与不足进行总结如下。

三、任务评价

"配送初步认知"任务评价表

项目组			成　员					
评价标准	评价项目	评价要素		分值	小组自评(20%)	他组评价(30%)	教师评价(50%)	合计
	学习纪律与行为素养	出勤情况;衣着仪表;行为秩序;5S 素养		20				
	学习方法与参与过程	学习方法是否得当;能否进行有效信息检索;是否养成了探究学习、自主学习的习惯;能否处理好合作学习和独立思考的关系		30				
	任务实施过程与结果	任务实施过程是否规范,是否掌握必备专业知识与技能;能否认真分析问题、解决问题并创新问题;是否具备较强的信息处理能力并能条理清晰表述成文		30				
	协作交流与分享	与教师、同学之间能否相互尊重、理解,进行适时、多向的信息交流;能否发表个人见解并提出有意义、有价值的意见或建议;能否认真倾听、协作分享		20				
合　计				100				

任务二　配送模式比较

随着电子商务行业竞争的白热化,物流——这一电子商务中的瓶颈环节,已经成为电商巨头们决心打造的新的核心竞争力,甚至一度有人喊出"得物流者得天下"。各家电商企业相继拿出杀手锏,独自或合作打造快速专业的物流配送。那么,电商物流配送有哪些模式呢?

请大家以小组为单位对淘宝、京东、唯品会、拼多多四大电商的物流配送模式展开调研,分析其各自配送模式的特色与差异,完成一个小型调研报告。

一、知识准备

(一)常见配送方式

在整个物流系统中,配送是终端环节。配送所面对的客户各种各样,其运行主体、经营权限和服务对象不同,即配送所服务的企业使命、性质与目标不同,就产生了不同的配送运行模式。

从配送业务的运行主体来看,主要有以下四种模式:

(1)自营型配送模式;

(2)外包型配送模式;

(3)综合型配送模式;

(4)协作型配送模式。

从配送业务的经营权限来分,主要有以下三种模式:

(1)物流商流分离模式;

(2)授权配送模式;

(3)物流商流一体化模式。

(二)电子商务物流配送模式比较、分析

在我国电子商务的实践中,电商企业为解决物流配送问题,主要采取了以下几种方法。

1. 自建物流配送模式

1)自建物流概述

自建物流是指 B2C 企业建设企业内部物流系统来解决物流问题,在此物流被看作是企业的核心能力,如下图 4-1。按照交易成本理论,自建物流是最有效的物流管理结构。核心能力理论认为企业应该将核心能力放在企业内部。

图 4-1　某物流公司

2)自建物流的条件

(1)企业资质:是否有官方正规的资质认证,是否得到 AAAA 级物流企业、诚信物流企业、航空金牌代理认证等。

(2)专业程度:是否有着专业的物流工作人员、专业的操作流程、专业的流程程序等。

(3)网络分布:全国自营的网点分布是否合理、密集度高,能否给顾客产生直接的便利。

(4)增值服务:能否提供额外服务项目,如保价运送、代收货款、包装、上门服务接货、送货上门、签取回单等。

（5）运作质量：是否有着严格的产品运作质量标准，对破损率、丢失率、签单返回率、发车（到货）准时率等是否有严格的指标值测控。

2. 第三方物流配送模式

第三方是为交易双方提供部分或全部配送服务的一方。第三方配送模式是指交易双方把自己需要完成的配送业务委托给第三方来完成的一种配送运作模式。第三方物流公司通过与第一方或第二方的合作来提供其专业化的物流服务。它不拥有商品，不参与商品买卖，只是为顾客提供以合同约束、以结盟为基础、系列化、个性化、信息化的物流代理服务。这种物流管理方式，送达消费者的时间短，所以服务具有专业化的、多功能的和全方位的特点。

中小型的电子商务企业，由于经营规模较小，交易量较少，货源不充足，因此通常采用第三方物流的配送模式，将一部分或全部物流活动委托给外部的专业物流公司来完成。企业将自己的非核心业务外包给从事该业务的专业公司去做，有利于确保企业的专业化生产，降低配送费用，提高企业的物流水平，如图 4-2 所示。

图 4-2　第三方物流配送

3. 共同配送模式

1）共同配送模式概述

共同配送模式是一种集约化的配送模式。共同配送也称共享第三方物流服务，是指为了提高物流效率，多个客户联合起来共同由一个第三方物流服务公司来提供配送服务，从而实现横向联合、集约协调、求同存异以及效益共享。共同配送的本质是通过作业活动的规模化降低作业成本，提高物流资源的利用效率。

2）共同配送的模式

共同配送有如下两种配送模式。

（1）一个企业对多家用户进行货物配送时，就是由一个配送企业综合某一个地区的用户，统一安排配送时间、次数和货物配送的数量来进行全面配送。

（2）单纯把客户待运输的货物运输到一个固定的地方，或者是送到各个接货点，这种运输模式有利于提高车辆的货物满载率。

4. 自营与外包相结合的配送模式

自营与第三方物流相结合的配送模式是指将物流环节中的某一部分或几个部分外包出去，其余的物流环节依然由自身完成。目前大多数医药企业采取该物流模式。例如，有些企业利用自己的车队来做运输而把销售物流外包出去，或者单纯地将废弃物回收这个物流环节外包。具体哪个环节需要外包主要取决于企业自身的软硬件能力和社会的物流服务能力。

5. 落地配模式

落地配就是指当货物在到达城市落地后，由到达城市的物流公司实施配送操作，也就是只完成最后一个配送的物流程序。落地配模式主要由落地分拨、同城和地县转运、入宅服务三大要素组成。它主要是以开箱验货、半收半退、夜间送货、试穿试用、送二选一、代收货款、退货换货等核心的入宅服务为竞争亮点。

6. 众包模式

众包配送是指将配送任务委托给大量的个体或小型公司，通过网络平台或手机应用进行组织和协调，达到高效、灵活以及低成本的配送服务。

7. 云配送模式

云配送是线上物流配送。云配送也叫做云快递，即通过一个便民消费和服务的商业交易平台，做类似线下商业的物流配送服务平台，用这个平台来实现所有电子商务的物流功能。

8. 综合配送模式

综合配送模式是指企业以供应链管理为指导思想，全面系统地优化和整合企业内外部物流资源、物流业务流程和管理流程，对生产和流通过程中的各个环节实现全方位综合配送，充分提高产品在制造流通中的时空效应，并为此而形成的高效运行的物流配送模式。综合配送摒弃了单一的配送渠道，达到了多方位、全方面，事半功倍的效果。

二、任务实施

（1）组建 4 人项目小组，根据小组成员特点，进行团队分工。

小组成员名单	成员特点	小组中的分工	备注
		调研资料搜集	
		资料整理	
		调研报告撰写	
		调研结果分享	

（2）资料搜集与整理

小组搜集资料的渠道和方法是：________________________________

小组搜集的主要资料有（以思维导图的形式展示）：

（3）将小组完成的调研报告提交至班级“现代物流认知与操作”课程 QQ 群，将调研报告大纲展示如下。

（4）小组派代表登台分享调研过程与结果，并对调研过程遇到的问题以及解决问题的过程，以及调研结果总结如下。

三、任务评价

"配送模式比较"任务评价表

项目组		成　员					
评价标准	评价项目	评价要素	分值	小组自评（20%）	他组评价（30%）	教师评价（50%）	合计
	学习纪律与行为素养	出勤情况；衣着仪表；行为秩序；5S素养	20				
	学习方法与参与过程	学习方法是否得当；能否进行有效信息检索；是否养成了探究学习、自主学习的习惯；能否处理好合作学习和独立思考的关系	30				
	任务实施过程与结果	任务实施过程是否规范，是否掌握必备专业知识与技能；能否认真分析问题、解决问题并创新问题；是否具备较强的信息处理能力并能条理清晰表述成文	30				
	协作交流与分享	与教师、同学之间能否相互尊重、理解，进行适时、多向的信息交流；能否发表个人见解并提出有意义、有价值的意见或建议；能否认真倾听、协作分享	20				
合　计			100				

任务三　走进配送中心

陕西×××物流配送有限责任公司隶属于×××商业控股公司，注册资金3 000万元，主营仓储、运输、物流、分销业务，物流与分销网络覆盖陕西省全省。库房面积17 000平方米、办公面积3 000平方米、生活及辅助设施面积2 000平方米。主体库房采用高站台设计，进出货站台长280米，可同时对80辆车进行装卸作业；库体采用钢架结构，库内使用高位立体式货架，拥有标准托盘储位近8 000个。自有运输车辆39辆，运输网络遍布全省，既承担着×××连锁超市130多家门店的运输配送业务，也为海尔、TCL、同瑞药业等客户提供省内配送服务，运输破损率、运输准时率等质量指标得到服务对象的充分认可。×××配送公司的目标是成为一家优秀的供应链服务提供商，为客户创造价值，与客户共发展，与时代共进步。

请大家以小组为单位，通过多种渠道和方式对"×××配送"进行深入调研，了解企业基本情况、公司组织结构和部门设置、主要业务功能模块及公司选址优势，制作成一份图文并茂、生动精美的PPT，在班级内部分享交流。

一、知识准备

（一）配送中心的概念

配送中心一般指组织配送型销售或专门执行实物配送活动的机构。《物流术语》（GB/T 18354—2021）中对配送中心的定义是从事配送业务且具有完善信息网络的场所或组织，应基本符合下列要求：主要为特定的用户服务；辐射范围小；配送功能健全；多品种、多批次、短周期、小批量；主要为末端客户提供配送服务。

（二）配送中心的分类

配送中心即是建立相应的设施、设备并开展经营、管理工作，以此降低运输成本，减少销售过程中的损失。配送中心具体分类如下。

1. 按配送中心的职能分类

（1）供应型配送中心：专门向某些用户供应商品，提供后勤保障。

（2）销售型配送中心：为了促进销售，用物流服务商流，利用配送手段来开展经营活动。

（3）储存型配送中心：充分强化商品的储存功能，在充分发挥储存作用的基础上开展配送活动。

（4）加工型配送中心：在配送中心对商品进行清洗、分解、组装、集装等加工活动。

2. 按配送中心的归属分类

（1）自有型配送中心：隶属于某一个企业或企业集团，只服务于本企业，不对本企业或企业集团之外开展配送业务。

（2）公共型配送中心：以营利为目的，面向社会开展后勤服务。

（3）合作型配送中心：一般是由几家企业合作兴建并共同管理，多为区域性配送中心。

3. 按配送中心服务范围分类

（1）城市配送中心：为城市范围内的用户提供配送服务。

（2）区域配送中心：一般库存商品充分、配送范围广、辐射能力强，可以跨省、市开展配送业务。

（三）配送中心的功能

配送中心是专门从事商品配送活动的经济组织，是融合了分货中心、集货中心和加工中心职能的现代化物流基地，具体功能如下。

1. 储存功能

配送中心的主要职能之一就是按照客户要求将货物送至客户指定的地点，顺利完成配送任务，更好地发挥保障生产和消费需要的作用，保证配送服务所需要的货源。无论何种类型的配送中心，储存功能都是重要的功能之一。

2. 集散功能

将分散在各个生产企业的商品集中起来，经过分拣、配装，送到多家用户。任何类型的配送中心都具有集散这一基本功能。

3. 衔接功能

在物流系统中，配送中心是重要的流通节点，将生产和消费衔接起来。现代化的配送中心通过发挥储存和发散货物的功能，体现出了其衔接生产与消费，衔接供应与需求的功能，实现了供需双方无缝衔接。

4. 分拣功能

作为物流节点的配送中心，需要面对经营种类不同，经营规模和经营管理水平不均，对配送服务需求存在很大差异的各种用户。这就需要配送中心具有强大的分拣能力。该功能也是配送中心与普通仓库的主要区别。

5. 加工功能

在配送中心，物流运营企业按用户的要求，根据合理配送的原则对商品进行组装、分装、贴标签等初加工活动，以此来扩大经营范围和提高配送服务水平。这就是配送中心的加工功能。

6. 信息处理功能

配送中心直接对接产品的供应方与需求方，将物流干线和配送需求方连接起来。因此，配送中心不仅能实现物的流通，而且能通过信息处理来协调各个环节的作业，协调生产与消费。随着现代信息技术的飞速发展，配送中心的信息系统逐渐向信息化、网络化、自动化方向发展。配送中心的信息处理功能已经成为其必备功能之一。

（四）配送中心的选址

配送中心是连接供应商与消费者之间的桥梁，是整个供应链环节中不可或缺的一环。而配送中心的选址则是实现产品流通价值，降低流通成本的关键。

1. 配送中心选址的概念

配送中心选址是以提高物流系统的经济效益和社会效益为目标，根据供货状况、需求分布、运输条件、自然环境等因素，用系统工程的方法，对配送中心的地理位置进行决策的过程，对物流系统的合理化具有决定性的意义。

当一个物流系统中需要设置多个配送中心时，不仅要确定配送中心的位置，而且还要对配送中心的数量、规模、服务范围等进行决策，以建立一个服务好、效率高、费用低的物流网络系统为目标。此项工作常被称为网点布局。

2. 配送中心选址应考虑的因素

影响物流配送中心选址的因素很多，评价物流配送中心选址是否合理，需要重点考虑的因素主要有以下七个方面。

（1）客户分布。配送中心是为客户服务的，首先要考虑客户分布。对于商业配送中心，其客户主要是超市和零售店，分布在城市内人口较密集的地区。为提高服务水平，同时也考虑其他条件的影响，配送中心通常设置在城市边缘地区。

（2）供应商分布。若配送中心与供应商之间距离近，则供应商对配送中心货源供给就有保障，配送中心就不需要大量存货。因此，供应商分布应靠近配送中心，这有利于降低库存成本和货物运输成本。

（3）交通条件。交通条件是影响配送成本和物流效率的重要因素，特别是大宗物资的配送。因此配送中心应尽可能靠近交通通道，如高速公路、铁路货运站、港口、空港等。

（4）土地条件。配送中心需要占用一定数量的土地，其用地必须符合国家的土地政策和城市规划。土地成本也是影响物流成本的重要因素。

（5）人力资源因素。配送中心需要不同层次的人员。一般操作属劳动密集型作业形态，用人较多，其工资待遇应与当地工作水平相适应。因此配送中心选址应考虑员工来源和人工成本。

（6）地区或城市规划。配送中心规划属于地区或城市规划的一部分，必须符合城市规划的要求，包括布局、用地，以及与其他行业规划的协调。

（7）自然条件。配送中心需要存放货物，自然环境中的湿度、盐分、降雨量、台风、地震、河川等都会产生风险，也会增大物流成本。

3. 配送中心选址的原则

配送中心的选址必须在一定的原则下进行，只有遵循并利用这些原则，才能使配送中心的选址更加科学与合理。通常应遵循以下几个原则。

（1）适应性原则。配送中心的选址必须与国家以及省市的区域经济发展方针、政策相适应，与国家物流资源分布和需求分布相适应，与国民经济和社会发展相适应。

（2）协调性原则。配送中心的选址应将国家的物流网络作为一个整体系统来考虑，使配送中心的设施设备在地域分布、物流作业生产力、技术水平等方面相互协调。

（3）经济性原则。配送中心的发展过程当中，有关选址的费用主要包括建设费用以及经营费用两个部分，配送中心的选址定在市区还是郊区，其未来物流辅助设施的建设规模以及建设费用、物流运输费用等是不同的。选址应当以总的费用最低作为配送中心选址的经济性原则。

（4）战略性原则。配送中心的选址，应具有战略眼光。一要考虑全局，二要考虑长远。局部要服从全局，目前利益要服从长远利益，既要考虑目前的实际需要，又要考虑日后发展的可能。

4. 配送中心选址决策的程序

物流配送中心选址决策包括几个层次的筛选，是一个逐步缩小范围、更为具体的选择过程。主要包括以下几个步骤。

（1）收集、整理历史资料。通过对历史资料的收集和整理，可以获得关于物流系统现状的认识，以确定物流配送中心服务对象的需求条件，并初步确定物流配送中心的选址原则。

（2）选定备选地址。在进行物流配送中心位置选择时，首先要根据上述各影响因素进行定性分析和慎重评估，大致确定出几个备选地址。备选地址的选择是否恰当，将直接影响到后续对最优方案的确定。

（3）优化备选地址。在备选地址确定后，下一步要做的是更详细考察备选具体地点。

（4）优化结果复查。由于在定量分析中主要考察对选址产生影响的经济性因素，所以直接应用定量模型得出的结果在实际中不一定行得通，所以这一步骤要把非经济性因素考虑进去，看优化结果是否具有现实可行性。

（5）确定最终方案。如果优化结果通过复查，即可将优化方案作为最终方案。如果没有通过复查，则重新返回第二步，进行备选地址筛选、优化备选地址、复查等一系列步骤，直至最终得到结果。

总之，配送中心的合理选址是物流系统中具有战略意义的投资决策问题。配送中心选址是否合理，对整个系统的物流合理化和商品流通的社会效益有着决定性的影响。

二、任务实施

(1)组建4人项目小组,根据小组成员特点,进行团队分工。

小组成员名单	成员特点	小组中的分工	备注
		搜集资料	
		整理资料	
		制作 PPT	
		登台交流展示	

(2)搜集演讲资料。

小组搜集资料的渠道和方法是:____________________________

小组搜集到的主要资料有(以思维导图的形式展示):

(3)将小组制作、完成的 PPT 提交至班级“现代物流认知与操作”课程 QQ 群,并对 PPT 制作过程中遇到的问题以及解决问题的过程总结如下。

（4）小组派代表登台展示、分享，并对展示效果做小结记录如下。

三、任务评价

"走进配送中心"任务评价表

项目组			成 员				
评价标准	评价项目	评价要素	分值	小组自评（20%）	他组评价（30%）	教师评价（50%）	合计
	学习纪律与行为素养	出勤情况；衣着仪表；行为秩序；5S 素养	20				
	学习方法与参与过程	学习方法是否得当；能否进行有效信息检索；是否养成了探究学习、自主学习的习惯；能否处理好合作学习和独立思考的关系	30				
	任务实施过程与结果	任务实施过程是否规范，是否掌握必备专业知识与技能；能否认真分析问题、解决问题并创新问题；是否具备较强的信息处理能力并能条理清晰表述成文	30				
	协作交流与分享	与教师、同学之间能否相互尊重、理解，进行适时、多向的信息交流；能否发表个人见解并提出有意义、有价值的意见或建议；能否认真倾听、协作分享	20				
合 计			100				

任务四　熟悉配送中心作业流程

王磊是 ×× 职业学校现代物流服务与管理专业的一名新生，本学期"现代物流认知"课程已进入课程实训环节，大家在老师的带领下来到了物流配送实训室，进行了为期一天的配送中心作业认知实习。老师要求大家在观摩的过程中理论联系实际做好翔实的笔记，巩固实习结果，确保课程实训效果落到实处。

那么，王磊该如何完成实习任务呢？

一、知识准备

（一）配送作业的基本环节

配送作业是按照用户的要求，把货物分拣出来，按时按量发送到指定地点的过程。从总体上讲，配送是由备货、理货和送货三个基本环节组成的，其中每个环节又包含若干项具体的、枝节性的活动。

1. 备货

备货指准备货物的系列活动，它是配送的基础环节。严格来说，备货包括两项具体活动：筹集货物和存储货物。

2. 理货

理货是配送的重要内容之一，也是配送区别于一般送货的主要标志。理货包括货物分拣、配货和包装等具体活动，其中分拣是指采用适当的方式和手段，从储存的货物中选出用户所需货物的操作。分拣货物一般采取两种方式来操作：一种是摘取式，另一种是播种式。

3. 送货

送货是配送活动的核心，也是备货和理货操作的延伸。在物流活动中，送货实际上就是货物的运输。在送货过程中，常常进行三种选择：运输方式、运输路线和运输工具。

（二）配送中心的作业流程

配送作业是配送企业或部门运作的核心内容，因而配送作业流程的合理性，以及配送作业效率的高低都会直接影响整个物流系统的正常运行。配送作业一般流程图如图4-3所示。

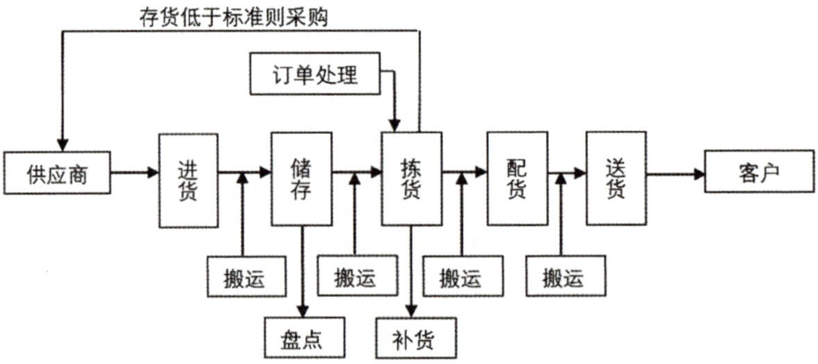

图4-3 配送作业一般流程图

当收到用户订单后，首先将订单按其性质进行订单处理，之后根据处理后的订单信息，从仓库中取出用户所需货品，即拣货作业。拣货完成，一旦发现拣货区所剩余的存货量过低时，则必须由储存区进行补货作业。如果储存区的存货量低于规定标准时，便向供应商采购订货。从仓库拣选出的货品经过整理之后即可准备送货，等到一切发货准备就绪，司机便可将货品装在配送车上，对用户进行送货作业。此外，在所有作业进行中，可发现只要涉及物的流动作业,其中间的过程就一定有搬运作业。

(三)各环节任务分析

1. 进货作业

(1)进货作业基本流程。进货作业包括接货、卸货、验收入库,然后将有关信息书面化等一系列工作。在其流程安排中,应注意以下事项。

①尽可能利用配送车司机卸货,以减少公司作业人员和避免卸货作业的拖延;

②尽可能将多样活动集中在同一工作站,以节省必要的空间;

③尽量避开进货高峰期,并依据相关性安排活动,以达到距离最小化;

④对进货资料进行详细记录,以备后续存取核查。

(2)货物编码。进货作业是配送作业的首要环节。为了让后续作业准确而快速地进行,并使货物品质及作业水准得到妥善维持,在进货阶段对货物进行有效的编码是一项十分重要的内容。编码结构应尽量简单,长度尽量短,一方面便于记忆,另一方面也可以节省机器存储空间,减少代码处理中的差错,提高信息处理效率。

(3)货物分类。货物分类是将多品种货物按其性质或其他条件逐次区别,分别归入不同的货物类别,并进行有系统的排列,以提高作业效率。在实际操作中,对品项较多的分类储存,可分为两个阶段、上下两层输送同时进行。

(4)货物验收检查。货物验收检查是对产品的质量和数量进行检查的工作。

(5)货物入库信息的处理。到达配送中心的商品,经验收确认后,必须填写验收单,并将有关入库信息及时准确地登入库存商品信息管理系统,以便及时更新库存商品的有关数据。货物信息登录的目的是为后续作业环节提供管理和控制的依据。此外,对于作业辅助信息也要进行搜集与处理。

2. 订单处理

订单处理就是从接到客户订单开始到着手准备拣货之间的作业阶段。通常包括订单资料确认、存货查询、单据处理等工作内容。

(1)订单处理的基本内容及分类。订单处理有两种形式,分别是人工处理和计算机处理。人工处理具有较大弹性,但只适合少量的订单处理。计算机处理速度快、效率高、成本低,适合大量的订单处理。目前主要采取计算机处理一种形式。

(2)订单的确认。接单之后,必须对相关事项进行确认。主要内容如下。

①货物数量及日期的确认。检查品名、数量、送货日期等是否有遗漏、笔误或不符合公司要求的情形。尤其当送货时间有问题或出货时间已延迟时,更需与客户再次确认订单内容或更正运送时间。

②客户信用的确认。不论订单是由何种方式传至公司,配送系统都要核查客户的财务状况,以确定其是否有能力支付该订单的账款。通常的做法是检查客户的应收账款是否已超过其信用额度。

③订单形态确认。一般分为四种:一般交易订单;间接交易订单;现销式交易订单;合约式交易订单。

④订单价格确认。对于不同的客户(批发商、零售商)、不同的订购批量,可能对应不同的售价,因而输入价格时系统应加以检核。若输入的价格不符(输入错误或业务员降价接

受订单等），系统应加以锁定，以便主管审核。

⑤加工包装确认。客户订购的商品是否有特殊的包装、分装或贴标等要求，或是有关赠品的包装等资料系统都需专门确认记录。

3. 拣货作业

拣货是依据顾客的订货要求或配送中心的作业计划，尽可能迅速、准确地将商品从其储位或其他区域拣取出来的作业过程。拣货作业系统的重要组成元素包括拣货单位、拣货方式、拣货策略、拣货信息、拣货设备等，拣货作业是配送作业的中心环节。

4. 补货作业

补货作业是将货物从仓库保管区域搬运到拣货区的工作。其目的是确保商品能保质保量按时送到指定的拣货区。

（1）补货方式主要有以下三种：整箱补货；托盘补货；货架上层—货架下层的补货方式。

（2）补货时机主要有以下三种：批组补货；定时补货；随机补货。

5. 配货作业

配货作业是指把拣取分类完成的货品经过配货检查过程后，装入容器，做好标示，再运到配货准备区，待装车后发送。配货作业既可采用人工作业方式，也可采用人机作业方式，还可采用自动化作业方式，但组织方式有一定区别。配货作业流程如图 4-4 所示。

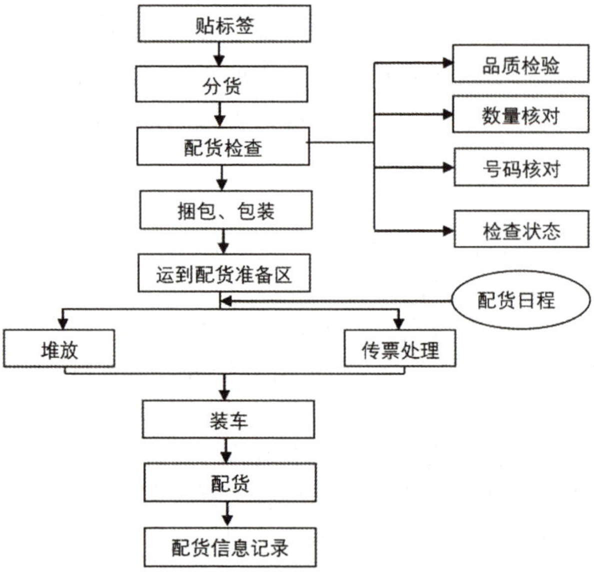

图 4-4　配货作业流程图

6. 流通加工

流通加工是指物品在从生产领域向消费领域流动的过程中，流通主体（即流通当事人）为了完善流通服务功能，为了促进销售、维护产品质量和提高物流效率而开展的一项活动。

流通加工的目的：

（1）适应多样化客户的需求；

（2）提高商品的附加值；

（3）规避风险，推进物流系统化。

7. 送货作业

送货作业是利用配送车辆把用户订购的物品从制造厂、生产基地、批发商、经销商或配送中心，送到用户手中的过程。送货通常是一种短距离、小批量、高频率的运输形式，它的目标是服务客户，宗旨是尽可能满足客户需求。

在各阶段的操作过程中，需要注意的要点有：明确订单内容、掌握货物的性质、明确具体配送地点、适当选择配送车辆、选择最优的配送线路及充分考虑各作业点装卸货时间。

8. 退调作业

退调作业涉及退货商品的接收和退货商品的处理。退货商品的处理，还包含退货商品的分类、整理（部分商品可重新入库），退给供货商或报废销毁，以及账务处理。

9. 信息处理

在配送中心的运营中，信息系统相当于我们的中枢神经。其对外与生产商、批发商、连锁商场及其他客户等联网，对内向各子系统传递信息，把收货、储存、拣选、流通加工、分拣、配送等物流活动整合起来，协调一致，指挥、控制各种物流设备和设施高效率运转。

二、任务实施

（1）在教师的指导下，认真观摩配送中心订单处理、拣货作业、配货作业、送货作业、退货作业等，并进行实操模拟。

请简要记录上述作业环节主要工作要点及应注意事项。

订单处理：   拣货作业：   配货作业：   送货作业   退货作业：

（2）分拣配货的方式主要有摘果式拣选和播种式拣选，简述这两种拣货方式拣货单的不同之处。

（3）说出使用自动分货机分货的主要过程。

（4）一般情况下，补货员是如何确定订购点和订货数量的？

（5）常用的补货方式主要有哪三种？

（6）绘制商超配送中心作业流程图。

三、任务评价

“熟悉配送中心作业流程”任务评价表

项目组			成 员				
评价标准	评价项目	评价要素	分值	小组自评（20%）	他组评价（30%）	教师评价（50%）	合计
	学习纪律与行为素养	出勤情况；衣着仪表；行为秩序；5S 素养	20				
	学习方法与参与过程	学习方法是否得当；能否进行有效信息检索；是否养成了探究学习、自主学习的习惯；能否处理好合作学习和独立思考的关系	30				
	任务实施过程与结果	任务实施过程是否规范，是否掌握必备专业知识与技能；能否认真分析问题、解决问题并创新问题；是否具备较强的信息处理能力并能条理清晰表述成文	30				
	协作交流与分享	与教师、同学之间能否相互尊重、理解，进行适时、多向的信息交流；能否发表个人见解并提出有意义、有价值的意见或建议；能否认真倾听、协作分享	20				
合 计			100				

知识拓展

扫码进行学习。

思政课堂

请扫码学习:“智慧物流”时代,你的快递怎样送达?

“1+X”考证拓展与提升(四)

考试形式

初级为理论考核和实操考核两部分;中级考核分为基础理论考核、综合应用考核、线上实操考核、线下实操四部分;高级考核分为基础理论考核、综合应用考核两部分,采用机考考核和实操考核的方式,其中实操考核可根据学校情况,选择进行线下实操考核或线上实操考核。

级别	考试办法	考试时间	考试形式	考试场地
初级	理论考核	150 分钟	机考	机房
	线上实操考核	20 分钟	实操	机房
	线下实操考核	10 分钟	实操	物流实操场地
中级	基础理论考核	150 分钟	机考	机房
	综合应用考核			
	线上实操考核	20 分钟	实操	机房
	线下实操考核	10 分钟	实操	物流实操场地
高级	基础理论考核	150 分钟	机考	机房
	综合应用考核			

项目五 物流包装作业体验

本项目共有四个任务，亲爱的同学们，现在让我们通过任务的学习，走进并体验物流包装作业吧！

项目导入

当我们网购下单时往往会充满期待并激动不已，但是当你收到包裹并发现包裹内的物品被挤压变形或有破损时，你是不是会感到非常失望和沮丧，从而影响到你对网购服务的体验和整体评价。所以说，物流包装对快递配送是非常重要的一个环节，是影响运输质量的一个非常重要的因素。

物流包装为何近年来日益受到人们的重视？主要是因为在电商充分发展的时代背景下，客户的要求更加多样化、个性化，传统的包装方式已经不能满足客户需求；电商物流日益普及，使得物流运输更加复杂；环保的重要性与日俱增，对于“绿色包装”的要求更高。在此情况下，现代物流包装的发展呈现出绿色化、智能化、专业化的发展趋势。

头脑风暴

物流包装不仅是商品的保护者，更是商品价值的提升者。这个观点你认同吗？

知识目标

1. 对物流包装的概念和作用有充分认知；
2. 能识别包装类型、常用的货品包装材料、包装容器，熟悉常用的包装技术；
3. 充分理解物流包装合理化的意义。

能力目标

1. 熟悉常用物流包装器材、技术及方法；
2. 在教师的指导下，能正确应用包装知识进行物流包装的设计，并详细说明设计依据。

素质目标

1. 了解行业特点和职业规范，能够遵守相关法律法规和行业规范；
2. 具备基本的职业道德和职业操守，包括诚信、责任、尊重、奉献等方面的品质；
3. 具备良好的工作态度和职业精神，包括积极主动、认真细致、严谨负责。

任务一　物流包装初步认知

包装按照其在流通中的作用，可以分为商业包装和运输包装。商业包装又称内包装，主要作用是保护商品，方便使用，促进销售，这种包装的特点是不仅外形美观，而且可以传递商品价值的直观感受。运输包装又称外包装，其主要作用是保护商品，方便储运。

请大家以小组为单位，收集校园超市中的包装案例 3~5 个，进行包装类型和作用的具体分析。并制作图文并茂、生动精美的电子小报在班级内部分享交流。

一、知识准备

（一）包装概念与分类

《物流术语》中，对包装（Package/Packaging）的定义是：为在流通过程中保护产品、方便储运、促进销售，按一定技术方法而采用的容器、材料及辅助物等的总体名称。也指为了达到上述目的采用容器、材料和辅助物的过程中施加一定技术方法等的操作活动。

按照包装功能和目的不同，包装可分为运输包装和销售包装。

（1）运输包装（Transport Package）：又称工业包装、物流包装、外包装，以保护功能为主，也具有便利的操作功能。

（2）销售包装（Promotion Package）：又称商业包装，是以销售为主要目的，与内装物一起到达用户处，具有保护、美化、宣传商品的作用，对商品起促销作用。

（二）物流包装概念和功能

《物流术语》对物流包装（即“运输包装”）定义是：以满足运输贮存要求为主要目的的包装。它具有保障产品的运输安全，方便装卸、加速交接、点验等作用。

大体来说，运输包装主要有两个功能：一是保护产品价值，二是便于物流操作。一方面，运输包装应对物品在流通过程中加以保护，使其无论遇到何种外来影响（外力作用或自然条件）均不受破坏、变质或者损失，从而安全到达目的地，保护物品的原有价值；另一方面，运输包装为物流作业提供了便利的条件，把物品按照一定的数量、形状、规格、大小集合成一个货物单元，便于搬运、装卸、储存以及信息化管理。此外，运输包装还有利于物品的分配调拨、清点计算，加速物品的周转流通，提高物品流通的效率。

（三）物流包装注意事项

1. 包装必须适应不同商品的不同特性

每种商品都有自己的特性。例如，食品怕潮湿，玻璃制品容易破碎，流体货物容易渗漏和流失等，这就要求运输包装相应具有防潮、防震、防漏、防锈和防毒等良好的性能。

2. 包装必须适应各种不同运输方式的要求

不同运输方式对运输包装的要求也不同。例如，海运包装要求牢固，并具有防止挤压和碰撞的功能；铁路运输包装要求具有不怕震动的功能；航空运输包装要求轻便而且体积不宜过大。

3. 包装必须考虑有关国家的法律规定和客户的特殊要求

各国法律对运输包装会有一些不同的规定。例如，有些国家禁止使用柳藤、稻草之类的材料做包装用料，以防将病虫害带进该国；有些国家对包装标志和每件包装的重量都有特殊的规定和要求。此外，如客户就运输包装提出某些具体、特定的要求时，卖方自然也应设法予以满足。同时，还要注意和了解进口地对销售包装图案、色彩的喜好和习惯。

4. 包装应便于运输和识别

运输包装在流通过程中需要经过装卸、搬运、储存、保管、清点和查验，为了便于这些环节的有关人员进行操作，包装的设计要合理，包装上的各种标示要符合规范，应努力实现商品运输包装的标准化。

5. 包装应尽量考虑节省包装费用

运输包装成本的高低和运输包装重量与体积的大小，都直接关系到费用开支和企业的经济效益。因此，在选用包装材料、进行包装设计和打包时，应在保证包装牢固的前提下，注重合理和节约。

二、任务实施

（1）组建4人项目小组，根据小组成员特点，进行团队分工。

小组成员名单	成员特点	小组中的分工	备注
		案例搜集	
		案例分析	
		小报制作	
		展示与分享	

（2）案例搜集与整理。

小组搜集到的包装案例有：

（1）____

（2）____

（3）____

（3）将小组制作完成的电子小报提交至班级“现代物流认知与操作”课程 QQ 群，并将小报主要内容记录如下。

（4）小组派代表登台展示小组制作的电子小报，分享小报制作的思路、过程与特色，并将任务实施收获总结如下。

三、任务评价

“物流包装初步认知”任务评价表

项目组			成　员				
评价标准	评价项目	评价要素	分值	小组自评（20%）	他组评价（30%）	教师评价（50%）	合计
	学习纪律与行为素养	出勤情况；衣着仪表；行为秩序；5S 素养	20				
	学习方法与参与过程	学习方法是否得当；能否进行有效信息检索；是否养成了探究学习、自主学习的习惯；能否处理好合作学习和独立思考的关系	30				
	任务实施过程与结果	任务实施过程是否规范，是否掌握必备专业知识与技能；能否认真分析问题、解决问题并创新问题；是否具备较强的信息处理能力并能条理清晰地表述成文	30				
	协作交流与分享	与教师、同学之间能否相互尊重、理解，进行适时、多向的信息交流；能否发表个人见解并提出有意义、有价值的意见或建议；能否认真倾听、协作分享	20				
合　计			100				

任务二　认识常用的包装器材

大力推进绿色物流发展成为我国物流行业实现转型升级的重要路径。绿色物流是绿色经济的重要组成部分,绿色包装则是绿色物流的重要环节。实现绿色物流,需从包装革命入手。积极发展绿色物流包装,推广循环包装,减少过度包装现象,逐渐实现物流包装的绿色化,是我们今天乃至未来很长一段时间的重要任务。实现绿色包装可通过并行的两种途径来进行,一是减量,二是循环。

请大家以小组为单位,收集三个绿色物流包装的典型案例,展开全面、深入分析,并登台展示、分享和交流。

一、知识准备

(一)认识包装器材

包装材料是指用于制造包装容器、包装装潢、包装印刷、包装运输等满足产品包装要求所使用的材料。它既包括金属、塑料、玻璃、陶瓷、纸、野生藤类、竹子、天然纤维、化学纤维、复合材料等主要包装材料,又包括涂料、黏合剂、捆扎带、装潢材料、印刷材料等辅助材料。包装材料通常与包装容器统称为包装器材。

(二)常用的包装材料

1. 纸与纸板

纸包装容器是指以纸或纸板为主体构成的容器。最为广泛应用的纸包装容器类型有纸箱、纸盒、纸袋、纸浆模塑制品以及纸基复合材料制成的各种容器。应用形式最多的是纸箱、纸盒、纸袋,其中又以瓦楞纸箱最为常用。

纸包装容器种类繁多,如图 5-1 所示,按形体特征可分为纸盒、纸箱、纸袋、纸杯、纸浆模塑制品。

图 5-1　纸质包装

纸质包装的优点:纸材质量轻,缓冲性能好,适合折叠成型,具有一定的强度;复用性好,可以回收再生,不会给环境造成危害,是首选的绿色包装;便于印刷,易广告展示商品特点和美化商品,达到促销的目的;纸材规格、品种多,辅助材料少,加工费用低;自身重量轻。

纸包装容器的缺点:纸包装容器的刚性、密封性、抗湿性较差,对于液体或密封性要求较高的商品,纸容器常只能作为中包装或外包装使用。

2. 塑料

塑料是一种人工合成的高分子材料。塑料包装容器(图 5-2)以其特有的性能广泛应用于包装领域。塑料包装容器在应用中拥有金属、玻璃、陶瓷、木材等材料无法比拟的特性,如密度小,易于成型加工,较好的耐腐蚀、耐冲击性等。当然,塑料包装容器也有其不足之处,如塑料在高温下易变形,易磨损或变脆,易产生静电积聚等。另外,从环保的角度来看,塑料包装容器易产生公害,造成白色污染。

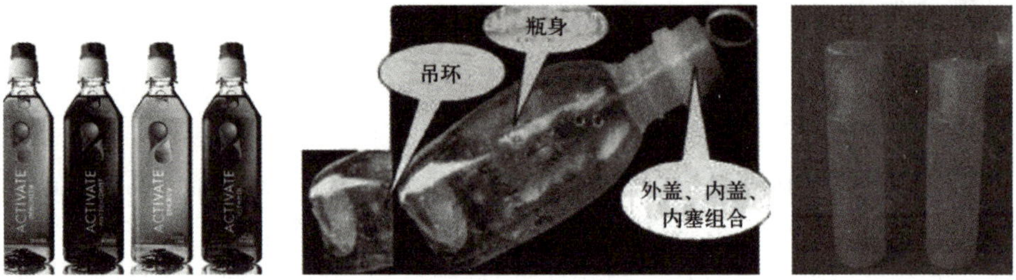

图 5-2　塑料包装

3. 金属

金属包装容器具有以下优点:优良的阻隔性能,如可以阻隔气体、光线、潮湿等;优良的力学性能,刚性大、易操作;良好的热传导性;良好的加工适应性;使用方便,不易破损,携带方便;装潢美观,卫生安全,废弃物易回收利用;具有良好的屏蔽性;具有导磁性。金属包装容器也存在着化学稳定性差、经济性差等缺点。

4. 木质材料

木质材料适用于大型的或较笨重的机械、五金交电、自行车以及怕压、怕摔的仪器仪表等商品的外包装。

木质包装的优点是有良好的重量强度比,有一定强度,加工方便,用胶合板制作的木包装外表美观。但是木质包装也有易受潮,易变形开裂,易腐朽,易受白蚁蛀蚀以及资源限制、代价较高等缺点。

5. 玻璃材料

玻璃材料包装容器是常用的包装容器之一。它具有造型各异、美观透明,给人以安全感,不污染内包装物等优点,而且原料丰富,可回收重复使用,对环境无污染。缺点是重量大,运输存储成本较高,脆性大、易破碎、不耐冲击,加工时能耗大、对环境污染严重及印刷性能差。

6. 陶瓷

陶瓷包装容器是以黏土为主要原料,经配料、制坯、干燥、熔烧而制成的包装容器。陶瓷具有良好的耐热性、隔热性,还具有耐酸、耐碱、化学稳定性好,不与内装物发生化学作用,对环境条件适应性强,强度较高,不渗透,原料丰富,造型精美等优点。同时也具有成本较高、不便于了解内装物状态、不便于挑选和运输的缺点。

7. 复合材料

复合包装材料是将两种或两种以上的材料复合在一起，互相取长补短，形成一种完美的包装材料。如纸与塑料复合，纸与金属箔复合所形成的包装材料。复合材料兼有不同材料的优良性能，使包装材料具有更加良好的机械性能、气密性及防水、防油、耐温度变化等特点，是现代包装材料的一个发展方向。

8. 其他材料

除了上述常用的包装材料外，还有如纤维织物制成的布袋、麻袋、布包等，具有高强度、轻巧、便于回收等特点。另外，竹制品包装是近年来兴起的代替木材、纸、金属、塑料的新型材料包装。竹制品包装绿色环保、经济实用，是现代社会缓解资源紧缺不可替代的包装材料，如图 5-3 所示。

图 5-3　竹制品包装

（三）常用的包装容器

1. 瓦楞纸箱

瓦楞纸箱（图 5-4）是采用具有空心结构的瓦楞纸板，经过成型工序制成的包装容器。瓦楞纸箱采用包括单瓦楞、双瓦楞、三瓦楞等各种类型的纸板作包装材料，大型纸箱装载货物的重量可达 3 000 千克。

图 5-4　瓦楞纸箱

2. 木箱

常见的木箱（图 5-5）有木板箱、框板箱和框架箱三种。木板箱一般用于小型运输包装容器，能装载多种性质不同的物品，有较大的耐压强度，但箱体较重，防水性较差；框板箱是由条木与人造材板制成的箱框板，再经钉合装配而成；框架箱是由一定截面的木条构成箱体的骨架，再根据需要在骨架外面加上木板覆盖而成。

图 5-5　木箱

3. 托盘集合包装

托盘集合包装（图 5-6）是把若干件货物集中在一起，堆叠在运载托盘上，构成一件大型货物的包装形式。托盘集合包装是一类重要的集合包装，它区别于普通运输包装的特点就是搬运灵活性大，在任何时候都处于可转入运动的状态，使静态的货物变成动态的货物。托盘集合包装既是包装方法，又是运输工具，也是包装容器。

图 5-6　托盘集合包装

4. 集装箱

集装箱（图 5-7）属于大型集合包装，具有既是运输工具，又是包装方法和包装容器的特点。其优点主要有：具有足够的强度，可长期反复使用；适于一种或多种运输方式运送，途中转运时箱内货物不须换装；具有快速装卸和搬运装置，特别便于从一种运输方式转移到另一种运输方式；便于货物装满和卸空；具有 1 立方米及以上的容积。

图 5-7　集装箱包装

5. 塑料周转箱

塑料周转箱（如图 5-8）是一种适于短途运输，可以长期重复使用的运输包装器具。同时，它是一种敞开式的不需要捆扎的，用户也不必开包的运输包装。

图 5-8　塑料周转箱

过去的周转箱普遍采用木箱，近年来出现的新型塑料周转箱逐步取代了木箱。塑料周转箱的重量轻，体积小，费用低，搬运方便，可提高安全度，不会发生箱底脱落现象，使玻璃瓶等易碎物品的破损率大大降低。塑料箱的采用还可以节约宝贵的木材资源。但塑料周转箱的缺点是一次性投资大，成本高；空箱也要占用运输储存费用；密封性差，在某些情况下不够卫生；缺少商品标志，给物流管理工作带来一定的困难。

（三）绿色包装内涵

1. 绿色包装（Green Package）

绿色包装又可以称为无公害包装和环境之友包装，指对生态环境和人类健康无害，能重复使用和再生，符合可持续发展的包装。绿色包装理念有两个方面的含义：一个是保护环境，另一个就是节约资源。

2. 常用绿色包装材料

1）重复再用和再生的包装材料

大地和森林是人类生态平衡的基础，木材的肆意砍伐给人类社会带来的灾难是不可估量的。针对这种现状人们可以考虑采用可重复再用和再生的包装材料，如啤酒、饮料、酱油、醋等包装采用玻璃瓶包装，经回收后可达到反复利用的目标。

2)可食性包装材料

(1)可食性包装膜。在进行部分食品包装的设计中,会采用一种不影响被装食品原味的可食性包装膜。这是解决食品包装废弃物与环保之间矛盾的好办法。人们熟悉的糖果包装上使用的糯米纸及包装冰激凌的玉米烘烤包装杯都是典型的可食性包装。

(2)可食用保鲜膜。中国人早在12—13世纪,就已发现用蜡涂抹覆盖在橘子、柠檬表面可以延缓水果的脱水失重,从而延长果蔬的货架寿命。到了科技发达的21世纪,食品水果保鲜领域已开始采用多功能、可食性保鲜膜,这种材料一方面具有明显的防水性兼具透气性,同时因材质绿色、安全、环保可食用,所以在食品工业尤其在果蔬保鲜方面,具有广阔的应用发展前景。

3)可降解材料

可降解材料是指在特定时间内造成性能损失的特定环境下,其化学结构发生变化的一种塑料。可降解塑料包装材料既具有传统塑料的功能和特性,又可以在完成使用寿命之后,通过阳光中紫外光的作用或土壤和水中的微生物作用,在自然环境中分裂降解和还原,最终以无毒形式重新进入生态环境中,回归大自然。

4)纸材料

纸的原料主要是天然植物纤维,在自然界会很快腐烂,不会造成污染环境,也可回收重新造纸。因此许多国际大公司使用可回收纸用于年报、宣传品制作。用回收纸制成信笺、信纸不但体现了其关注环境的绿色宗旨,而且还树立了良好的企业形象。纸材料还有纸浆注型制件、复合材料、建筑材料等多种用途。纸浆模塑制品除具有质轻、价廉、防震等优点外,还具有透气性好,有利于生鲜物品的保鲜等优点,在国际商品流通上,被广泛应用于蛋品、水果、玻璃制品等易碎、易破、怕挤压物品的周转包装上。

另外,包装设计师可利用一些源于自然的纯正天然的材质来对包装设计进行改良,如利用椰子壳设计出的碗形容器可巧妙的设计成食品包装。此外,各国都应以立法的形式规定禁止使用或减少使用某些含有铅、汞或铝等有害成分的包装材料。当前,市面上非常流行的一次性泡沫塑料饭盒不仅不可以回收利用,而且其被埋在地下长期不易腐烂,对其进行焚烧又会造成环境污染,因此必须禁止使用。

二、任务实施

(1)组建4人项目小组,根据小组成员特点,进行团队分工。

小组成员名单	成员特点	小组中的分工	备注
		案例搜集	
		案例分析	
		任务小结	
		展示与分享	

（2）案例搜集与整理。

小组搜集到的绿色包装案例有：

（1）________________________________

（2）________________________________

（3）________________________________

（3）将小组案例分析结果填入下方。

（4）小组派代表登台阐述、展示本组案例分析成果，并将任务实施收获总结如下。

三、任务评价

"认识常用的包装器材"任务评价表

<table>
<tr><td>项目组</td><td colspan="2"></td><td colspan="2">成　员</td><td colspan="3"></td></tr>
<tr><td rowspan="5">评价标准</td><td>评价项目</td><td>评价要素</td><td>分值</td><td>小组自评（20%）</td><td>他组评价（30%）</td><td>教师评价（50%）</td><td>合计</td></tr>
<tr><td>学习纪律与行为素养</td><td>出勤情况；衣着仪表；行为秩序；5S 素养</td><td>20</td><td></td><td></td><td></td><td></td></tr>
<tr><td>学习方法与参与过程</td><td>学习方法是否得当；能否进行有效信息检索；是否养成了探究学习、自主学习的习惯；能否处理好合作学习和独立思考的关系</td><td>30</td><td></td><td></td><td></td><td></td></tr>
<tr><td>任务实施过程与结果</td><td>任务实施过程是否规范，是否掌握必备专业知识与技能；能否认真分析问题、解决问题并创新问题；是否具备较强的信息处理能力并能条理清晰地表述成文</td><td>30</td><td></td><td></td><td></td><td></td></tr>
<tr><td>协作交流与分享</td><td>与教师、同学之间能否相互尊重、理解，进行适时、多向的信息交流；能否发表个人见解并提出有意义、有价值的意见或建议；能否认真倾听、协作分享</td><td>20</td><td></td><td></td><td></td><td></td></tr>
<tr><td colspan="3">合　计</td><td>100</td><td></td><td></td><td></td><td></td></tr>
</table>

任务三　熟悉常用包装技术与方法

这是一起因包装材料使用不当导致货物受损的案例。山东省某县人民医院花费 90 万元人民币从英国进口了一批医疗器械。当这批货物到达目的地时，英国公司、运输单位、医院三方同时在场监视卸货，当场发现一货车内的货物外包装被雨水淋湿。随后勘察发现，这个车厢装有 4 只包装箱：2 只木箱、2 只纸箱。纸箱被雨水淋湿变形，内部设备可以窥视。经多方谈判磋商，3 个月后，由英国供货商重新发货的医疗器械再次送达，经检验此次货物的外包装全部更换为木质包装，内包装增加了防潮防湿保护。

请大家以小组为单位，联系所学物流包装知识，对以上案例展开分析讨论，并做以小结：从中你得到了什么启发？

一、知识准备

（一）包装技法的概念与分类

包装技法是指包装操作时采用的技术和方法。包装技法与包装的各种功能密切相关，特别是与商品保护功能关系密切。随着科学技术的进步，商品包装技法正在不断发展完善。商品包装技法很多，按包装的主要功能可以将包装技法分为运输包装技法和销售包装技法。

（1）运输包装技法将运输包装体和产品（包括小包装）形成一个有机的整体，目的是以最低的物质消耗和资金消耗,保证产品完美地送到用户手中。主要方法有缓冲、防潮、防锈、防霉等包装技术。

(2)销售包装技法是使产品同包装体形成一个整体,围绕商品销售中的保护功能,并兼顾其他功能而展开。主要方法有泡罩、贴体、收缩、拉伸、真空、充气、吸氧、防虫、灭菌等包装技术。

(二)常用的运输包装保护技术

常用的运输、包装保护技术包括防震保护技术、防破损保护技术、防锈保护技术、防霉保护技术、防虫保护技术、危险品包装技术和防泼溅包装技术等。

1. 防震保护技术

在任何环境中都会有力作用在产品之上,并使产品发生机械性损坏。为了防止产品遭受损坏,就要设法减小外力的影响,所谓防震包装就是指为减缓内装物受到冲击和振动,保护其免受损坏所采用的具有一定防护措施的包装。防震包装主要有以下三种方法。

(1)全面防震包装方法。全面防震包装方法是指内装物和外包装之间全部用防震材料填满进行防震的包装方法。

(2)部分防震包装方法。对于整体性好的产品和有内装容器的产品,仅在产品或内包装的拐角或局部地方使用防震材料进行衬垫即可。所用包装材料主要有泡沫塑料防震垫、充气型塑料薄膜防震垫和橡胶弹簧等。

(3)悬浮式防震包装方法。对于某些贵重易损的的物品,为了有效地保证在流通过程中不被损坏,外包装容器要比较坚固,然后用绳、带、弹簧等将被装物悬吊在包装容器内。在物流中,无论在什么操作环节,内装物都能被稳定悬吊而不与包装容器发生碰撞,从而减少损坏。

2. 防破损保护技术

缓冲包装有较强的防破损能力,因而是防破损包装技术中非常有效的一类。此外还可以采取以下几种防破损保护技术。

(1)捆扎及裹紧技术。捆扎及裹紧技术的作用,是使杂货、散货形成一个牢固整体,以增加整体性,便于处理及防止散堆来减少破损。

(2)集装技术。利用集装,减少与货体的接触,从而防止破损。

(3)选择高强保护材料。通过外包装材料的高强度来防止内装物受外力作用破损。

3. 防锈包装技术

(1)防锈油防锈蚀包装技术。大气锈蚀是空气中的氧、水蒸气及其他有害气体等作用于金属表面引起电化学作用的结果。如果使金属表面与引起大气锈蚀的各种因素隔绝(即将金属表面保护起来),就可以达到防止金属大气锈蚀的目的。防锈油包装技术就是根据这一原理将金属涂封防止锈蚀的。用防锈油封装金属制品,要求油层要有一定厚度,油层的连续性好,涂层完整。不同类型的防锈油要采用不同的方法进行涂复。

(2)气相防锈包装技术。气相防锈包装技术就是用气相缓蚀剂(挥发性缓蚀剂),在密封包装容器中对金属制品进行防锈处理的技术。气相缓蚀剂是一种能减慢或完全停止金属在侵蚀性介质中的破坏过程的物质,它在常温下即具有挥发性。在密封包装容器中,其在很短的时间内挥发或升华出地缓蚀气体就能充满整个包装容器内的每个角落和缝隙,同时吸附在金属制品的表面上，从而起到抑制大气对金属锈蚀的作用。

4. 防霉腐包装技术

在运输包装内装运食品和其他有机碳水化合物货物时，货物表面可能生长霉菌，在流通过程中如遇潮湿，霉菌生长繁殖极快，甚至延伸至货物内部，使其腐烂、发霉、变质，因此要采取特别防护措施。

包装防霉烂变质，通常采用冷冻包装、真空包装或高温灭菌方法。冷冻包装的原理是减慢细菌活动和化学变化的过程，以延长储存期，但不能完全消除食品的变质；高温杀菌法可消灭引起食品腐烂的微生物，可在包装过程中用高温处理防霉。有些经干燥处理的食品包装，应防止水汽浸入产生霉腐，可选择防水汽、气密性好的包装材料，采取真空和充气包装。

真空包装法也称减压包装法或排气包装法。这种包装可阻挡外界的水汽进入包装容器内，也可防止在密闭的防潮包装内部存有潮湿空气，在气温下降时结露。采用真空包装，要注意避免过高的真空度，以防损伤包装材料。

防止运输包装内货物发霉，还可使用防霉剂，防霉剂的种类甚多，用于食品的必须选用无毒防霉剂。

机电产品的大型封闭箱，可酌情开设通风孔或通风窗等相应的防霉措施。

5. 防虫包装技术

防虫包装技术常用的是驱虫剂，即在包装中放入有一定毒性和臭味的药物，利用药物在包装中挥发气体杀灭和驱除各种害虫。常用驱虫剂有萘、对位二氯化苯、樟脑精等。也可采用真空包装、充气包装、脱氧包装等技术，使害虫无生存环境，从而防止虫害。

6. 危险品包装技术

危险品有上千种，按其危险性质，交通运输及公安消防部门规定分为十大类，即爆炸性物品、氧化剂、压缩气体和液化气体、自燃物品、遇水燃烧物品、易燃液体、易燃固体、毒害品、腐蚀性物品、放射性物品等，有些物品同时具有两种以上危险性能。

有毒商品的包装要明显地标明有毒标志。防毒的主要措施是包装严密不漏、不透气。

对有腐蚀性的商品，要注意商品和包装容器的材质发生化学变化。金属类的包装容器，要在容器壁涂上涂料，防止腐蚀性商品对容器的腐蚀。

对黄磷等易自燃商品的包装，宜将其装入壁厚不少于 1 毫米的铁桶中，桶内壁必须涂耐酸保护层，桶内盛水，并使水面浸没商品，桶口严密封闭，每桶净重不超过 50 公斤。再譬如遇水引起燃烧的物品如碳化钙，遇水即分解并产生易燃乙炔气，对其应用坚固的铁桶包装，桶内充入氮气。如果桶内不充氮气，则应装置放气活塞。

对于易燃、易爆商品，例如有强烈氧化性的，遇有微量不纯物或受热即急剧分解引起爆炸的产品。防爆炸包装的有效方法是采用塑料桶包装，然后将塑料桶装入铁桶或木箱中，每件净重不超过 50 千克，并应有自动放气的安全阀，当桶内达到一定气体压力时，能自动放气。

7. 防泼溅包装技术

针对易潮湿粉末产品，一般采用自封袋两层加自黏性缠绕膜予以包装，在保障透气性的同时兼顾防泼溅及渗漏。

三、物流包装合理化

包装是物流的起点,包装合理化是物流合理化的关键步骤,也是物流合理化的基础条件。

1. 包装尺寸标准化

包装尺寸的确定过去大多以保护内容物品、便于人工装卸搬运作业、节约包装材料等为考虑因素,对物流其他作业环节,其他运载工具的关联性考虑的不多。从物流综合系统的角度看,包装标准不一致在增加了包装在物流流通过程中的管理难度的同时,也会降低了物流系统的效益。因此,建立统一的包装和运作标准,实现包装的单元化、标准化和通用化对物流整体合理化具有重要意义。

包装尺寸的设计必须与托盘、集装箱、车辆、货架等各种各样的物流设施设备相适应,必须建立在运输、仓储、装卸、搬运、配送等不同物流环节标准化的平台之上。只有这样,才能够保证物流各个环节的有效衔接,如只有根据包装模数尺寸设计的包装箱才能按照一定的堆码方式合理、高效率地码放在托盘上。

2. 避免包装不足

运输包装不足主要指以下两个方面。

(1)包装强度不足。物流包装强度与包装堆码、装卸、搬运有密切关系,强度不足会降低保护性能,容易造成包装物在物流环节中受损。

(2)包装材料不能完全承担防护作用。在大多数情况下,包装材料的主要功能之一就是提供防护,以确保产品从生产到消费的过程中保持完整、安全,并免受外部环境的影响。然而,在一些特定情况或条件下,包装材料可能无法充分发挥其防护作用。例如:材料选择不当、设计缺陷、外部极端条件、人为因素、材料老化、特殊用途限制,等等。因此,合理选择和设计包装材料是确保产品安全、完整、高效运输的关键。

3. 包装作业机械化与自动化

采用机械化和自动化程度较高的包装机械,是提高包装作业效率和包装现代化水平的有效手段。因此,各种包装机械的开发和应用在包装作业中是很重要的,完全或者大部分依靠手工来完成包装作业势必是要被淘汰的。

4. 包装成本经济化

包装成本中占比例最大的就是包装材料,容器和附属材料的总费用不少都能超过总成本的 50%。因此,降低包装成本首先应该从降低包装材料费用开始。应该在保证功能的前提下,尽量降低材料的档次,节约包装费用支出。

5. 包装单位大型化

随着交易单位的大量化和物流过程中装卸的机械化,包装的大型化趋势也在增强。大型化包装有利于机械的使用,提高装卸搬运效率。

6. 包装材料资源节省化

包装材料中大量使用的纸箱、木箱、塑料容器等会消耗大量的自然资源,同时大量的包装废弃物必然会破坏环境。因此,实现包装材料的资源节省的重要途径就是加大包装物的再利用程度,加强废弃包装物的回收,减少过剩包装。同时,还要不断开发和推广新型包装方式，减少对包装材料的使用。

二、任务实施

（1）组建4人项目小组，根据小组成员特点，进行团队分工，展开案例分析讨论。

小组成员名单	成员特点	小组中的分工	备注
		相关知识梳理	
		案例分析	
		任务小结	
		登台发言展示	

（2）请将案例分析中用到的相关理论知识填入下方。

（3）请将小组案例分析结果填入下方。

（4）小组派代表登台阐述本组案例分析结果，并将任务实施收获总结如下。

三、任务评价

“熟悉常用包装技术与方法”任务评价表

项目组		成员					
评价标准	评价项目	评价要素	分值	小组自评（20%）	他组评价（30%）	教师评价（50%）	合计
	学习纪律与行为素养	出勤情况；衣着仪表；行为秩序；5S 素养	20				
	学习方法与参与过程	学习方法是否得当；能否进行有效信息检索；是否养成了探究学习、自主学习的习惯；能否处理好合作学习和独立思考的关系	30				
	任务实施过程与结果	任务实施过程是否规范，是否掌握必备专业知识与技能；能否认真分析问题、解决问题并创新问题；是否具备较强的信息处理能力并能条理清晰表述成文	30				
	协作交流与分享	与教师、同学之间能否相互尊重、理解，进行适时、多向的信息交流；能否发表个人见解并提出有意义、有价值的意见或建议；能否认真倾听、协作分享	20				
合计			100				

任务四　包装方案设计

请根据以下材料，以小组为单位完成“樱桃番茄快递包装方案”的设计，并模拟快递包装的全过程。

如今，水果在储运过程中的损伤问题引起越来越多的关注。减少损伤是现代农业技术的重要研究课题之一。针对果品在重复受载时出现软化并产生累积损伤的现象，要求我们做出相应的快递运输包装设计。

果蔬生产存在较强的季节性和区域性，因而果蔬储运问题不可回避。樱桃番茄既是蔬菜又是水果，无核、味清甜、口感好、营养价值高。樱桃番茄中含有谷胱甘肽和番茄红素等特殊物质，可促进人体的生长发育，增加人体抵抗力，延缓人的衰老，被联合国粮农组织列为优先推广的四大果蔬之一。

运输中的冲击和振动是引起包装件破损的主要原因。果蔬包装件在储运过程中受到冲击、振动、跌落、摇摆、静压力等多种因素的影响，从而导致果蔬受到摩擦、挤压而出现裂纹、挤扁等破损现象。机械损伤是水果损坏的主要形式，是病原微生物的入侵之门，也是导致水果霉烂的最主要原因。机械损伤会使其迅速腐败变质，增加损耗，若储藏期较长，已腐败的产品还会危及与其相接触的其他好的产品，严重地制约了果蔬的储运和销售。

为了减少樱桃番茄在储运过程中受到损伤，需要实施各种适度的缓冲包装，以确保快递运输的安全，降低流通销售成本。

一、知识准备

(一)运输包装的基本功能

(1)防震动、防挤压。快递在运送的过程中需要面临多次的搬运、装卸,会遇到震荡、掉落、撞击、堆叠、挤压等偶然因素,容易造成快递内部物品的变形及损坏。

(2)防挥发或渗漏。液态的物品流动性强,如香水、化妆水、酒等,如果处理不好极易挥发,膨胀,造成在运输过程中受损。

(3)防光照射。紫外线、红外线等光照直射,会使一些药品、食品等商品的品质发生变化。

(4)防冷热。温度的变化会影响包裹物的品质好坏,如海鲜、速冻食品、新鲜水果等。

(5)防潮湿。一些金属的物品需避免受潮,比如精密仪器等。

快递包装根据不同的产品形态、运输条件和环境选择适当的包装材料和包装方式。如现在很多商品选择的充气包装,既很好保护了包装的内物,节省了材料,又减轻了运输中包装的重量。

(二)包装的一般要求

(1)在运输包装体中装进形态各异的产品,需要具备一定的技巧,只有对产品进行合理置放、固定和加固,才能达到缩小体积、节省材料、减少损失的目的。例如,对于外形规则的产品,要注意套装;对于薄弱的部件,要注意加固;包装内重量要注意均衡;产品与产品之间要注意隔离和固定。

(2)对松泡产品进行体积压缩。真空包装可大大缩小松泡产品的体积,缩小率可达50%~85%。

(3)外包装形状尺寸的合理选择。在外包装形状尺寸的选择中,要避免过高、过扁、过大、过重等。

(4)内包装形状尺寸的合理选择。内包装一般属于销售包装,在选择其形状尺寸时,要与外包装形态尺寸相配合,内包装的底面尺寸必须与外包装协调,而且高度也应与外包装高度相匹配。

(5)包装外的捆扎。捆扎的直接目的是将单个物件或数个物件捆紧,以便于运输、储存和装卸。另外,捆扎还能防止失窃,压缩容积,加固容器。

(三)运输包装主要组成部分和材料选择

运输包装的主要组成部分有:外包装和内包装。

1. 外包装

这是快递包装最重要的组成部分,主要作用是保护和承载所寄物品,防止货物变形、破损、污染等,目前最常用的外包装有纸袋、纸箱、塑料袋、编织袋、木箱等。

2. 内包装

内包装为运输物品提供收集和基本保护的功能,为了保证所运货物的安全,一般运输公司都会要求内包装必须防水,并且当物品的尺寸小于外包装时,必须加以填充物,再进行外包装封装。合格的内包装可以保护货物在运输期间免受冲撞及震动,通常有多种内包装材料可供选择。

1)瓦楞纸衬板

瓦楞纸衬板(图 5-9、5-10)是目前最流行的内部包装形式,通常使用瓦楞纸板通过彼此交叉形成一个网状结构,在尺寸上与外包装纸箱相匹配。根据所装物品的形状,对瓦楞纸衬板进行切割,然后将物品卡在其中即可。从衬板的制作、切割和装箱,全过程都可以通过机械化操作完成,非常适合大批量的产品包装。

图 5-9 瓦楞纸衬板 1

图 5-10 瓦楞纸衬板 2

用瓦楞纸衬板作为内部包装,可以提供良好的商品固定性能,能够避免易碎品之间的相互碰撞,降低破损率。与箱体底部接触的物品由于所承受压力较大,受损概率也较大,通常在箱底添加一层瓦楞纸隔板,以增强缓冲性能。并且,由于其制作材料是瓦楞纸,与瓦楞纸箱材料一致,利于统一回收,符合环保需求,成本也很低。

2)发泡塑料及其替代品

作为传统的缓冲包装材料,发泡塑料具有良好的缓冲性能和吸振性能,有重量轻、保护性能好、适应性广等优势,广泛用于易碎品的包装上。特别是发泡塑料可以根据产品形状预制成相关的缓冲模块,应用起来十分方便。

但是,由于使用传统的发泡聚苯乙烯会破坏大气臭氧层的氟利昂,加上废弃的泡沫塑料体积大,回收困难等原因,逐渐被其他环保缓冲材料所替代。

目前代替聚苯乙烯发泡塑料的主要有发泡 PP(图 5-11)、蜂窝纸板(图 5-12)及纸浆模塑产品(图 5-13)等几类。

图 5-11 发泡 PP

图 5-12 蜂窝纸板

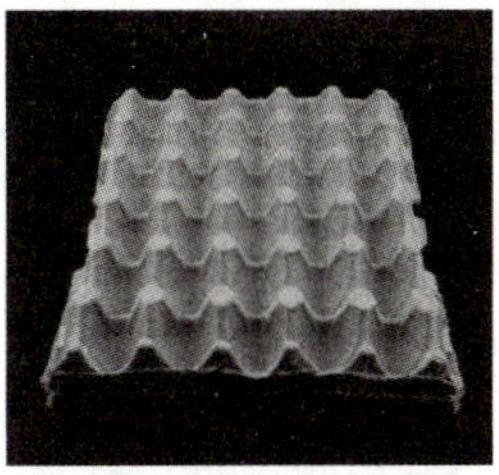

图 5-13 纸浆模塑

3)气垫薄膜

气垫薄膜也称气泡薄膜(图 5-14、5-15)。其是在两层塑料薄膜之间采用特殊的方法封入空气,使薄膜之间连续均匀地形成气泡。气泡有圆形、半圆形、钟罩形等形状。气泡薄膜对于轻型物品能提供很好的保护效果，作为软性缓冲材料，气泡薄膜可被剪成各种规格，可以包装几乎任何形状或大小的产品，常常被用于包裹一些安全性能低的快递物品。

气垫薄膜虽然具有质轻、缓冲性能好等特点，但是抗戳穿强度较差，不适合形状尖突的物品，受到气温影响比较大，容易热胀冷缩，从而导致包装破损或者包装物移位。

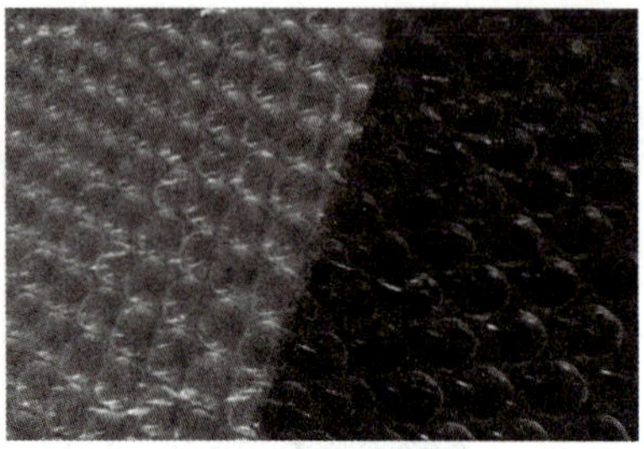

图 5-14 气垫薄膜 1

图 5-15 气垫薄膜 2

4）现场发泡

现场发泡（图 5-16、5-17）主要是利用聚氨酯泡沫塑料制品，在内容物旁边扩张并形成保护模型，特别适用于小批量、不规则物品的包装。

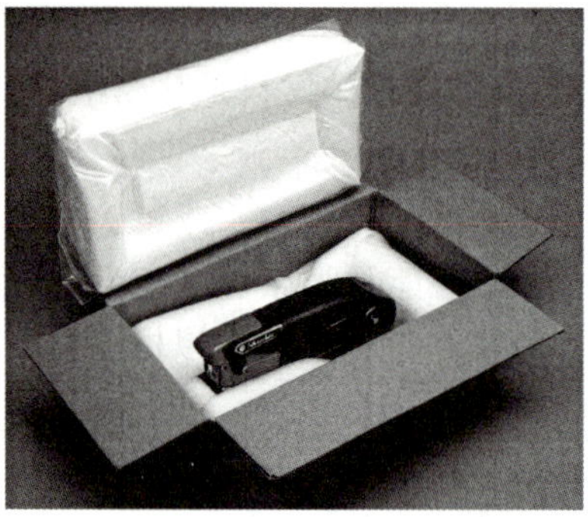

图 5-16 现场发泡 1

图 5-17 现场发泡 2

一般的操作程序如下：首先在纸箱底部的一个塑料袋中注入双组分发泡材料，然后将被包装产品放在发泡材料上，再取一个塑料袋，注入适当分量的发泡材料覆盖在易碎品上，很快发泡材料充满整个纸箱，形成对易碎品的完美保护。

现场发泡最大的特点在于可在现场成形，不需用任何模具，特别适合于个别的不规则产品或贵重易碎品的包装。

5）填料

在包装容器中填充各种软制材料做缓冲包装曾经被广泛采用，材料有废纸、植物纤维（图 5-18）、发泡塑料球（图 5-19、5-20）等很多种。但是由于填充料难以填充满容器，对内装物的固定性能较差，而且包装废弃后不便于回收再利用，因此，目前这一包装形式已趋于衰退。

图 5-18　植物纤维

图 5-19　发泡塑料球 1

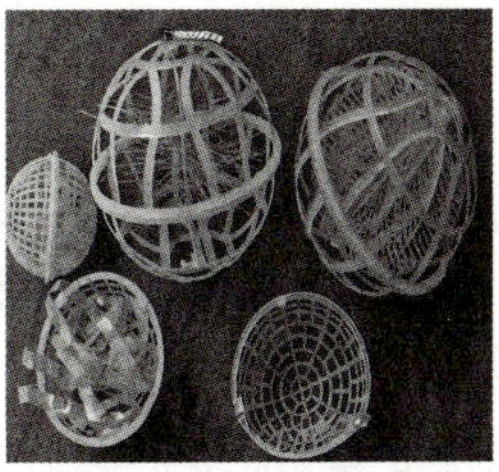

图 5-20　发泡塑料球 2

(四)如何正确选择运输物品包装方案

1)易碎品

易碎品运输对物流企业来说一直是一项严苛的挑战,这对运输包装提出了更高的要求。为优化升级服务,全面保障货物时效,很多物流快运公司都推行一系列易碎品实施方案,其目的是对酒类、陶瓷类、大理石类、玻璃类(仪表、净玻璃仪器除外)、易碎食品、工艺品等易碎品货物进行规范运输,重点在于防震动、防挤压、防撞击。易碎品必须使用公司特制易碎品标签,必须标识向上箭头"↑"。易碎品运输包装规范如表 5-1 所示。

表 5-1　易碎品运输包装规范列表

类　别	包装材料选取
酒　类（玻璃装、陶瓷装、陶坛装、纸箱装）	木箱、木托、木架、纸箱、珍珠棉、气泡膜、缠绕膜、气柱袋、泡沫、废棉布、标签(易碎标签、勿压标签、向上指示标签)
陶瓷制品	木箱、木架、纸箱、泡沫、珍珠棉、废棉布
	标签(易碎标签、勿压标签、向上指示标签)
大理石类	木架、纸箱、纸皮、泡沫、珍珠棉、废棉布
	标签(易碎标签、勿压标签、向上指示标签)
玻璃类	木架、纸箱、泡沫、珍珠棉、废棉布
	标签(易碎标签、勿压标签、向上指示标签)

2)服装、皮包、鞋类产品

鞋最常规的包装就是纸盒包装,运输打包时可以在纸盒外面加个气泡袋即可,这样可以防摔。

皮包出厂时一般都有自己的包装,比如一些透明塑料袋之类的包装。快递中建议内包装选择原包装,外包装选择纸箱,大型硬包的话,一定要贴上防压标志。

服装出厂时一般也有自己的塑料袋包装,在这个基础上面直接套上快递的包装袋就可以发货了,但是切记包装不能有破损。

总之,该类货品在运输包装时,如有出厂的原包装都必须保留,再在原包装的基础上外加防护包装即可。

3)首饰类产品

首饰类产品内包装适宜使用首饰袋或首饰盒,精美的首饰盒和首饰袋更能彰显产品的品质,体现产品的档次和价值。外包装也建议使用纸箱包装

4)液体类产品

寄液体类产品时,先用棉花裹好,再用胶带缠好。在包裹时一定要封好割口处,可以用透明胶带使劲绕上几圈,然后再用棉花整个包住,可以包厚一点,最后再包一层塑料袋,这样即使液体漏出来也会被棉花吸收,并有塑料袋做最后的保护,不会流到纸盒外面污染到别人的包裹。还可以用一些透明的气泡纸,在瓶子上多裹几圈,然后用透明胶带纸紧紧封住。为了确保安全,应该把裹好的瓶子放进小纸箱里,同时用填料充满包装盒剩余空间。

5)书刊类

书刊类商品通常都用牛皮纸包装,1 千克以上要打"井"字绳,四周都要用胶带贴好。

6)精密电子

贵重的精密电子产品包括电话、手机、电脑荧屏等。在对这类怕震动的产品进行包装时,可以用泡绵、气泡布、防静电袋等包装材料把物品包装好,用瓦楞纸在商品边角或者容易磨损的地方加强包装保护,并且用填充物,如报纸、海绵或者防震气泡布这类有弹力的材料将纸箱空隙填满,这些填充物可以阻隔及支撑商品,吸收撞击力,避免物品在纸箱中摇晃受损。

另外,时令水果类的快递包装需利用温控技术,真空锁水等方法,保障运输时效内的水果品质。生鲜食物类的快递包装需利用食品专用蓄冷剂、活鱼充氧等专业包装,保障运输时效内的肉类品质;重货类,如精密仪器或不规则大件的运输快递包装应该高度防挤压,采用木板箱并加以多层缓冲防护。

二、任务实施

1. 经过学习讨论,请以小组为单位展示你们的樱桃番茄快递包装设计方案,并详细说明设计依据。

____

____

____

____

2. 请模拟将樱桃番茄装箱、封装直至装车的全过程,在此过程中记录你们小组的经验和发现的问题。

____

____

____

____

3. 在模拟将樱桃番茄装箱、贴上包装标志,最终将货物包装完毕,直至装车的全过程中,你们小组发现的问题是什么?

____

____

____

____

三、任务评价

"包装方案设计"任务评价表

项目组		成员					
评价标准	评价项目	评价要素	分值	小组自评（20%）	他组评价（30%）	教师评价（50%）	合计
	学习纪律与行为素养	出勤情况；衣着仪表；行为秩序；5S 素养	20				
	学习方法与参与过程	学习方法是否得当；能否进行有效信息检索；是否养成了探究学习、自主学习的习惯；能否处理好合作学习和独立思考的关系	30				
	任务实施过程与结果	任务实施过程是否规范，是否掌握必备专业知识与技能；能否认真分析问题、解决问题并创新问题；是否具备较强的信息处理能力并能条理清晰表述成文	30				
	协作交流与分享	与教师、同学之间能否相互尊重、理解，进行适时、多向的信息交流；能否发表个人见解并提出有意义、有价值的意见或建议；能否认真倾听、协作分享	20				
合　计			100				

知识拓展

扫码进行学习。

思政课堂

请扫码学习：物流环保势在必行！京东物流为绿色物流加入重彩一笔！

"1+X"考证拓展与提升(五)

考核办法

1. 初级考核

理论考核占考核总权重的70%、实操考核占总权重的30%，总成绩采用百分制，满60分及以上者为合格。

总成绩=基础理论成绩 ×70%+实操考核成绩 ×30%

2. 中级考核

基础理论占考核总权重的40%、综合应用考核占总权重的30%、实操考核占总权重的30%，总成绩采用百分制，满60分及以上者为合格。

总成绩=基础理论成绩 ×40%+综合应用考核成绩 ×30%+实操考核成绩 ×30%

3. 高级

基础理论占考核总权重的50%、综合应用考核占总权重的50%，总成绩采用百分制，满60分及以上者为合格。

总成绩=基础理论成绩 ×50%+综合应用考核成绩 ×50%

4. 试题数量

基础理论：初级230题；中级、高级均为115题。

综合应用：中级、高级5~7题(以实际考试为准)。

线上实操考核：

初级　录单+入库作业+出库作业；

中级　录单+入库作业+出库作业+移库作业+盘点作业；

高级　0题。

线下实操考核：

初级　录单+入库作业+出库作业；

中级　录单+入库作业+出库作业；

高级　0题。

项目六
物流信息处理作业体验

本项目共有四个任务，亲爱的同学们，现在让我们通过任务的学习，走进并体验物流信息处理作业吧！

项目导入

每一项物流活动都会产生大量的物流信息，而物流信息系统则可以通过合理应用现代信息技术，对物流信息进行挖掘和分析，并能够通过这些信息的反馈，对各环节的活动进行协调与控制。物流信息不但在物流管理活动中充当桥梁纽带的作用，而且可以对物流活动的各环节进行计划、协调与控制，以达到系统整体最优化的目标。随着物流信息技术的广泛应用，物流信息系统已经对企业的物流活动产生了深远的影响。

知识目标

1. 能识记、理解物流信息的概念；
2. 熟悉常用物流信息技术的特点；
3. 理解物流信息技术在物流活动各环节中的作用；
4. 熟悉物流信息系统的基本功能模块。

能力目标

1. 能区分商品条形码的类型、识别常用的物流条码；
2. 对条码技术和 RFID 技术在物流领域的应用有充分的认识；
3. 熟悉常用条码扫描器和 RFID 技术设备。

素质目标

1. 对我国物流信息技术的发展充满信心，养成良好的信息技术素养；
2. 培养团队分工协作的精神，树立合作共赢的大局观念；
3. 爱岗敬业，有较强的工作效率意识和工作质量意识。

任务一　了解信息技术在物流中的应用

每当你从网上购买完一件商品时,你知道后面意味着什么呢?意味着一个遍布全国的庞大的物流网络将因此而被牵动,在这个网络里商品在灵敏地流转直到被签收。通过电商交易,每天都有巨量的商品需要从不同的地点送达全国各地的买家手中,这就要求做到物流网络高效运转且不出错,物流信息技术的综合应用帮我们实现了这一目标。

在网上购物的交易中,一件商品要经过多个物流环节才能送到买家手中,在这个过程中用到了哪些物流信息技术,有什么作用?根据你以往的真实购物经历,用表格整理出你购买商品经历的物流环节、每个环节所用到的物流信息技术及其发挥的作用。

一、知识准备

(一)信息与物流信息的概念

信息是主体对客体的认知和揭示,它包括数据、字符、文字、图形等。信息的概念不同于数据。数据又称资料,是对客观事物记录下来的、可以鉴别的符号。只有经过特定背景解释,数据才有意义,才能成为信息。例如,行驶中飞机里程表上的数字只是一个数据,只有当飞行员需要观察里程表上的数字以便做出下一步决定时,才能成为信息。

物流信息(Logistics Information)是反映物流各种活动内容的知识、资料、图像、数据、文件的总称。

(二)物流信息技术的概念

物流信息技术(Logistics Information Technology)是现代信息技术在物流各个作业环节中的综合应用,是现代物流区别于传统物流的根本标志,也是物流技术中发展最快的领域,尤其是计算机网络技术的广泛应用使物流信息技术达到了较高的应用水平。物流信息技术的发展也改变了企业应用供应链管理获得竞争优势的方式,成功的企业通过应用信息技术来支持它的经营战略并选择它的经营业务。

运用于物流各环节中的信息技术包括计算机技术、网络技术、信息分类编码技术、条码技术、射频识别技术、电子数据交换技术、全球定位系统(GPS)、地理信息系统(GIS)、智能技术等。

(四)物流信息技术的主要应用领域

1. 条码技术

条码技术是在计算机的应用实践中产生和发展起来的一种自动识别技术。为企业提供了一种对物流中的货物进行标识和描述的方法,具有输入速度快、可靠准确、成本低、信息量大等特点。条码技术是实现 POS 系统、EDI、电子商务、供应链管理的技术基础,是推进物流管理现代化、提高企业管理水平和竞争能力的重要技术手段。

2. EDI 技术

电子数据交换系统(Electronic Data Interchange, EDI)是指通过电子方式,采用标准化的格式,利用计算机网络进行结构化数据的传输和交换。EDI 技术指企业间业务往来的商业交易资料用标准的格式以电子方式在计算机系统之间自动传递,并按照国际统一的语法规则对报文进行处理。

企业通过 EDI 运作，不仅加快了通关、报检速度，而且减少了电话、传真等方面的费用，避免了人工抄写文件造成的差错，可及时利用运输资源降低运费和减少运输时间。通过 EDI，零售业、配送业提高了订单和发票的传输速度，减少库存量与空架率，加快了资金周转，有利于建立产供销一体化的供应链。

3. RFDC 技术

无线数据采集技术（Radio Frequency Date Collection，RFDC）也称为射频技术，是一种非接触式的自动识别技术，它是基于电磁感应、无线电波或微波进行非接触双向通信，从而达到识别和交换数据的目的。

4. GIS 技术

地理信息系统（Geographic Information System，GIS）用于物流分析，主要是指利用 GIS 强大的地理数据功能来完善物流分析技术。完整的 GIS 物流分析软件集成了车辆路线模型、最短路径模型、网络物流模型、分配集合物流模型和设施定位系统。

5. GPS 技术

全球卫星定位系统（Global Positioning System，GPS）是利用分布在约 2 万千米高空的多颗卫星对地面目标的状况进行精确测定以进行定位、导航的系统。它主要用于船舶和飞机导航，对地面目标进行精确定时和精密定位，地面及空中交通管制，空间与地面灾害监测等。

6. 智能技术

智能技术（Intellectual Technology）是利用计算机科学、脑科学、认知科学等方面的知识对物流信息进行分析处理的技术，智能技术在物流中的应用主要体现为：人工智能、商业智能、专家系统和智能交通系统等。

二、任务实施

（1）小组工作计划与分工。

（2）写出在网上购物时，从发货到签收所体验到的每一个环节中的物流信息技术及其作用。

（3）总结与展示。

（4）效果与反思。

三、任务评价

“了解信息技术在物流中的应用”任务评价表

项目组		成 员					
评价标准	评价项目	评价要素	分值	小组自评（20%）	他组评价（30%）	教师评价（50%）	合计
	学习纪律与行为素养	出勤情况；衣着仪表；行为秩序；5S 素养	20				
	学习方法与参与过程	学习方法是否得当；能否进行有效信息检索；是否养成了探究学习、自主学习的习惯；能否处理好合作学习和独立思考的关系	30				
	任务实施过程与结果	任务实施过程是否规范，是否掌握必备专业知识与技能；能否认真分析问题、解决问题并创新问题；是否具备较强的信息处理能力并能条理清晰地表述成文	30				
	协作交流与分享	与教师、同学之间能否相互尊重、理解，进行适时、多向的信息交流；能否发表个人见解并提出有意义、有价值的意见或建议；能否认真倾听、协作分享	20				
合 计			100				

任务二　认识条码技术

条码技术是在计算机的应用中产生和发展起来的一种自动识别技术。它是为实现对信息的自动扫描而设计的，是快速、准确、可靠地采集数据的一种有效手段。条码技术的应用解决了数据输入和数据采集的“瓶颈”问题，为物流信息化提供了有利的技术支持。它也是迄今为止最经济实用的一种自动识别技术。

请大家以小组为单位，收集 10 个条码标签，其中至少要有 3 个二维条码，并列表比较这些条码所代表的内容和涵义。

一、知识准备

（一）条码与条码技术

条形码（Barcode），即条码，是将宽度不等的多个黑条和白条，按照一定的编码规则排列，用以表达一组信息的图案。条形码可以标出物品的生产国、制造厂家、商品名称、生产日期、图书分类号、邮件起止地点、类别、日期等许多信息，因而在商品流通、图书管理、邮政管理、银行系统等许多领域都得到广泛的应用。

条码技术是一种自动识别技术，条码扫描器能通过黑条、白条不同的反射率识别条码，并将物品的商品名称、制造厂家、生产日期、单价、规格等信息在计算机上显示出来，是实现物流信息管理的重要手段。利用光电扫描设备识读条形码图案不仅可以实现这些信息自动录入，还可以有效提高信息录入的速度，并减少差错率，条形码技术是物流活动中应用广泛的自动识别技术之一。

（二）条码的码制

条形码有多种码制。码制是指条码符号的类型，每种码制都具有固定的编码容量和所规定的条码字符集。物流活动中常用三种码制：EAN—13 条形码、ITF—14 条形码及 UCC / EAN—128 条形码，分别如图 6-1、6-2、6-3 所示。

图 6-1　EAN—13 条形码

图 6-2　ITF—14 条形码

图 6-3　UCC / EAN—128 条形码

物流活动中要根据货物的不同和包装的不同采用不同的码制。

EAN—13 条形码直接用于销售包装或一般单个大件商品，如电视机、电冰箱、洗衣机等商品的包装箱。需要储运的包装箱常采用 ITF—14 或 UCC / EAN—128 条形码，包装箱内可以是单一商品，也可以是不同的商品或多组商品小包装。如，一个装有 24 条香烟的纸箱或者一个装有 40 箱香烟的托盘。

（三）条码的分类

1. 按组成方式分类

条形码按照组成方式分为一维条码和二维条码。与一维条码相比，二维条码的信息容量更大。

一维条码如图 6-4 所示，只能在水平方向上表达信息，所携带的信息有限，仅能用来标识商品的名称、价格等基本信息，不能提供商品更详细的信息。要调用更多的信息，需要电脑数据库信息的配合使用。

二维条码如图 6-5 所示，是一种在水平方向和垂直方向均带有信息的条形码图形，比一维码信息容量高约几十倍，不仅能标识商品，还能显示商品的详细信息。例如服装二维码，不但可以显示服装的名称和价格，还可以显示采用的是什么材料，每种材料占的百分比，服装尺寸大小，以及一些洗涤注意事项等。

图 6-4　一维条码符号

图 6-5　二维条码符号

信息容量大的二维码在物流行业中应用广泛。例如：用二维条码可以表示物品装箱单。如果一个集装箱中装有书籍 100 本、面纸 275 包、文具用品 100 份、果汁饮料 669 包，将上述物品的一维条码经扫描后产生二维条码，并贴于集装箱上。当货物运到后，接收方只需要扫描集装箱上的二维条码并输入计算机，就能得到集装箱内的全部物品的资料信息。

2. 按使用目的分类

条码根据使用目的可以分为商品条码和物流条码。商品条码是以直接向消费者销售的商品为对象，以单个商品为单位使用的条形码，为商品销售和商品管理服务。如图 6-1 所示为某商品条码，该商品条码是 EAN—13 码，由 13 位数字组成，最前面的三个数字表示国家或地区的代码，其后的 4 个数字表示厂商代码，再其后的 5 个数字表示商品代码，最后的 1 个数字是检查码用来防止机器发生误读错误。

物流条码，是物流活动中用以标识物流过程中具体实物的一种特殊代码，是从制造厂家到运输、仓储、配送、销售等整个物流活动中的共享数据，是用在商品装卸、仓储、运输和配送过程中的识别符号，通常印刷在包装箱上，用以识别商品种类和数量。如图 6-2 所示为某物流条码，该物流条形码是 ITF—14 标准条码，由 14 位数字组成，其中，第 1 位数字表示物流识别码，其余 13 位数字代表的意思与商品条码基本相同。

（四）条码扫描器

条码设备一般不需要驱动程序，接上后就可直接使用，如同键盘一样。其中，最常用到的就是条码扫描器。

条码扫描器又称条码阅读器、条码扫描枪等，用于读取条形码所包含信息。其利用光学原理把条码内容解读后通过有线或无线方式传输到计算机设备。条码扫描器从原理上可分为光笔、CCD 和激光三类，从形式上有手持式和固定式两种，分别如图 6-6、6-7 所示。

图 6-6　手持式条码扫描器

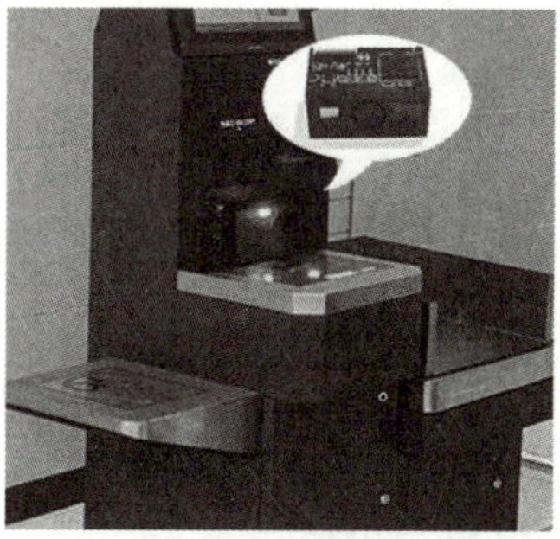

图 6-7　固定式条码扫描器

二、任务实施

（1）小组工作计划与分工。

(2)小组搜集到的条形码展示。

(3)查阅资料、分析讨论搜集到的条形码所包含的内容。

(4)反思与小结。

（5）反馈。

三、任务评价

“认识条码技术”任务评价表

项目组		成　员					
评价标准	评价项目	评价要素	分值	小组自评（20%）	他组评价（30%）	教师评价（50%）	合计
	学习纪律与行为素养	出勤情况；衣着仪表；行为秩序；5S 素养	20				
	学习方法与参与过程	学习方法是否得当；能否进行有效信息检索；是否养成了探究学习、自主学习的习惯；能否处理好合作学习和独立思考的关系	30				
	任务实施过程与结果	任务实施过程是否规范，是否掌握必备专业知识与技能；能否认真分析问题、解决问题并创新问题；是否具备较强的信息处理能力并能条理清晰表述成文	30				
	协作交流与分享	与教师、同学之间能否相互尊重、理解，进行适时、多向的信息交流；能否发表个人见解并提出有意义、有价值的意见或建议；能否认真倾听、协作分享	20				
合　计			100				

任务三　认识 RFID 射频技术

一些大型商超的自助结账系统中包含 RFID 扫描仪。顾客只需将购物车中的商品放置在扫描区域，RFID 扫描仪就能够快速准确地识别并计算商品的价格，无需逐个扫描条形码。这样，不仅有助于顾客快速结账，减少排队时间，提升购物体验，而且大大降低了商超的经营成本。这便是 RFID 技术在零售场所的典型应用。

请以小组为单位，搜集一个 RFID 技术在物流活动中的应用案例，并具体分析 RFID 技术在其中的应用效果。

一、知识准备

（一）RFID 射频技术

自 21 世纪初以来，全球范围内掀起了一场无线射频识别技术（Radio Frequency Identification，RFID）的热潮，包括沃尔玛、宝洁、波音公司在内的商业巨头无不积极推动 RFID 技术在制造、物流、零售、交通等行业的应用。RFID 技术及其应用正处于迅速上升的时期，被业界公认为是 21 世纪最具潜力的技术之一，它的发展和应用推广将是自动识别行业的一场技术革命。RFID 射频技术是一种非接触式自动识别技术，其系统组成如图 6-8 所示。它通过射频信号自动识别目标对象并获得相关数据，识别工作无须人工干预，可工作于各种恶劣环境。它可识别高速运动物体并可同时识别多个标签，操作快捷方便。短距离射频产品不怕油渍、灰尘污染等恶劣环境，可在这样的环境中替代条码。例如，用在工厂生产线上跟踪物体；长距离射频产品多用于交通上，识别距离可达几十米，如识别车辆身份。

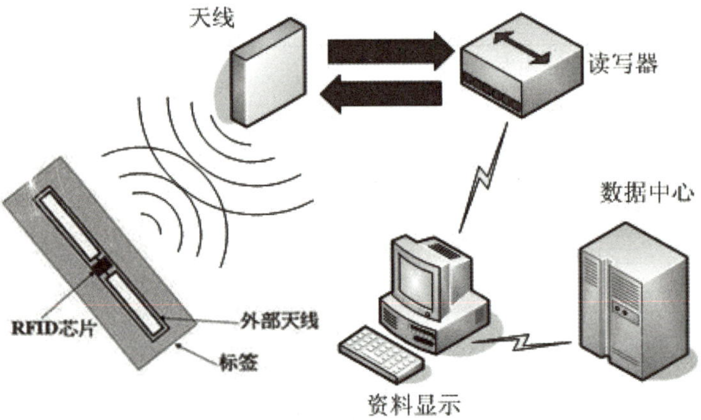

图 6-8　RFID 射频技术系统组成

RFID 技术适用于目标的识别等要求非接触数据采集和交换的场合。由于 RFID 标签具有可读写能力，对于需要频繁改变数据内容的场合尤为适用。它发挥的作用是数据采集和系统指令的传达，广泛应用于仓库管理、运输管理、生产管理、物料跟踪、运载工具和货架识别等场合。

例如，在仓库的进出口处安装 RFID 读写器，当粘贴 RFID 标签的电动叉车和货物进入装载区时，RFID 读写器会自动检索并记录信息，当它们离开物流配送中心时，入口处的 RFID 读写器会读取标签信息，并生成出货单，货车抵达目的地仓库后，取货口的 RFID 读写器会自动扫描车内的货物，并进行工程验收。

（二）RFID 射频技术设备

最基本的 RFID 系统由三部分组成。

1. 电子标签

电子标签，也称为射频标签。标签内含有电子存储芯片，用于存储信息。每个标签具有唯一的电子编码，附着在物品上标记目标对象。有软标签和硬标签等类型，分别如图 6-9、6-10 所示。

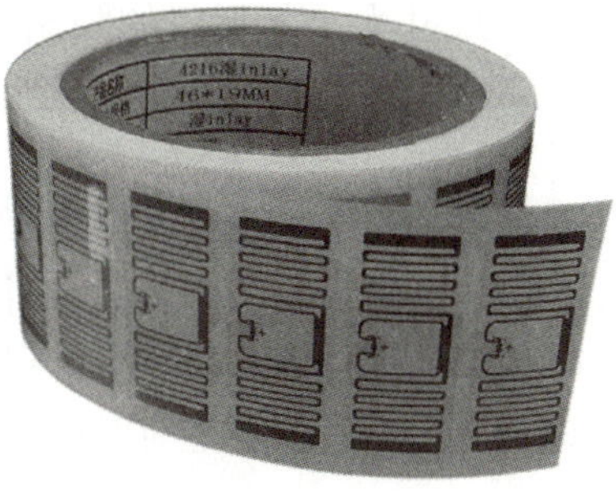

图 6-9　软标签

图 6-10　硬标签

2. RFID 读写器

RFID 读写器,用于发射信号激活标签,并读取或写入标签内的数据。根据应用的不同,读写器可以是手持式也可以是固定式的,分别如图 6-11、6-12 所示。

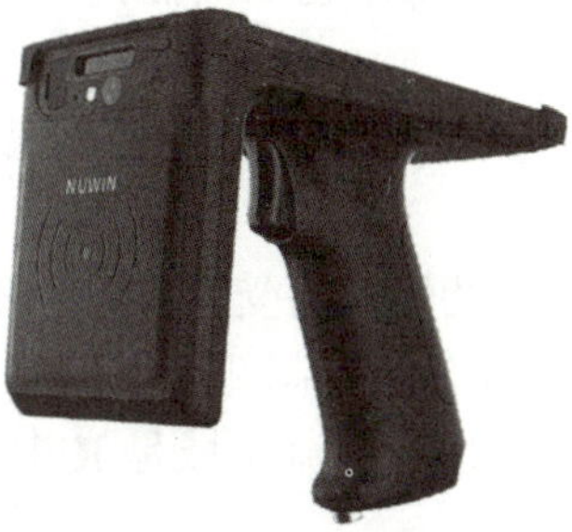

图 6-11　手持式读写器

图 6-12　固定式读写器

3. RFID 标签天线

RFID 标签天线是 RFID 电子标签的应答器天线,是一种通信感应天线。它在电子标签和读取器间传递射频信号。由于材质与制造工艺不同, RFID 标签天线可分为金属蚀刻天线、印刷天线、镀铜天线、模切天线等各种样式。常用的 RFID 标签天线如图 6-13、6-14 所示。

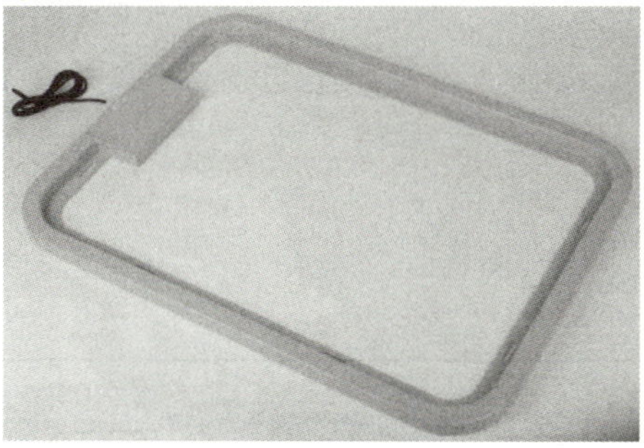

图 6-13　线圈天线

图 6-14 平板天线

(三)RFID 射频技术的优势

和传统条形码识别技术相比,RFID 有以下优势。

(1)快速扫描。传统条形码一次只能有一个条形码受到扫描, RFID 辨识器可同时辨识读取多个 RFID 标签。

(2)体积小型化、形状多样化。RFID 在读取上并不受尺寸大小与形状的限制,不需为了读取精确度而配合纸张的固定尺寸和印刷品质。此外,RFID 标签还可往小型化与多样形态发展,以应用于不同产品。

(3)抗污染能力和耐久性强。传统条形码的载体是纸张,因此容易受到污染,但 RFID 对水、油和化学药品等物质具有很强的抵抗性。此外,由于条形码是附于塑料袋或外包装纸箱上的,所以特别容易受到折损。RFID 卷标是将数据存在芯片中,因此可以免受污损。

(4)可重复使用。传统条形码印刷上去之后就无法更改,RFID 标签则可以重复地新增、修改、删除 RFID 卷标内储存的数据,方便信息的更新。

(5)穿透性和无屏障阅读。在被覆盖的情况下,RFID 能够穿透纸张、木材和塑料等非金属或非透明的材质进行通信。而传统条形码扫描机必须在近距离而且没有物体阻挡的情况下,才可以辨读条形码。

(6)数据的记忆容量大。传统条形码可承载的信息量较小,而 RFID 可存储的信息量非常大,随着记忆载体的发展,数据容量也有不断扩大的趋势,未来物品所需携带的资料量会越来越大,对卷标所能扩充容量的需求也会相应增加。

(7)安全性高。由于 RFID 承载的是电子式信息,其数据内容可经由密码保护,使其内容不易被伪造或改变。

近年来,RFID 因其所具备的远距离读取、高储存量等特性而备受瞩目。它不仅可以帮助一个企业大幅提高货物、信息管理的效率,还可以让销售企业和制造企业互联,从而更加准确地接收反馈信息,控制需求信息,优化整个供应链。因此,物流领域是 RFID 最有潜力的应用领域之一。

二、任务实施

(1)小组的工作计划与分工。

(2)小组所搜集的案例名称及案例介绍。

（3）查阅资料、分析讨论 RFID 技术在案例中的作用与效果。

（4）成果展示。

（5）总结与反思。

三、任务评价

"认识 RFID 射频技术"任务评价表

项目组		成　员					
评价标准	评价项目	评价要素	分值	小组自评（20%）	他组评价（30%）	教师评价（50%）	合计
	学习纪律与行为素养	出勤情况；衣着仪表；行为秩序；5S 素养	20				
	学习方法与参与过程	学习方法是否得当；能否进行有效信息检索；是否养成了探究学习、自主学习的习惯；能否处理好合作学习和独立思考的关系	30				
	任务实施过程与结果	任务实施过程是否规范，是否掌握必备专业知识与技能；能否认真分析问题、解决问题并创新问题；是否具备较强的信息处理能力并能条理清晰表述成文	30				
	协作交流与分享	与教师、同学之间能否相互尊重、理解，进行适时、多向的信息交流；能否发表个人见解并提出有意义、有价值的意见或建议；能否认真倾听、协作分享	20				
合　计			100				

任务四　物流信息系统认知

物流信息的收集是物流信息系统运行的起点，也是最为重要的一个步骤。而收集到的零散的、相互孤立的、形式各异的信息，只有经过科学加工处理后才具有较高的使用价值，才能更好地指导、协调、控制物流活动。这也正是物流信息系统功能与作用的集中体现。

由于影响企业物流信息系统选择的因素很多，所以，不同企业物流信息系统很难具有同一性。不同行业、企业的物流信息系统都是个性化、定制化的，都与自己的业务紧密关联。

请大家以小组为单位，至少搜集两个不同企业物流信息系统的案例，并列表比较其功能异同。

一、知识准备

（一）物流信息系统的含义

物流信息系统（Logistic Information Systems，LIS）是指物流系统中进行物流信息处理的管理子系统。它利用计算机硬件、软件、网络通信设备及其他设备，进行物流信息的收集、传输、加工、存储、更新和维护，为企业提供信息分析和决策支持，以支持物流管理人员和基层操作人员进行物流管理和运作。

物流信息系统具有以下特点。

（1）自动化程度高：物流信息系统可以自动化地完成很多工作，如订单处理、库存管理、运输计划等，大大减少了人工干预的时间和成本。

（2）数据准确性高：物流信息系统可以实时监控物流过程中的各种数据，如货物的位置、温度、湿度等，确保数据的准确性和完整性。

（3）可扩展性强：物流信息系统可以根据企业的需求进行定制化开发，满足不同企业的物流管理需求。

（4）安全性高：物流信息系统可采用多重安全措施，保障数据的安全性和隐私性。

（二）物流信息系统的作用

随着自动化设备的开发应用，如条码、设备自动识别系统、分拣系统等的广泛应用，物流信息系统的速度与准确率有了很大的提高。再加上物流信息系统引进了一些专门的决策支持系统，计算机系统对物流管理中的事务性工作有了一定的智能决策能力。现在的物流信息系统不仅是一个高效率的物流业务操作系统，而且是一个高效率的管理系统，发挥着越来越重要的作用。

1. 提高物流效率

物流信息系统可以实现物流活动的实时监控和管理，提高物流效率和准确性。通过自动化处理订单、分拣货物、调度运输等环节，降低人工干预，减少出错率，提高货物的流动速度和准确性。

2. 降低物流成本

物流信息系统可以优化物流资源的利用，降低运输成本和仓储成本。通过对物流过程进行统一管理和调度，避免资源的浪费和重复投入，提高物流资源的利用率，降低物流成本。

3. 支持决策与优化

物流信息系统可以提供大量的数据和信息，支持物流决策的制定和优化。通过对物流过程中的数据进行分析和挖掘，可以发现问题和瓶颈，提供解决方案，并优化物流流程和运营策略。

4. 提升客户服务水平

物流信息系统可以实现物流环节的全程跟踪，提供准确的货物信息和配送时间，提升客户对物流服务的满意度。客户可以通过系统实时查询货物的位置和状态，准确预估到货时间，并进行相应的调整和安排。

（三）物流信息系统的基本功能和业务功能模块

物流信息系统的主要功能是进行物流信息的收集、存储、传输、加工整理、维护和输出，为物流管理者及其他组织管理人员提供战略、战术及运作决策的支持，以达到组织的战略竞优，提高物流运作的效率与效益。

物流信息系统的业务功能模块一般可包含以下 6 个子系统。

1. 订单处理系统

订单处理系统可以实现订单的在线录入、跟踪、修改和删除等功能。通过订单管理功能，物流企业可以实现对订单的全面管理，从而提高订单处理效率和客户满意度。

2. 库存信息系统

库存信息系统可以实现对物流库存的管理和监控。通过库存管理功能，物流企业可以及时了解库存情况，对库存进行合理调配和管理，从而提高库存周转率和降低库存成本。

3. 配送信息系统

配送信息系统的主要功能包括商品集中、分类、车辆调度、车辆配装、配送路线规划及配送途中的跟踪管理等功能。通过配送管理功能，企业可以跟踪货物动向、控制车辆及车上设备；在配送途中有意外情况发生时，还可通过通信系统取得新的配送途径，并告知配送人员，使配送工作能顺利完成。

4. 运输信息系统

运输信息系统可以实现对物流运输计划的管理和调度，常常涉及到货物跟踪、车辆管理、配车配载等功能。企业可以根据客户需求和实际情况，对运输计划进行优化和调整，从而提高物流运输的效率和准确性。

5. 结算信息系统

结算信息系统可以实现对物流运输费用的核算和管理。通过费用核算功能，物流企业可以对物流运输过程中的各项费用进行精准计算和管理，从而提高物流运作效率和控制成本。

6. 决策支持系统

决策支持系统能够实现对物流运作数据的统计和分析，为决策者提供决策所需的数据、信息和背景材料，帮助明确决策目标和进行问题识别，提供各种备选方案，并对各种方案进行评价和优选，为正确决策提供必要的支持。

物流信息系统已经成为现代物流管理不可或缺的手段，对于物流企业的管理和提升企业竞争力具有重要意义。通过物流信息系统的全面应用，物流企业可以提升物流效率和服务质量，实现经济效益和社会效益的双赢。

二、任务实施

（1）小组工作计划与任务分工。

（2）案例名称：________________________

物流信息系统功能描述列如下表。

(3)案例名称:______________________

物流信息系统功能描述列如下表。

(4)两个案例中物流信息系统的功能差异。

(5)成果展示。

（6）反馈。

三、任务评价

“物流信息系统认知”任务评价表

项目组			成员				
评价标准	评价项目	评价要素	分值	小组自评（20%）	他组评价（30%）	教师评价（50%）	合计
	学习纪律与行为素养	出勤情况；衣着仪表；行为秩序；5S 素养	20				
	学习方法与参与过程	学习方法是否得当；能否进行有效信息检索；是否养成了探究学习、自主学习的习惯；能否处理好合作学习和独立思考的关系	30				
	任务实施过程与结果	任务实施过程是否规范，是否掌握必备专业知识与技能；能否认真分析问题、解决问题并创新问题；是否具备较强的信息处理能力并能条理清晰表述成文	30				
	协作交流与分享	与教师、同学之间能否相互尊重、理解，进行适时、多向的信息交流；能否发表个人见解并提出有意义、有价值的意见或建议；能否认真倾听、协作分享	20				
合计			100				

知识拓展

扫码进行学习。

思政课堂

请扫码学习:智慧物流,大数据技术在物流行业的应用与前景。

"1+X"考证拓展与提升(六)

学习途径

物流管理"1+X"证书所有考试相关软件均免费提供,包括考纲、模拟试题、串讲视频、考核系统和练习系统等。

物流管理"1+X"证书经过4年积累,形成了丰富的"1+X"数字化资源,资源形式包括电子书橱、课件PPT、数字化教学指导、仿真、动画、视频、微课、直播等,支持各试点院校的有针对性地开展复习指导。

为让考生熟练使用考试平台,不因技术操作问题影响考试,试点期间免费开放模拟考练习平台,供试点院校的老师和学生练习使用。模拟考练习平台包含初级、中级、高级模拟练习题、实操录单等。

1. 基础理论考核/综合应用考核练习

登陆模拟练习系统:test.clppx.org.cn。在模拟练习平台上通过组卷给考生进行模拟基础理论考核综合应用考核的练习。

2. 实操考核练习

登陆考务系统:kw.clppx.org.cn,下载实操模拟账号和试题,即可进行实操部分的模拟练习。模拟账号可以进行手持的练习,也可以进行录单部分的练习。用实操模拟账号登录电脑考试端进行录单部分练习,登录手持考试端进行手持部分练习。

同时,北京中物联物流采购培训中心邀请核心导师团队针对"1+X"考核内容(《物流与供应链职业基础》《物流管理职业技能等级认证教材》(初级)《物流管理职业技能等级认证教材》(中级)《物流管理职业技能等级认证教材》(高级)4本教材的内容)、考试难点等内容串讲并录制成线上课程。此部分内容试点院校老师、学生可免费在线观看。

项目七
电子商务物流体验

本项目共有四个任务,亲爱的同学们,现在让我们通过任务的学习,走进并体验电子商务物流吧!

项目导入

电子商务物流已经成为我们日常生活中不可或缺的一部分。每天都有无数的包裹从线上购物平台发出,穿梭在物流网络中,通过快递最终送达我们手中。电子商务和物流的结合,不仅可以提升商品交易的效率和质量,还可以为消费者带来更加便捷的线上消费体验。通过参与这个项目的学习,我们将了解电子商务与物流的关系,初步认知快递服务,熟悉快递客服的作业流程,了解快递运营过程中的法律问题。电子商务物流体验项目将为大家提供全方位、深入的了解电子商务物流的机会,开阔大家的视野,提高大家的实践能力,为未来的职业发展奠定坚实基础。接下来让我们一起投身于这个富有挑战性和趣味性的学习旅程吧!

头脑风暴

在最近的一次电子商务购物经历中,你对物流服务有哪些期望和要求?如果有改进的空间,你会提出什么建议?

知识目标

1. 明确电子商务物流的概念,了解电子商务和物流之间的紧密关系;
2. 了解快递企业及行业发展现状,掌握快递处理的基本流程;
3. 理解快递客户服务的概念,明确快递客服人员应该具备的素质技能要求;
4. 了解快递运营中的法律问题,明确快递服务各方当事人在法律层面上的责任和义务。

能力目标

1. 能够快速识别快递处理的业务内容,掌握快递处理业务的操作流程;
2. 具备问题解决能力,能够分析和解决客户提出的问题和投诉,并及时寻找合适的解决方案;

3. 能结合快递客户服务岗位的专业素养要求及个人理想，对未来职业发展进行合理规划。

素质目标

1. 培养、强化学生对电子商务物流领域的兴趣和探究精神；
2. 培养学生良好的职业素养，提高学生与他人进行有效沟通和解决问题的能力；
3. 强化学生在快递服务过程中的法律意识。

任务一　揭秘电子商务与物流的纽带

小明是一名忙碌的学生，需要购买一本新的教科书。但是，他没有时间去实体书店购买这本书。于是，他选择了在线购物，在网上找到了所需的教科书，并将其添加到购物车中，下单后快递送货，预计会在两天内送达。

那么，你能否和小明一起体验一下这个电商购物的过程，对于电商物流你的真切感受是什么？又能提出哪些具体建议呢？

一、知识准备

（一）电子商务物流概念

电子商务物流是基于传统物流并结合电子商务中信息流、商流、资金流的特点提出的。它是物流在电子商务环境下一种新的表现方式（图 7-1）。电子商务物流提供的是一种综合性物流服务，涉及更广泛的业务范围，包括咨询服务、确认客户需求、网站设计与管理、客户集成方案实施等网上前端服务，以及订单管理、仓储与分拨、配送与交付、退货管理、客户服务、数据分析处理等后端服务，能够为客户提供系统集成服务解决方案。

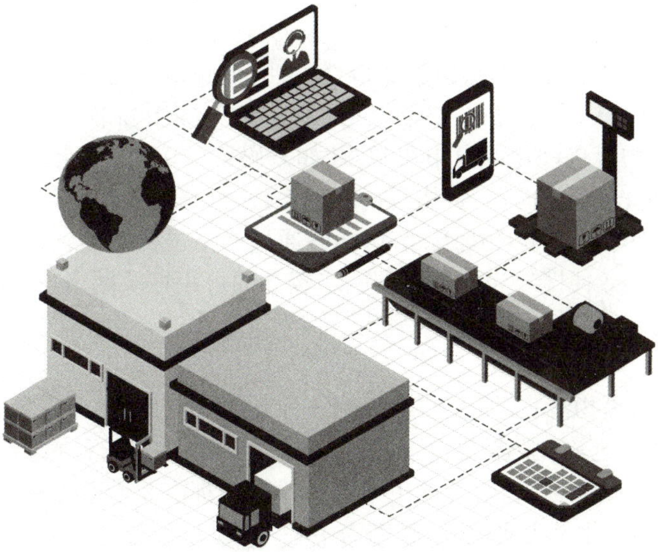

图 7-1　电子商务物流

（二）电子商务与物流的关系

电子商务是网络经济和现代物流一体化的产物（图 7-2），要使虚拟的网络电子货币能买到现实的物品，离不开物流，没有一个高效、合理、畅通的物流系统，电子商务所具有的优势就难以得到有效的发挥。同时，电子商务的出现会强化物流的作用，促使物流系统进一步完善，也大大地加快了物流产业的发展步伐。电子商务与物流管理之间是互惠互利的关系，电子商务的高速发展带动了物流的发展，物流也为电子商务的发展提供了支持，是实现电子商务的保证，同时也影响电子商务的运作质量。

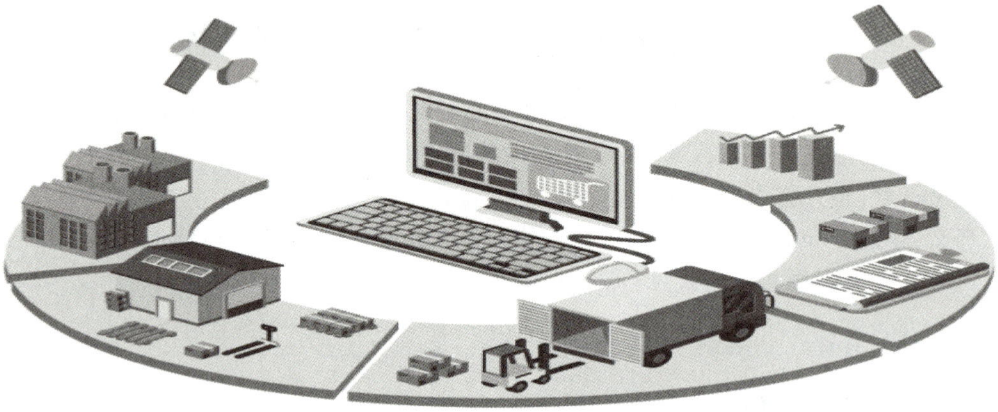

图 7-2　电子商务与物流紧密联系

（三）电子商务物流的特点

（1）信息化。在电子商务时代，物流信息化是对电子商务的必然要求。物流信息化表现为物流信息的商品化、物流信息收集的数据库化和代码化、物流信息处理的电子化和计算机化、物流信息传递的标准化和实时化、物流信息存储的数字化等。信息化是一切的基础，没有物流的信息化，任何先进的技术设备都不可能被应用于物流领域，信息技术及计算机技术在物流中的应用彻底改变了物流的面貌。

（2）自动化。自动化的基础是信息化，自动化的核心是机电一体化，自动化的外在表现是无人化，自动化的效果是省力化，自动化还可以提高物流作业能力和劳动生产率，减少物流作业的差错等。物流自动化的设施非常多，如条码 / 语音 / 射频自动识别系统、自动分拣系统、自动存取系统、自动导向车、货物自动跟踪系统等（图 7-3）。

（3）网络化。在电子商务环境下，信息能够通过网络进行传递，这使得原本费时费力的物流信息传递变得高效便捷。当今互联网网络资源的可用性及网络技术的普及为物流的网络化提供了良好的外部环境，物流的网络化是物流信息化的必然结果，是电子商务物流活动的主要特征之一。

（4）智能化。这是物流自动化、信息化的一种高层次应用，物流作业过程大量的运筹和决策，如库存的确定、运输（搬运）路径的选择、自动导向车的运行轨迹和作业控制、自动分拣机的运行、物流配送中心经营管理的决策支持等问题都需要借助于智能物流系统。

（5）柔性化。柔性化是为实现以“顾客为中心”的理念而在生产领域提出的，柔性化的物流正是适应生产、流通与消费的需求而发展起来的一种新型物流模式。这就要求物流配送中心要根据消费需求“多品种、小批量、多批次、短周期”的特色，灵活组织和进行物流作业。

图 7-3　物流自动化

（四）电子商务物流的模式

电子商务物流的模式可以分为自营物流、第三方物流、物流联盟和第四方物流等。第三方物流、物流联盟和第四方物流又同属于物流的外包业务，第四方物流是由第三方物流和物流联盟发展而来的一种新的物流模式。

1. 自营物流

自营物流是指企业自己经营物流业务，建设全资或控股物流子公司，完成企业的物流配送业务，即企业自己建立一套物流体系。目前，我国采用自营物流模式的电子商务企业主要有两类：第一类是资金实力雄厚且业务规模较大的电子商务企业（如京东），这类企业有足够的资金自建物流体系，能够提供更优质的物流服务；第二类是转型电子商务的传统大型制造企业（如海尔）或批发企业，这类企业在长期的传统商务中已经建立起较具规模的营销网络和物流配送体系，在开展电子商务时只需加以改进、完善，即可满足电子商务模式下对物流配送的要求。通过自营物流体系，企业可以掌控整个流程，提高效率，同时也能创造更多的就业机会，为社会的经济增长做出贡献。

2. 第三方物流

第三方物流又称外协物流或合同物流，它以签订合同的方式，在一定期限内将部分或全部物流活动委托给专业物流企业来完成。比如，我们常见的顺丰、申通等快递公司就是专业的第三方物流公司，他们拥有强大的运输网络和先进的物流技术，通过提供专业的物流服务，帮助电商企业解决了物流难题。社会分工的细化促使这种专业物流企业出现，它们利用专业设施和物流运作的管理经验，为顾客定制物流需求计划。第三方物流是物流专业化的重要形式，是实现物流社会化、合理化的有效途径。

3. 物流联盟

物流联盟是以物流为合作基础的企业战略联盟，它是指两个或多个企业之间，为了实现自己物流战略目标，通过各种协议、契约而结成的优势互补、风险共担、利益共享的松散型网络组织。企业之间恰当的联盟可以通过降低系统成本和周转次数来改善运作过程,从而使得设备和资源都可以得到更有效的使用。结合现实生活场景,在一些偏远地区,单一企业承担物流配送的成本过高,多个企业可以通过组建物流联盟,共同使用仓库和运输资源,承担风险,分享利益。

4. 第四方物流

除了上述几种物流模式外,常见的电子商务物流模式还有第四方物流。第四方物流是在第三方物流和物流联盟的基础上发展起来的,它调集和组织自身的,以及具有互补性的服务供应商的资源、能力与技术,如大数据分析、人工智能调度,从而为用户提供一个综合的物流解决方案。

二、任务实施

(1)确定你想要选购的商品是:______________________________

(2)网上购买一件商品,先要到淘宝网、当当网、拼多多或京东商城等电商平台上去查看该商品的情况。经过浏览比较,选定一家网店进行购买。

所以,你需要掌握网上购物的流程、会查看订单状态、了解物流配送过程。

请将你的网上购物步骤展示如下。

(3)任务提交。

①请根据网购流程进行实操;

②将每一步骤的操作画面按照顺序进行截图,整理在一个 Word 文档中,并对每一张图片进行简单说明,以电子邮件附件的形式发给老师记录成绩。

要点:操作流程正确有序,文档中图片说明准确详细。

(4)谈谈你对网上购物过程中物流服务的感受,说说有哪些需要改进的地方。

三、任务评价

"揭秘电子商务与物流的纽带"任务评价表

项目组			成　员				
评价标准	评价项目	评价要素	分值	小组自评（20%）	他组评价（30%）	教师评价（50%）	合计
	学习纪律与行为素养	出勤情况；衣着仪表；行为秩序；5S 素养	20				
	学习方法与参与过程	学习方法是否得当；能否进行有效信息检索；是否养成了探究学习、自主学习的习惯；能否处理好合作学习和独立思考的关系	30				
	任务实施过程与结果	任务实施过程是否规范，是否掌握必备专业知识与技能；能否认真分析问题、解决问题并创新问题；是否具备较强的信息处理能力并能条理清晰表述成文	30				
	协作交流与分享	与教师、同学之间能否相互尊重、理解，进行适时、多向的信息交流；能否发表个人见解并提出有意义、有价值的意见或建议；能否认真倾听、协作分享	20				
合　计			100				

任务二　快递服务初步认知

朋友的生日快到了，你想要送给他一份礼物。但是由于身在不同的城市，需要通过快递将礼物送到朋友手中。你在网上搜索了几家快递公司后，选择了一家信誉度高并且送货速度快的公司，填写好寄件人和收件人信息。

在接下来的几天里，你不断关注礼物的物流信息，看着物流信息上的"已到达 xxx 市""派件中""已签收"等字样，你开始好奇：快递服务是如何实现从寄件到收件的整个过程的呢？他们是如何在短时间内将包裹从寄件地点运输到收件地点，并且保证包裹被准确地送到收件人手中的？

一、知识准备

（一）了解快递与快递服务

1. 快递的含义

快递（Express）又称速递，是指物流企业通过自身的独立网络或以联营合作的方式，通过铁路、公路和航空等运输方式，对客户货物进行快速投递。从产业经济类别看，快递是物流的一个子行业；从业务运作看，快递是一种新型的物流方式。

2. 快递服务及特点

快递服务（Express Service）是指快速收寄、分发、运输、投递（派送）单独封装的、具有姓名和地址的信件、包裹以及其他不需要储存的物品，按照承诺时限递送到收件人或指定地点，并获得签收的寄递服务。

可以看出，快递服务是“门到门”“桌到桌”的便捷服务，时限和安全是快递服务价值的核心。为此，快递服务需要具有完善、高效的服务网络和合理的覆盖网点，能够提供业务全程监控和实时查询。同时，快递服务要求快件须单独封装、具有名址、重量和尺寸限制，并实行差别定价和付费结算方式。

（二）认识快递业

快递业是指承运方，即物流企业（含货运代理）通过铁路、公路、航空等交通方式，用自身独立网络或以联营合作（即联网）以及一些专用工具、设备和应用软件系统，对快件进行揽收、分拣、转运、投送等处理，以较快的速度将特定的物品运达指定地点或目标客户手中，实现从发件人送达收件人的门到门（手递手）的新型物流活动、运输服务。

受益于电子商务市场的飞速发展，中国快递行业在短短几十年内取得了巨大的发展，成为备受瞩目的行业之一，它不仅为企业和个人提供了便捷的物流服务，也在一定程度上推动了中国经济的发展，并创造了大量就业机会。近年来，我国经济稳步发展，在《关于促进快递业发展的若干意见》等政策出台的推动下，我国现代快递服务行业已经发生了翻天覆地的变化，中国快递服务行业业务量保持稳定上升的趋势，2022 年中国快递业务量达 1 105.8 亿件，同比增长 2.11%。随着中国快递市场的迅猛发展，一大批优秀的企业纷纷入局，导致近年来中国快递市场竞争不断加剧。目前，中国快递行业头部企业主要包括顺丰速运、京东物流、“三通一达”（圆通、申通、中通、韵达）、极兔等，年均业务量都已超过百亿件规模。2022 年，中国快递基础设施投入持续加大，服务能力不断增强，各营业网点达到 43.4 万处，拥有国内快递专用货机 161 架，拥有运输汽车 36.8 万辆。

（三）快递业务类型

快递业务按照运输方式和对象的不同，通常可以分为不同的快递服务类型，具体如下。

（1）按内件分为信件类快件、包裹类快件。

（2）按快件到达范围分为同城快递、国内异地快递、国际快递。

（3）按服务时限可分为以下几种。

①标准服务快件：同城不超过 24 小时，异地不超过 72 小时。

②承诺服务时限快件：当日达、次晨达、次日达、隔日达。

③特殊要求时限快件：在服务时限承诺标准之外的客户的个性化寄递服务。

（4）按赔偿责任可分为以下几种。

①保价快件：寄递快件时客户除交纳运费外，还按照声明价值的费率交纳保价费。当快件寄送途中发生意外时，向快递公司索赔。

②保险快件：客户除交纳运费外，还向快递企业指定的保险公司投保。当快件发生意外时，向保险公司索赔。

③普通快件：《中华人民共和国邮政法》及其实施细则规定，对没有保价的普通类包裹邮件按照实际损失价值进行赔偿，最高额度不超过本次邮寄费的 5 倍（快递企业一般按此

办理)。

(5)按运输方式可分为以下几种。

①航空快运:由于运输方式快捷,已经成为快运的最常用方式之一。

②公路快运:目前运输量最大的快运方式。

③铁路快运:运量大、安全、准时。

(四)快递服务的基本流程

1. 电子商务快递运作的四大环节

快递服务是个有机的整体,按照快递业务运行顺序,每一票快件都要经过快件收寄、快件处理、快件运输和快件派送四大主要的作业环节,收寄是传递的始端,派送是终端,中间环节是运输中转,而在收后、派前都要进行分拣封发处理。快递四大环节流程图如图 7-4 所示。

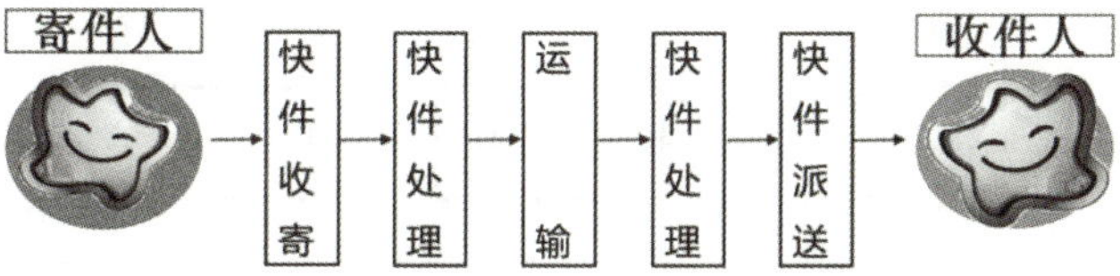

图 7-4 快递四大环节流程图

(1)快件收寄。快件收寄是快递流程的首要环节,是指快递企业在获得订单(电话下单或网上下单)后由业务员上门服务,完成从客户处收取快件和收寄信息的过程。快件收寄分为上门揽收和网点收寄两种形式。业务员在进行快件收寄时的任务是验视快件、指导客户填写运单和包装快件、计费称重、快件运回、交件交单等工作。

(2)快件处理。快件处理包括快件分拣、封发两个主要环节,是快递流程中贯通上下环节的枢纽。在这个环节,快件处理人员须按客户运单填写的地址和收寄信息,将不同流向的快件进行整理、集中,再分拣并封成总包发往目的地。

(3)快件运输。快件运输是指在统一组织和指挥调度下,按照运输计划,综合利用各种运输工具,将快件迅速、有效地运达目的地的过程。目前,快件运输主要包括航空运输、公路运输和铁路运输三种方式:航空运输主要依托航空公司和机场,为客户提供个性化的航空运输延伸服务,由于运输快捷,成为远途快递最常用的方式,尤其是在国际快件运输方面发挥了主要作用;公路运输是目前运输量最大的快件运输方式,国内异地和同城快递基本使用这一方式;铁路运输通过行李车快运,由于运量大、安全、准时,因此适用于大件物品和一些航空禁运物品的远途运输。快递企业可根据快件的时效与批量等实际要求,选择合适的运输方式来保证快速、准确地将快件送达客户。

(4)快件派送。快件派送是指业务员按运单信息上门将快件递交收件人并获得签收信息的过程。快件派送是快递服务的最后一个环节,具体工作包括进行快件交接、选择派送路线、核实用户身份、确认付款方式、提醒客户签收、整理信息和交款等多项工作。

2. 电子商务快递业务运作流程

正常的快递业务操作可分为:收件、发件、到件、派件(异常快件可能还涉及退件、留仓、转件等业务)动作,根据快件的流转环节可区分为:寄件客户、收件站点、分拨中心(可能经过多级分拨）、派件站点、收件客户。

以下是快件转运环节示意图（图 7-5），通过它我们可以对快递企业业务运作流程有一个更直观的认识。

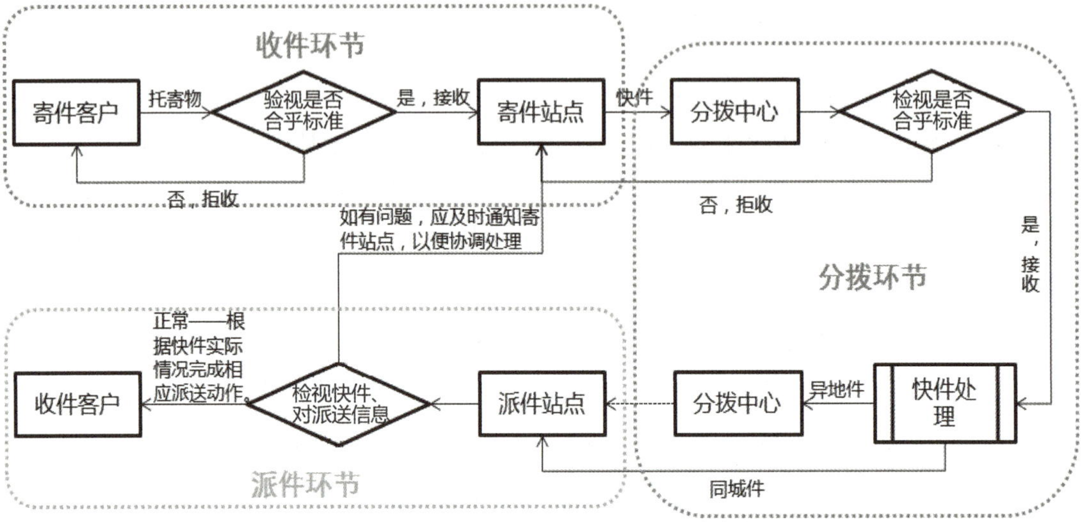

图 7-5　快件转运示意图

根据业内情况调研，一般快递公司业务运作流程如下。

（1）一般快递企业都会提供电话、互联网等多种方式接收寄件人的寄件要求。所以，快递业务下单通过可以通过快递公司客服电话下单，也可以在快递公司官网在线下单。

（2）快递公司收到并确认订单业务时，会根据客户要求分配收件员做好上门取货工作，或者是客户选择亲自到快递营业网点寄发快件。对寄件人交寄的信件和物品，收件员会进行验视有无违规，是否在公司派送范围之内。经确认没有问题，收件员就会根据客户快件要求进行规范包装，并指导客户正确、清楚填写运单，然后称重计费并结清快递费用。最后，收件员会提供结算的票据以及快递运单底单一份给发件人。

（3）收件员取回客户快件，由各营业网点进行收件扫描和录单操作，对货物进行入库信息登记，这便意味着客户托寄货物已正式进入快递公司网络，发件人凭借运单号即可通过网络对在途货物进行全程追踪和查询。

（4）快递货物经收件营业网点会统一送达收件地分拨中心，由分拨中心业务人员对快件进行统一分拣和验收，对分拣、验收符合标准的快件，由收件地分拨中心装包和扫描后，再进行装车与封车，并将快件运往目的地分拨中心。

（5）目的地分拨中心收到快件进行到件扫描，意味着快件已经中转至目的地，然后，目的地分拨中心会对快递件再次分拣，再由分拨中心发往派件营业网点，

（6）各快递营业网点对已到达站内的快件会在派送前进行条码扫描，该扫描意味着快件即将派送到客户处。扫描成功之后，按照收件地点，快件会被统一分配并放进派件地点对应的货架，再由派件员对自己负责配送的区域快件进行统一配送。

（7）派件员按照派件地点将快件送交收件人处，收件人经确认货物完好无缺后完成签

收，这样整个快递服务流程即告结束。

二、任务实施

1. 以小组（2~4 人）为单位，说出电子商务快递运作流程。请结合所学知识，对图 7-6 所示某快递公司“快件基本运作流程”做出正确、完整的描述和解释。

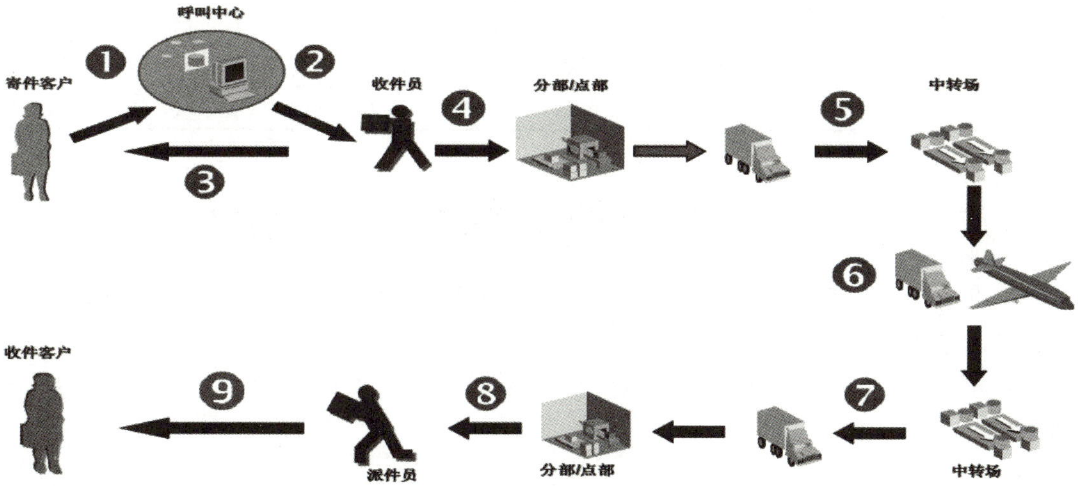

图 7-6　某快递基本运作流程

2. 能缮制快递业务流程简图。以下是某快递一份有待补充完善的快递业务流程简图（图 7-7），请结合所学内容，将其填充完整。

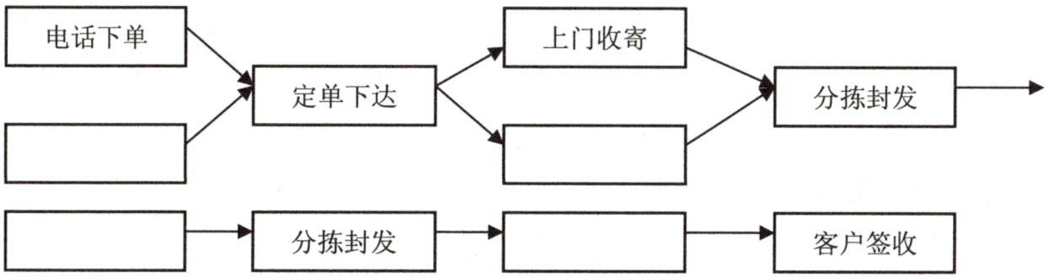

图 7-7　某快递业务流程简图

三、任务评价

"快递服务初步认知"任务评价表

项目组		成 员					
评价标准	评价项目	评价要素	分值	小组自评（20%）	他组评价（30%）	教师评价（50%）	合计
	学习纪律与行为素养	出勤情况;衣着仪表;行为秩序;5S 素养	20				
	学习方法与参与过程	学习方法是否得当;能否进行有效信息检索;是否养成了探究学习、自主学习的习惯;能否处理好合作学习和独立思考的关系	30				
	任务实施过程与结果	任务实施过程是否规范,是否掌握必备专业知识与技能;能否认真分析问题、解决问题并创新问题;是否具备较强的信息处理能力并能条理清晰表述成文	30				
	协作交流与分享	与教师、同学之间能否相互尊重、理解,进行适时、多向的信息交流;能否发表个人见解并提出有意义、有价值的意见或建议;能否认真倾听、协作分享	20				
合 计			100				

任务三　了解快递客服的主要工作内容

小明收到了他在网上购买的一件重要物品,但是当他打开快递包裹时,发现物品有明显的损坏,担心物品不能正常使用,小明决定立即联系快递公司的客服寻求帮助。他拨通了客服热线并接通了一位快递客服人员,假如你是该快递客服人员,请问你会如何解决小明的问题?

一、知识准备

(一)快递客服岗位

快递客服是连接快递企业与客户之间关系的纽带与桥梁,快递公司客服基本分成两大类:呼叫中心型和综合服务型。目前很多快递企业都设有自己的呼叫中心,客户服务人员座席是公司的窗口,主要用于电话接单、信息查询、客户咨询、客户投诉、客户回访等,因此,呼叫中心客服也是快递企业的重要岗位之一。良好的客服形象可以给客户传递一种信息,即优质的产品与卓越的服务,对于提升企业形象,促进企业业务开发具有重大意义。

(二)快递行业客服岗位的要求

(1)专心敬业,诚实守信是一名优秀的客服人员不可或缺的品质。专心敬业的客服人员会认真倾听客户的问题和需求,诚实守信能够促进长期的客户关系,提升客户的整体体验。

(2)热爱快递行业,具有强烈的客户服务意识非常重要。客服人员需要以客户的需求和满意度为首要任务,对行业的热爱会转化为对工作的积极态度,可以激励客服人员更加投入、努力。

（3）语言规范，语速适中在快递客服工作中十分关键。规范的用语可以减少沟通中的歧义和误解。语速适中可以确保客户能够更好地理解客服人员所传达的信息，从而提高沟通效率。

（4）善于沟通，灵活应对是快递客服需要掌握的核心技能。沟通的质量直接影响到客户关系的建立，客服人员要能够根据客户的具体情况，调整服务方式和解决方案，提供个性化的服务体验。

（5）熟悉快递行业管理工作和公司业务操作流程是至关重要的。深入了解行业相关法律法规和标准，熟悉公司的业务操作流程，能够提升客服人员的专业性，确保问题得到有效解决。

（6）忍耐与宽容是优秀快递客户服务人员必备的重要美德。尤其在处理客户投诉时，面对客户的情绪化言辞和不满情绪，忍耐宽容的品质能够帮助客服人员保持理性，有助于提升客户的满意度。

（三）快递客服基本办公礼仪

（1）工作时必须精神饱满、面带微笑、温文有礼、举止端庄大方，并保持良好的工作态度。

（2）工作期间必须使用普通话，力求语音标准、吐字清晰，准确使用服务规范用语，不得使用服务忌语。

（3）淡妆上岗、统一着装，工作服必须保持干净整齐的状态。

（4）每日早班上岗后，务必打扫工作台周围的环境卫生，工作台和各种服务设施上不能有尘土，物品码放要美观、整齐。

（5）工作期间，要求一直佩戴耳麦（图 7-8），下班后将耳麦放在支架上。

图 7-8　工作期间戴上耳麦

（四）快递客户投诉类型

快递客户投诉一般分为业务投诉和服务态度投诉。

（1）业务投诉。业务投诉主要针对公司业务销售或运作上的差错而引起的投诉，主要分为：货损、货差、时效延误、财务、理赔、价格、信息、问题差错及其他类型投诉等，具体如表 7-1 所示。

表 7-1 业务投诉

业务投诉类型	投诉事项
货损类投诉	货物潮湿、外包装破损、内物破损
货差类投诉	公司内部丢货、汽运网点丢货、空运网点丢货
时效延误类投诉	中转不及时、分拨不及时、配载不及时、通知提货不及时、送货不及时、接货不及时
财务类投诉	佣金、代收货款、发票、税金
理赔类投诉	理赔时效不及时、理赔结果不满意
信息类投诉	手机信息反馈错误、无信息反馈、GPS 信息反馈错误
业务差错类投诉	开单差错、分批配载、标签差错、承诺不兑现、信息反馈不及时、虚假签收、货物被冒领

(2)服务态度投诉。服务态度投诉主要针对公司服务人员的服务品质、语言、行为、态度方面等服务礼仪不满而引起的投诉。

(五)快递客服人员面对客户投诉时的处理要求

(1)耐心倾听客户的抱怨。耐心倾听,听客户把要说的话说完,给对方一个彻底发泄牢骚的机会,以舒缓客户的情绪。千万别打断对方为自己辩解、否定对方或与对方争吵,把注意力集中于对方传递的信息而不是某些难听的字眼或是粗鲁的声调,从而保持自己的客观性。

倾听纠纷发生的细节,认真了解事情的每一个细节,然后确认问题的症结所在,并利用纸笔将问题的重点记录下来。

(2)想方设法稳定客户的情绪。无论谁是谁非,给客户带来方便或者不悦,都需要道歉。要先解决情绪再解决事情,心平气静才能做出适当的解释,才能更好地解决问题。

客户投诉陈述完毕后,受理人员要归纳、复述其大意,“嗯,如果我没理解错的话……”或者:“您是不是说……”取得客户确认。

(3)设身处地,学会换位思考。有换位思考的意识,勇于承担自己的责任。当客户的利益受到损失时,着急是不可避免的,甚至会有一些过分的要求。作为客服人员此时应能承受压力,面对客户始终面带微笑,并表现对问题的高度关心,承诺立即着手处理该问题。对于较小的投诉,自己能解决的应马上答复客户;对于当时无法立即解答的问题,要及时向客户反馈处理进度并跟进。

(4)迅速采取行动。纠纷出现后要用积极的态度去处理,解决问题要快速,紧急的感觉会令客户心理有所平衡,舒缓他们的情绪。如果是本方的失误,首先要代表公司表示道歉,并站在客户的立场上为其设计解决方案。对问题的解决,必须及时向客户发送正式的解决方案和处理结果确认。确保客户对解决方案的理解,并邀请客户参与后续的满意度调查,以进一步改进服务质量和客户体验。

(六)客户投诉处理服务规范

1. 客户投诉处理基本要求

(1)快递企业应提供畅通的客户投诉渠道。客户投诉渠道包括网络平台、信函、现场接待、电话等。

（2）填写“客户投诉记录表”。客户投诉记录表应该详细记录客户名称、地址、联络电话以及投诉内容。

（3）即时答复客户投诉问题。对能够即时答复的问题，应立即答复；不能即时答复的问题，要及时转告负责处理投诉的责任部门，该部门应立即告知客户收到投诉，并告知答复时间。

（4）判断投诉的性质与类型。

①对于非客户原因造成的丢失、短少、损毁、逾限问题，明确表示承担责任，并向客户解释道歉；如涉及赔偿事宜，则进入理赔程序；

②对于服务中的态度、语言问题，要立即承认，向客户赔礼道歉，并向其征询改进意见；

③对无理由投诉，态度和语气要平和，讲清道理和现有制度规定，做好客户的解释和安抚工作；

④遇有难以独立处理的投诉，应会同相关部门共同处理，不拖延，不推诿，不隐瞒。

（5）投诉处理要制定处理时限。对于规定时间内未处理妥善的需将投诉升级，同时告知投诉人事件处理进度并跟踪到底，在承诺客户回复时效内回复投诉人。

（6）客户投诉处理完毕及时通知对方。客户投诉一旦处理完毕，必须立即通知对方，并确认得到妥善解决。

2. 客户投诉处理的流程

客户投诉处理的流程，体现着企业客户投诉管理制度的严谨性。客户投诉处理流程一般如图 7-9 所示。

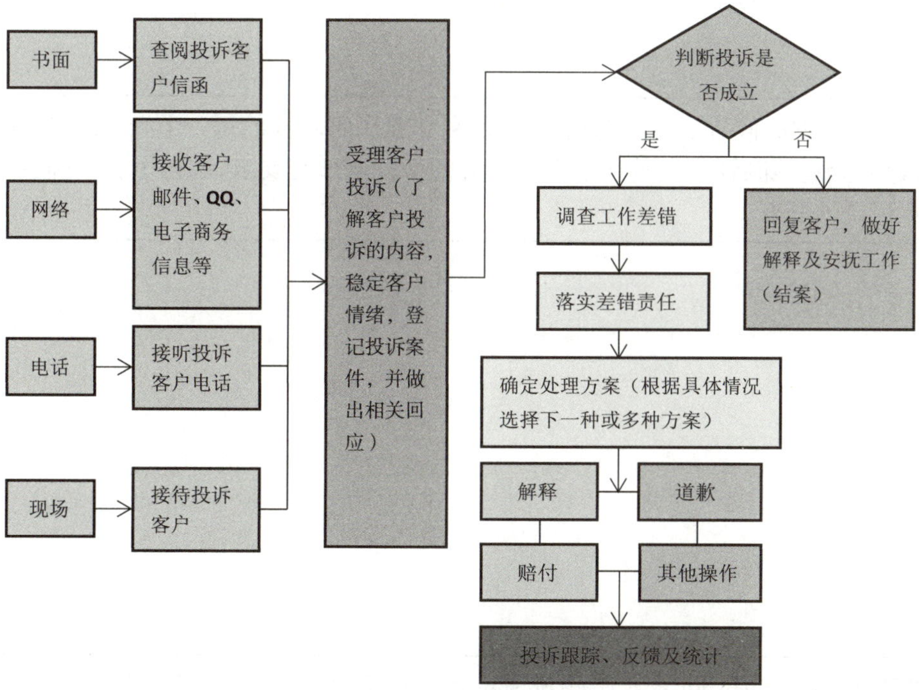

图 7-9　客户投诉处理流程

二、任务实施

(1)同桌两人为一组,根据成员特点,进行职责分工。

小组成员名单	成员身份	职　责	备　注
	快递客服	接待客户,处理投诉	
	快递顾客	描述情景,提出诉求	

(2)角色扮演分工。

同学 A:小明(客户)　　　　同学 B:快递客服

(3)同学 A 联系生活实际,描述案例情景,提出诉求,并简要记录如下。

(4)同学 B 耐心倾听了客户的抱怨和投诉,认真了解事件的每一个细节,然后向客户进行了真诚地道歉。随后归纳、复述了客户投诉的事件情形与要求,取得了客户确认,并将问题的重点记录了下来。

在客户投诉过程中,同学 B 始终表现对问题的高度关心,并承诺会立即着手处理该问题,而且在问题处理过程中他会随时与客户保持联系,直至问题解决为止。该如何解决快递顾客遇到的问题？请将步骤归纳如下。

（5）登台模拟、展示快递客户投诉处理情景，你对快递客服工作有何感想请做以小结并记录如下。

三、任务评价

“了解快递客服的主要工作内容”任务评价表

<table>
<tr><td>项目组</td><td colspan="2"></td><td>成　员</td><td colspan="4"></td></tr>
<tr><td rowspan="5">评价标准</td><td>评价项目</td><td>评价要素</td><td>分值</td><td>小组自评（20%）</td><td>他组评价（30%）</td><td>教师评价（50%）</td><td>合计</td></tr>
<tr><td>学习纪律与行为素养</td><td>出勤情况；衣着仪表；行为秩序；5S 素养</td><td>20</td><td></td><td></td><td></td><td></td></tr>
<tr><td>学习方法与参与过程</td><td>学习方法是否得当；能否进行有效信息检索；是否养成了探究学习、自主学习的习惯；能否处理好合作学习和独立思考的关系</td><td>30</td><td></td><td></td><td></td><td></td></tr>
<tr><td>任务实施过程与结果</td><td>任务实施过程是否规范，是否掌握必备专业知识与技能；能否认真分析问题、解决问题并创新问题；是否具备较强的信息处理能力并能条理清晰表述成文</td><td>30</td><td></td><td></td><td></td><td></td></tr>
<tr><td>协作交流与分享</td><td>与教师、同学之间能否相互尊重、理解，进行适时、多向的信息交流；能否发表个人见解并提出有意义、有价值的意见或建议；能否认真倾听、协作分享</td><td>20</td><td></td><td></td><td></td><td></td></tr>
<tr><td colspan="3">合　计</td><td>100</td><td></td><td></td><td></td><td></td></tr>
</table>

任务四　熟悉快递运营法务

小刘花了 3 000 多元网购了一台 IPAD，快递员与他电话联系送货时，小刘表示自己在外地暂时无法签收，希望推迟一周再送货。快递员表示，根据快递条款的约定，收货人在接到收货通知后最迟应在 3 日内签收，超过期限未收货，要支付超出天数的仓储费和保管费。无奈，小刘便电话联系单位门岗保安老王，请他代为签收。

老王签收后将包裹放在了门岗处，并告知小刘过两天自己要轮休，提醒小刘及时将快递取走。一周后，小刘回来，到门岗处找寻自己的包裹时，包裹却不知所踪。由于保安岗亭处没有安装摄像头，小刘也无从查证是谁拿走了包裹。小刘心有不甘，希望可以要求快递公司和保安老王共同承担赔偿责任。请问谁应当承担包裹遗失的赔偿责任呢？

一、知识准备

（一）快递服务合同

快递服务合同是寄件人与快递服务组织之间订立的关于快递服务活动中双方权利义务关系的协议。

1. 快递服务合同的法律特征

（1）快递服务组织必须是已获得快递服务经营许可的企业法人。

（2）合同的标的是快递服务组织的快递服务。

（3）快递服务合同是双务、有偿合同。

（4）一般采取格式条款形式订立合同。

2. 形式及条款

快递运单是快递服务合同的主要形式。快递运单由快递服务组织在收取快件时向寄件人签发，正面反映的是快递服务的基本信息，背面列明的是快递服务条款，如表 7-2 所示。这些构成了快递服务合同的核心内容。

表 7-2　快递运单核心内容

运单项目	具体内容
寄件人信息	名称、地址、单位、联系电话
收件人信息	名称、地址、单位、联系电话
快递服务组织信息	名称、标识、联系电话
快件信息	品名、数量和重量、价值、封装形式
费用信息	计费项目及金额、付款方式、是否保价（保险）及保价（保险）金额
时限信息	收寄时间、投递时间
约定信息	双方约定事项，包括产生争议后处理途径，寄件人对快递运单信息的确认
背书信息	查询方式与期限，寄件人和快递服务组织双方的权利与责任，包括寄件人和快递服务组织产生争议后的解决途径、赔偿的有关规定

采用格式条款订立快递服务合同的注意事项如下。

(1)快递服务组织应遵循公平原则确定双方当事人的权利义务,合理设置合同内容。

(2)快递服务组织应采用合理方式提请寄件人注意免除其责任或限制其权利的条款。

(3)按照寄件人的要求对格式条款进行说明。

(4)免除快递服务组织责任、加重寄件人或收件人责任、排除寄件人或收件人主要权利的格式条款无效。

(5)对格式条款的理解发生争议的,应当按照通常理解予以解释。

(6)就以下事项进行免责的格式条款无效:

①造成对方人身伤害的;

②因故意或重大过失造成对方财产损失的。

(二)寄件人的权利和义务

1. 寄件人的权利

(1)对快递服务组织的给付请求权。给付请求权是指请求债务人按照合同的约定或法律的规定履行义务的权利,是债权人实现权利、取得利益的基本方式。在快递服务合同中,寄件人与快递服务组织签订快递服务合同的目的是通过快递服务组织将快件快速完好地递送至收件人处,从而清偿自己在基础合同中对收件人承担的交付义务。快递服务合同生效后,寄件人有权请求快递服务组织及时将快件送到收件人手上。

(2)对快递服务组织的损害赔偿请求权。"第三人利益合同的解除不影响损害赔偿请求权,允诺人或受诺人在因对方过错造成合同解除而遭受损害之时,可请求对方损害赔偿。"既然寄件人有向快递服务组织请求向收件人给付的权利,如果快递服务组织不履行义务,寄件人可以寻求司法救助。

(3)合同解除权。在由于快递服务组织违约引起法定或约定的合同解除条件出现时,寄件人可以行使合同解除权,但是由于收件人是利益第三人,此时寄件人行使合同解除权不能随意而为,应该取得收件人的同意。例如,由于大雪封路,原定在 3 日内到达的快件可能要 15 日才能送达,此时寄件人需征得收件人同意后才能取消运输,解除快递服务合同。因为不排除收件人并不着急收取快件,愿意等待 15 日而并非解除该合同。

(4)查询权。《中华人民共和国邮政法》规定,用户交寄邮件后,对国内邮件可以自交寄之日起一年内持收据向邮政企业查询,对国际邮件可以自交寄之日起 180 日内持收据向邮政企业查询。

2. 寄件人的义务

(1)告知义务。寄件人应向快递服务组织准确、如实地告知收件人和所需寄送物品的基本情况(如收件人的姓名、地址、联系方式,快件内物的名称、数量等内容),否则所产生的法律后果由寄件人自行承担。

(2)合理包装义务。寄件人应按照国家相关规定对所需寄递的物品进行合理包装。

(3)向快递服务组织交付快件并接受验视。寄件人不得寄递快递行业主管部门及其他行政管理部门规定的禁、限寄物品,否则快递服务组织有权拒绝收寄。

(4)在寄付快递服务合同中,寄件人还负有支付快递服务费用的义务。

(5)在将快件交寄后应及时通知收件人,并将快递服务组织名称和运单编号告知收件人,以便收件人行使权利。

(6)在快递服务组织履行完毕递送交付义务之前,有协助收件人查询、督促的义务。

(三)快递服务组织的权利和义务

1. 快递服务组织的权利

(1)收取快递服务费的权利。快递服务组织提供了快递服务,有权按照相关规定收取合理的快递服务费,这也是快递服务组织订立快递服务合同、提供快递服务的最终目的。

(2)拒绝返还快递服务费的权利。当收件人无故拒绝受领快件而快递服务组提供快递服务没有任何过错时,快递服务组织有权拒绝返还快递服务费。

(3)留置权。快递服务组织当未收到快递服务费,或快递服务合同无效或被撤销时,对快件享有留置权。

2. 快递服务组织的义务

在快递服务合同中,快递服务组织提供的快递服务主要有收寄快件、运输快件和投递快件三个环节,在不同环节中具有不同的给付义务。

(1)在收寄环节中的义务。根据《邮政法》和《快递业务操作指导规范》相关规定,快递服务组织在收寄快件时有对快件进行验视的义务。实际上,对快递服务组织而言,验视寄件人交寄的快件既是一种义务,又是一种权利。

(2)在运输环节中的义务。在此环节中,快件会被分拣、封发、装载和运输,不管处于何种处理进度中,快递服务组织均有对快件谨慎规范处理、妥善恰当保管的义务。如果在运输环节中发生了快件毁损、灭失等情形,如图 7-10 所示,快递服务组织应承担相应的赔偿责任。同时,在快件未经收件人签收、快递服务合同未履行完毕时,快递服务组织还有遵从寄件人指示的义务。因为根据法律的相关规定,此时快件的所有权依然归寄件人所有,寄件人可以随时改变指示,但应承担快递服务组织由于该指示受到的损失。

图 7-10　快件毁损

(3)在投递环节中的义务。此环节中,快递服务组织的义务主要有以下几点。

①按照约定安全、快捷、及时地将快件递送给收件人并获得签收。

②及时通知收件人收取快件,并允许收件人当面验收快件内物。快件的递送与交付是快递服务组织履行快递服务合同的主要环节,《快递业务操作指导规范》以及新出台的快递服务国家标准都明确规定了快递服务组织有告知收件人当面验收快件、查看内容物的义务。

③收件人未能及时收取快件的,免费为其再次递送。根据我国快递服务行业标准和国家标准的相关规定,收件人第一次因故未能及时收取快件的,快递服务组织应该免费至少为其再递送一次。收件人两次仍未收取的,快递服务组织可以代为保管或要求其到业务网点

自行领取。收件人仍需要快递服务组织上门投递的,快递服务组织可以向其收取额外费用,但应事先将符合国家规定的收费标准予以告知。

(四)收件人的权利和义务

1. 收件人的权利

(1)请求及时投递快件的权利。

(2)签收快件的权利。

2. 收件人的义务

在快递服务合同中,收件人有在快递服务组织与其联系时给予配合、及时受领给付、告知寄件人快递服务组织履约情况、验收快件后签字确认等附随义务在到付快递服务合同中,收件人应在签收快件时或者约定时间内支付快递服务费用。

(五)快递的保价和赔偿

1. 快递保价

所谓保价,是指由寄件人声明货物价值,并支付相应比例的保价费用。保价条款是指约定快递服务合同中寄件人在缴纳运费之外,根据声明价值按照一定比例缴纳保价费,从而在货物出现毁损、灭失时,在所保价值范围内获得足额赔偿的有关条款。保价条款一般约定为:保价货物发生损失的,快递服务组织按照损失与保价金额的比例承担赔偿责任。

快递保价应注意以下事项:

(1)充分尊重当事人的意思,坚持私权自治原则;

(2)快递服务组织者应尽到合理提醒、说明的义务;

(3)寄件人有如实申报货物、价值的义务;

(4)寄件人应及时支付保价费。

2. 快递赔偿

(1)赔偿对象。快递纠纷赔偿对象应为寄件人或寄件人指定的收件人、受益人。

(2)赔偿因素。赔偿因素主要包括快件延误、丢失、损毁和内件不符。

(3)免责事由。免责事由指快递服务组织即快递企业的免责事由,包括以下几种情形。

①因不可抗力造成的损失。不可抗力是法定免责条款。这里的不可抗力指不能预见、不能避免并不能克服的情况,应该以《中华人民共和国民法典》为准。

② 由发件人或收件人的过错造成的损失。根据过错归责原则,不属于快递服务组织者的过错,而是由于发件人或收件人的过错造成的损失,快递服务组织当然不用负赔偿责任。

③ 由于快件本身的自然属性或合理损耗造成的损失。

④超过赔偿时限的。《快递服务》国家标准将赔偿时限规定为一年,自寄件人交递快件之日起满一年未查询又未提出赔偿要求的,快递服务组织可不负赔偿责任。

(4)赔偿范围的确定。快递服务组织与寄件人有约定的应从约定,没有约定的可按以下原则执行。

①快件延误赔偿。延误的赔偿应为免除本次服务费用(不含保价等附加费用)。由于延误导致内件直接价值丧失,应按照快件丢失或损毁进行赔偿。

②快件丢失赔偿。快件丢失赔偿主要包括:快件发生丢失时,免除本次服务费用(不含保价等附加费用);购买保价(保险)的快件,快递服务组织按照被保价(保险)金额进行赔

偿;对于没有购买保价(保险)的快件,按照《中华人民共和国邮政法实施细则》及相关规定办理。

③快件损毁赔偿。快件损毁赔偿主要包括:完全损毁,指快件价值完全丧失,参照快件丢失赔偿的规定执行;部分损毁,指快件价值部分丧失,依据快件丧失价值占总价值的比例,按照快件丢失赔偿额度的相同比例进行赔偿。

④内件不符赔偿。内件不符赔偿主要包括:内件品名与寄件人填写品名不符,按照完全损毁赔偿;内件品名相同,数量和重量不符,按照部分损毁赔偿。

(5)受理赔偿期限。快递服务组织受理赔偿期限应为收寄快件之日起一年内。

三、任务实施

(1)组建三人项目小组,根据小组成员特点,进行团队分工。

小组成员名单	成员特点	小组中的分工	备　注
		搜集快递相关法律资料	
		结合案例情况筛选法条	
		依据法条进行案例分析	

(2)请梳理该案例中存在的法律问题。

____

____

____

____

(3)搜集法律资料。

小组搜集资料的渠道和方法是:________________________________

小组搜集与快递服务相关的法律依据有:

(4)参考法律条款进行案例分析,将小组讨论的结论展示如下。

(5)通过这则案例分析,从快递服务方和客户两个角度谈谈对你有何启发。

____

____

____

____

____

____

三、任务评价

"熟悉快递运营法务"任务评价表

项目组			成　员				
评价标准	评价项目	评价要素	分值	小组自评(20%)	他组评价(30%)	教师评价(50%)	合计
	学习纪律与行为素养	出勤情况;衣着仪表;行为秩序;5S 素养	20				
	学习方法与参与过程	学习方法是否得当;能否进行有效信息检索;是否养成了探究学习、自主学习的习惯;能否处理好合作学习和独立思考的关系	30				
	任务实施过程与结果	任务实施过程是否规范,是否掌握必备专业知识与技能;能否认真分析问题、解决问题并创新问题;是否具备较强的信息处理能力并能条理清晰表述成文	30				
	协作交流与分享	与教师、同学之间能否相互尊重、理解,进行适时、多向的信息交流;能否发表个人见解并提出有意义、有价值的意见或建议;能否认真倾听、协作分享	20				
合　计			100				

知识拓展

扫码进行学习。

思政课堂

请扫码学习:防范于心,反诈于行——警惕快递行业诈骗。

“1+X”考证拓展与提升(七)

成绩查询

考试结束后,培训评价组织会在成绩登记时间范围内,将阅卷后的考试成绩结果,按科目导入到科目成绩中。成绩导入后会有个成绩公示期(具体看考试计划设置的公示期时间)。公示期开始后学生可以登录个人平台查看自己的考试成绩。若对成绩有疑问可以联系培训评价组织查证。若真有问题,培训评价组织可以针对修改对应的成绩。若超过公示期没异议,则成绩会永久锁定,作为最终考试结果保存并公示。

(一)考试成绩查询

在物流管理1+X官网(http://www.clppx.org.cn/)点击“证书/成绩查询”页面进行查询(考生个人查询)。

(二)考证结果查询

“考证结果”显示本院校所有已报考学生的考证结果列表,可以在考证结果中查询到学生报考的证书最终的通过状态。通过证书考核的学生,将会进入证书发放环节,待培训评价组织、考核站点双方确认签发等流程后,完成证书发放。

操作篇

项目八

现代物流综合业务实训

实操平台及设施设备简介

本教材实操平台是基于北京络捷斯特现代物流综合作业系统(版本号:V2.0.1),包含仓储、运输、配送三大模块,涉及信息员、仓管员、操作员、叉车司机四个不同角色,学生之间可以相互配合完成作业。每个训练项目都配有标准化操作视频,教材可用于学生参加省级(全国)职业院校技能大赛智慧物流作业赛项日常训练,也可用于相关课程实习实训,实现理论教学和实训教学紧密结合,提高学生实操技能。

实操训练中用到的设施设备有:

(1)流利货架:用于电子标签拣选使用的专用货架。

(2)周转箱:用于商品库内流转使用得容器。

(3)横梁货架:用于存储区存放商品的货架。

(4)电子标签:用于电子标签拣选的自动设备。

(5)手推车:用于库内物资周转的载具。

(6)叉车:用于库内横梁货架货物提升的设备。

(7)收货台:用于收货员处理入库订单的工作台。

(8)RF 手持:用于条码扫描。

(9)托盘:用于物品的储存保管。

(10)手动液压托盘搬运车:用于搬运托盘的一种有效工具。

(11)现代物流综合作业系统:用于商品资料创建、入库单下发、出库单下发库内作业单据得下发的系统。

任务一　运输与配送操作

一、实训目标

随着我国现代化物流行业的快速发展,对于高素质、专业化人才的需求也日益增加。现代物流综合业务实训以企业现代物流中心作业任务为依据,充分体现现代物流中心真实的业务运作、岗位作业、流程交接和内部管理过程。经过真实作业环境的实训能够让学生更好地适应企业工作环境与工作节奏。

二、实训场地布局

通过对现代物流中心的模拟，将物流中心的业务模块提炼出来，主要包括：收货区、发货区、电子拣选区、托盘货架区、设备存放区、叉车存放区、干线到达区、干线发运区、收 / 发货月台、现场控制区、设备穿戴区等功能区域，如图 8-1 所示。

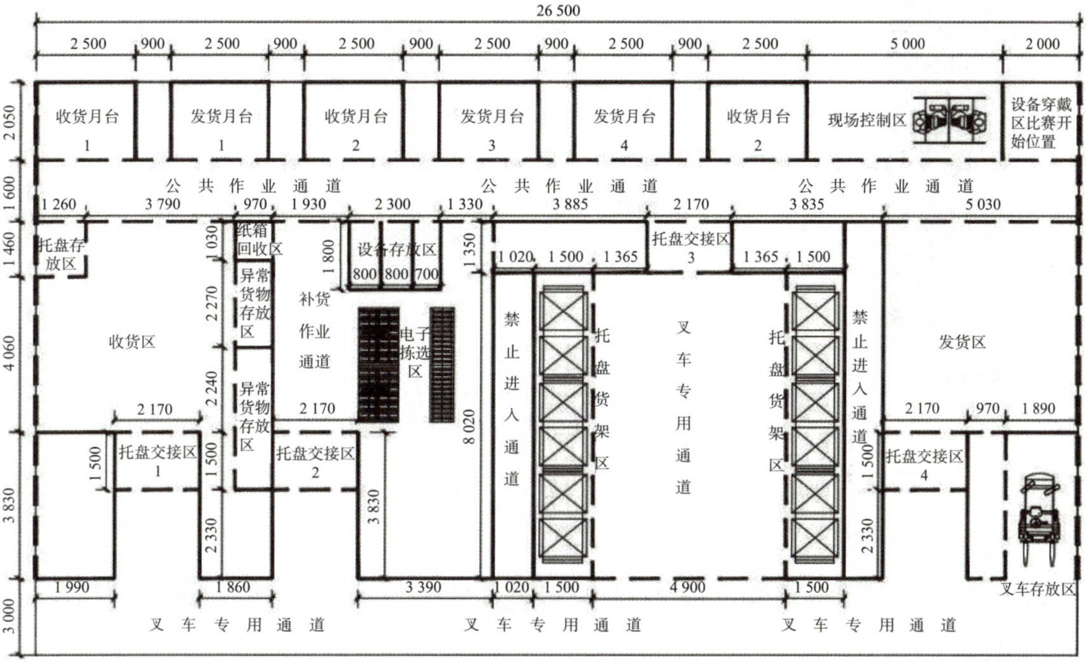

图 8-1　现代物流综合作业中心布局图

三、任务描述

调度员接到场站的发运通知后，确认信息并打印公路运输交接单，交予场站操作员用于装车发运。

由于运输通知单 1 的取货时间超过其发车时间，所以运输通知单 1 需要干线暂存，不进行发运操作。以运输通知单 3 为例，运输通知单 5 的操作类似。场站操作员接到发运通知后，根据交接单的指示，将 A 市—E 市—F 市沿途的所有货物从容器内提取至发车区，利用手持终端核对待发运货物的信息，信息确认无误后，进行装车作业。

场站操作员在进行装车作业时，要遵循装车作业规范：大不压小、重不压轻、先卸后装、集中堆码。待货物装车完成后，关闭箱门，拿出铅封锁进行箱门铅封，并将铅封信息填写到公路运输交接单的指定位置，将公路运输交接单中一联交由干线班车司机，随车发运。

四、操作步骤

在系统主页面选择【发运通知】，进入业务处理页面，如图 8-2 所示。

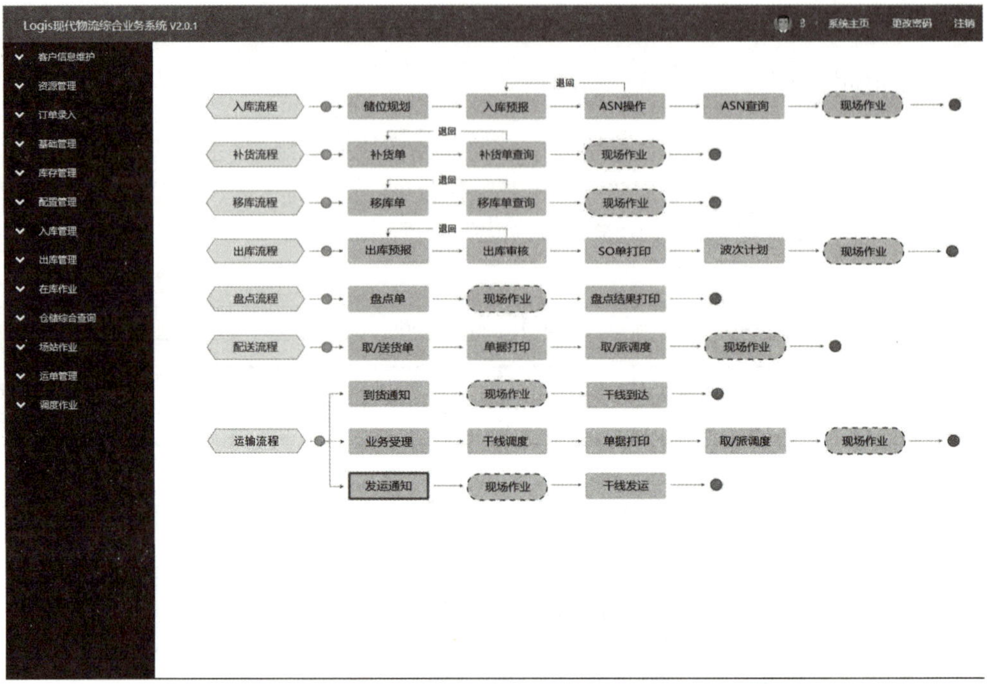

图 8-2　系统主页面-发运通知

进入发运通知页面，选中待发运班车信息，点击【查看】按钮，核对待发运班车信息，确认无误后，点击【关闭】按钮，如图 8-3 所示。

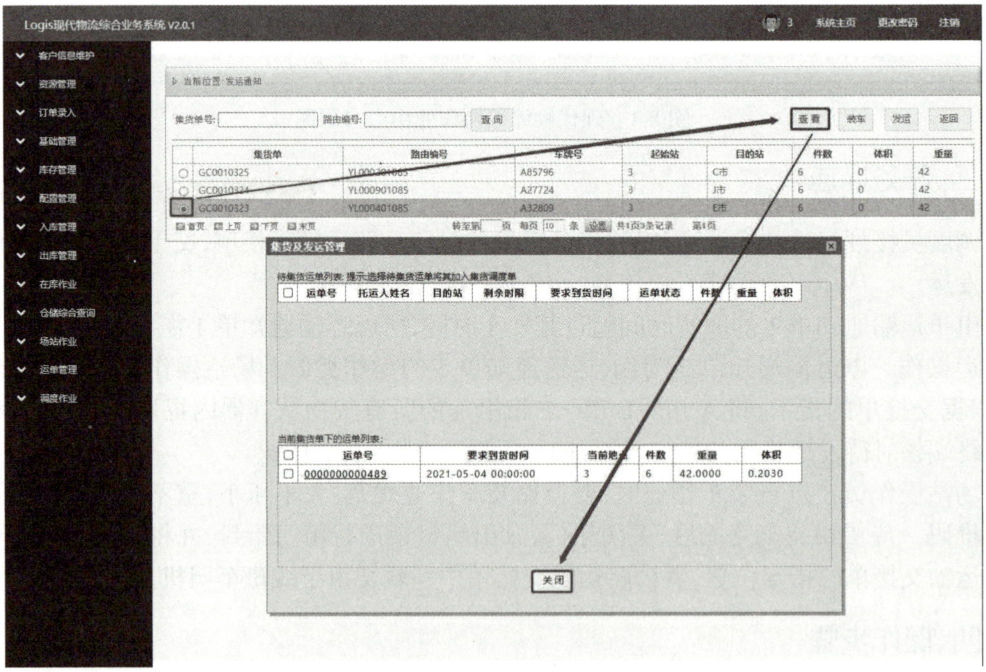

图 8-3　确认发运通知单

注:这里的目的站显示的是第一阶段的目的站。由于运输通知单 1 的取货时间超过其发车时间,所以运输通知单 1 需要干线暂存,不进行发运操作。

选中发运班车信息,点击【装车】按钮,会出现货物运输交接单,点击【打印】按钮,可打印交接单,如图 8-4 所示。

货物运输交接单　　NO:

始发站		车牌号	京N×××	核载(吨)		发车时间	17:30	
目的站		司机	陈××	车容(M3)		预达时间	11:20	
序号	运单号	客户名称			件数(件)	体积(M3)	重量(kg)	备注
0	0000000000489	物美超市(崇文门店)			6	0.2030	42.0000	
合计					6.0	0.203	42.0	
发站记事	施封:封锁	随车设备			发货方		司机	
到站记事	施封:封锁	到达时间	年　月　日　时					
	收货及货损描述							
制单人:					制单时间:			

第一联(白联):发运场站留存　　第二联(红联):司机留存　　第三联(黄联):目的场站留存

打印

图 8-4　交接单明细

点击【发运】按钮,系统会将集货单信息发送至场站,等待下一步处理,如图 8-5 所示。

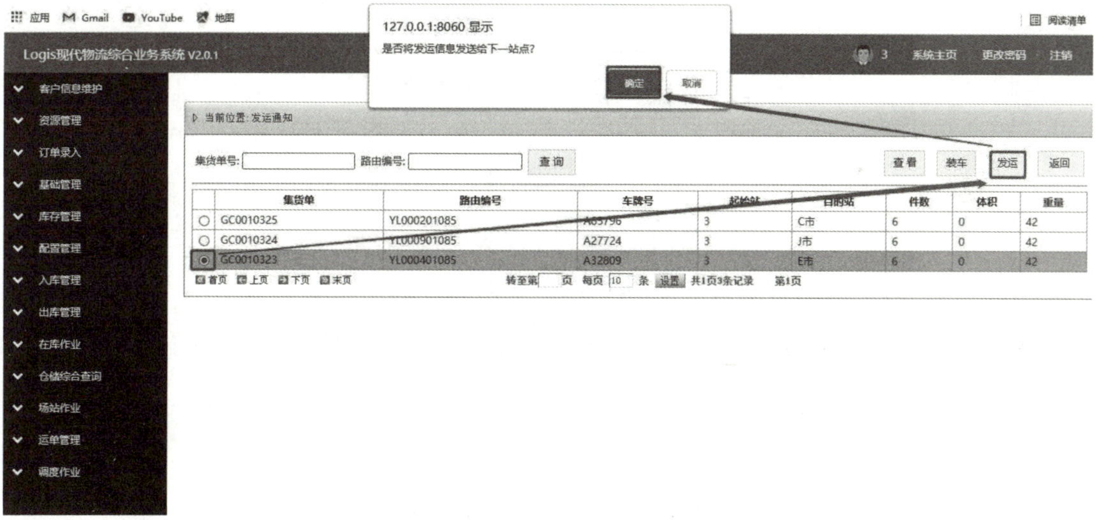

图 8-5　装车发运

从手持端进入现代物流综合业务手持系统,在主页面中点击【运输作业】按钮,进入运输手持系统,如图 8-6 所示。

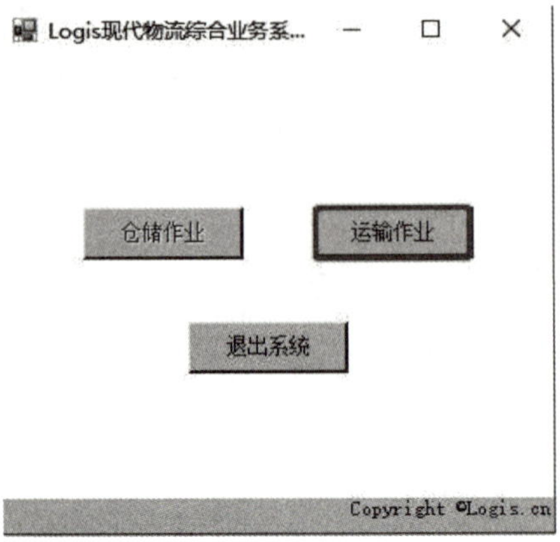

图 8-6　进入运输手持系统

进入运输作业手持系统，点击【干线出站】按钮，进入如图 8-7 所示页面。

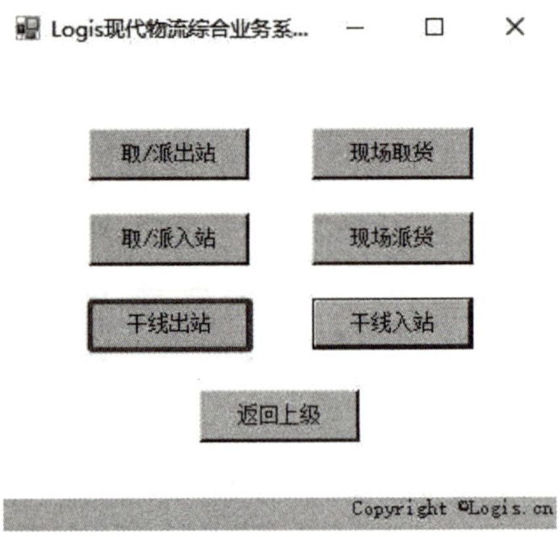

图 8-7　干线出站

在“干线出站”页面，选中一条待处理的运单信息，点击【扫描】，进行运单的扫描作业，如图 8-8 所示。

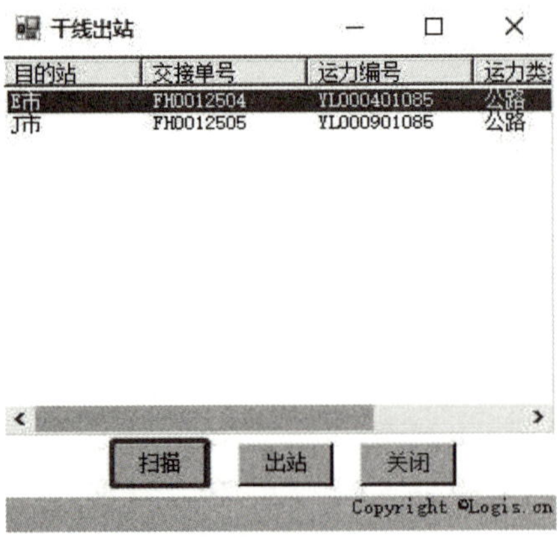

图 8-8　运单扫描

点击【扫描】后，进入到干线扫描操作界面（此处需手动输入运单号信息并按回车键确认，在实际操作中，本模块需扫描实际单据信息），扫描完成后，在“检测件数”下会显示具体的数量信息，如图 8-9、图 8-10 所示。

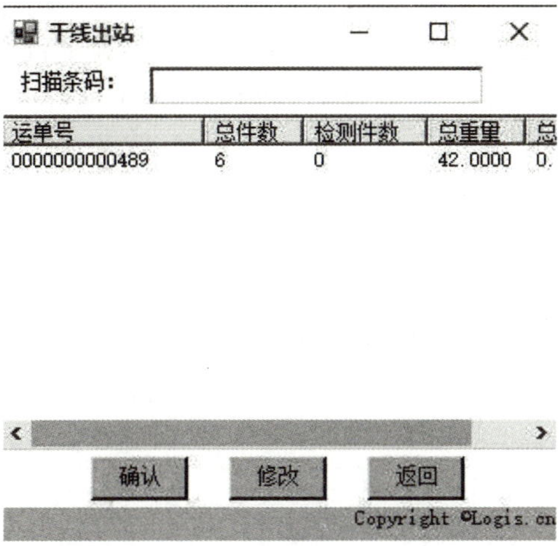

图 8-9　运单扫描

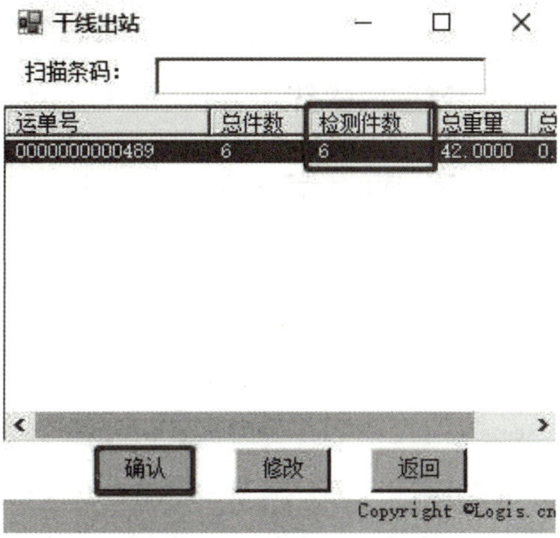

图 8-10　扫描确认

使用手持终端（即运输手持系统）逐个扫描运单号，待扫描的检测件数与总件数一致后，确认扫描信息无误后，点击【确认】按钮，上传扫描结果。返回到上一界面，选中运单信息，点击【出站】按钮进行出站确认。进行其余运单的出站作业，如图 8-11 所示。

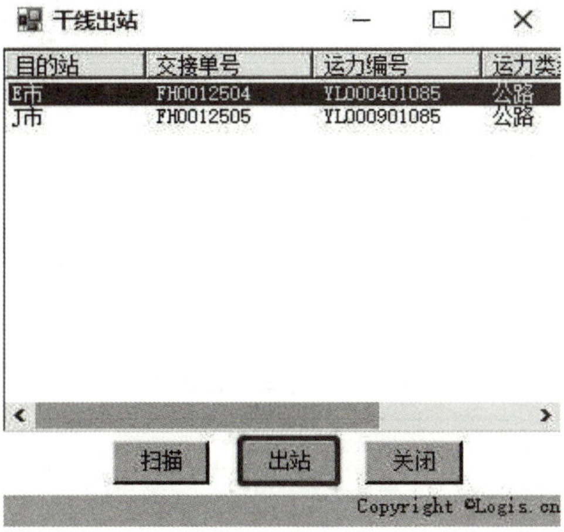

图 8-11　出站确认

五、扫码学习标准化操作视频：干线入站

任务二　入库作业

一、实训任务描述

世豪物流是一家以存储运输除易燃易爆危险品、有毒物品、生鲜货品之外的普通商品为主的物流中心。2021 年 4 月 30 日，世豪物流物流中心主管张斌向仓管员许山下达《入库通知单》，由信息员田丽进行系统的信息录入，按照世豪物流的采购入库要求，规范完成入库作业，整托入库的货品无需验收，分托入库按照先满托后散托的原则。

表 8-1　入库货品堆码信息

货品条码	货品名称	批号	数量	摆放方式	包装规格 / mm
6902538004045	康师傅饮料水蜜桃味	20200605	30 箱	托盘	285 × 380 × 270
6902558004045	康师傅饮料冰蜜桃味	20200605	30 箱	托盘	285 × 380 × 270
6922666443770	清风起柔系列 4 层 120 g	20200606	45 箱	地面	190 × 370 × 270
6922666443770	清风起柔系列 4 层 120 g	20200608	45 箱	地面	190 × 370 × 270

表 8-2　入库通知单 1

客户指令号	RK2021043001	客户名称	世豪物流		ASN 编号	RK2021043001
库房	华源库房	入库类型	正常入库		是否取货	否
预计入库时间	2021 年 4 月 30 日					
货品编码	货品名称	包装规格 / mm	总重量	数量	批号	备注
6922666443770	清风起柔系列 4 层 120 g	190 × 370 × 270	200 kg	40 箱	20210608	限高两层
6902538004045	康师傅饮料水蜜桃味	285 × 380 × 270	180 kg	30 箱	20210605	限高三层

表 8-3　入库通知单 2

客户指令号	RK2021043002	客户名称	世豪物流		ASN 编号	RK2021043002
库房	华源库房	入库类型	正常入库		是否取货	否
预计入库时间	2021 年 4 月 30 日					
货品编码	货品名称	包装规格 / mm	总重量	数量	批号	备注
6922666443770	清风起柔系列 4 层 120 g	190 × 370 × 220	200 kg	40 箱	20210405	限高两层

根据崇文门店和建国门店退货要求，处理到货月台货品退回。世豪物流要求及时处理退货并按规范完成入库，同时根据实际情况进行下一步处理。

表 8-4　退货订单 1

客户指令号	TH2021043001	客户名称	物美超市（崇文门店）		ASN 编号	TH2021043001
库房	华源库房	入库类型	退货入库		是否取货	否
预计入库时间	2021 年 4 月 30 日					
货品编码	货品名称	包装规格 / mm	总重量	数量	批号	备注
6922858283101	妙洁中号平口垃圾袋	285 × 380 × 270	35 kg	6　箱	20210401	限高两层

表 8-5　退货订单 2

客户指令号	TH2021043002	客户名称	物美超市（建国门店）		ASN 编号	TH2021043002
库房	华源库房	入库类型	退货入库		是否取货	否
预计入库时间	2021 年 4 月 30 日					
货品编码	货品名称	包装规格 / mm	总重量	数量	批号	备注
6922766443770	清风超韧纸品 4 层 120 g	285 × 380 × 270	35 kg	6　箱	20 210 305	限高两层

二、训练步骤

由于入库通知单 2 中的商品批号与入库货品堆码信息中的批号不同，因此不需进行入库操作，到货通知单中的两个订单不需要进行配送，也需要进行入库，所以需要进行入库操作的有入库通知单 1、退货通知单 1、退货通知单 2 和不需要进行配送的到货通知单。

1. 订单录入

在系统主页面点击【入库预报】，跳转到入库订单管理页面，如图 8-12 所示。

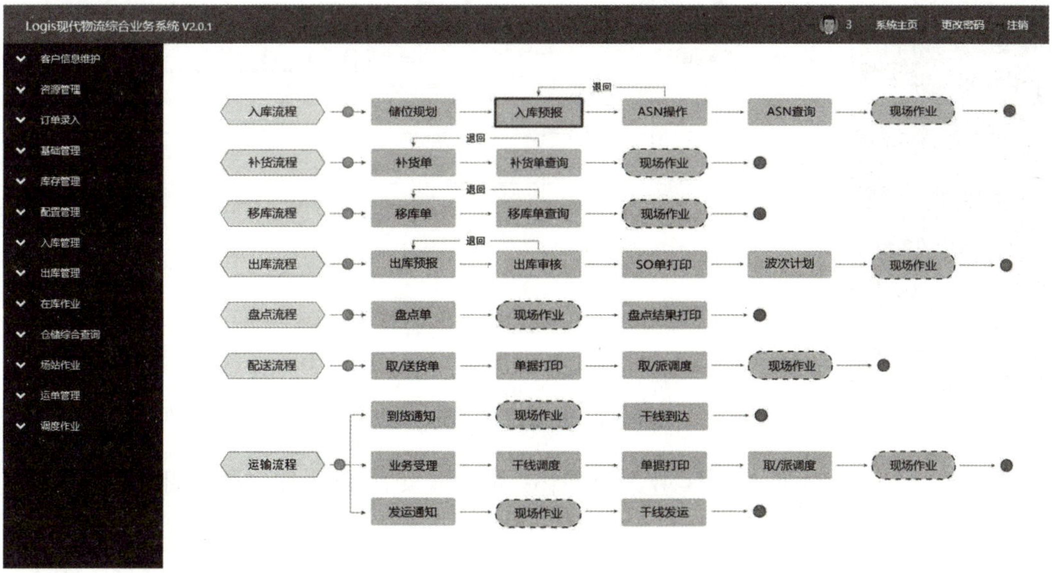

图 8-12　系统主页面-入库预报

点击【新增】则进入入库订单维护页面，录入相应的订单信息如图 8-13 所示。

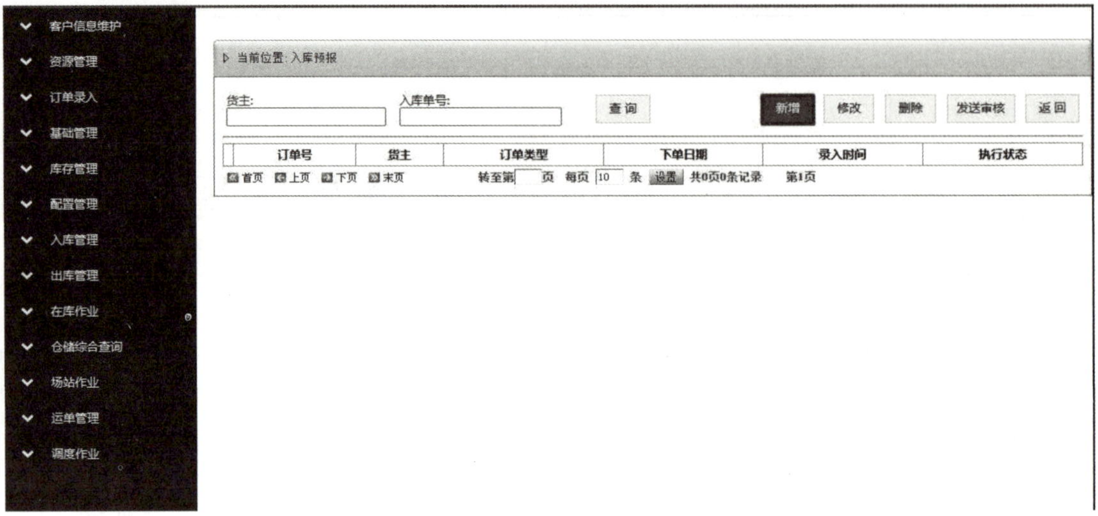

图 8-13　新增订单

仓管员在入库订单维护界面录入订单信息，在订单信息页面将客户名称、客户指令号、ASN 编号、订单来源、紧急程度、下达时间等信息录入系统，其中，带星号的为必填选项，如图 8-14 所示。

图 8-14　新增订单-订单信息

在订单入库信息页面选择库房、入库类型、是否取货、预计入库时间等订单相关信息，如图 8-15 所示。

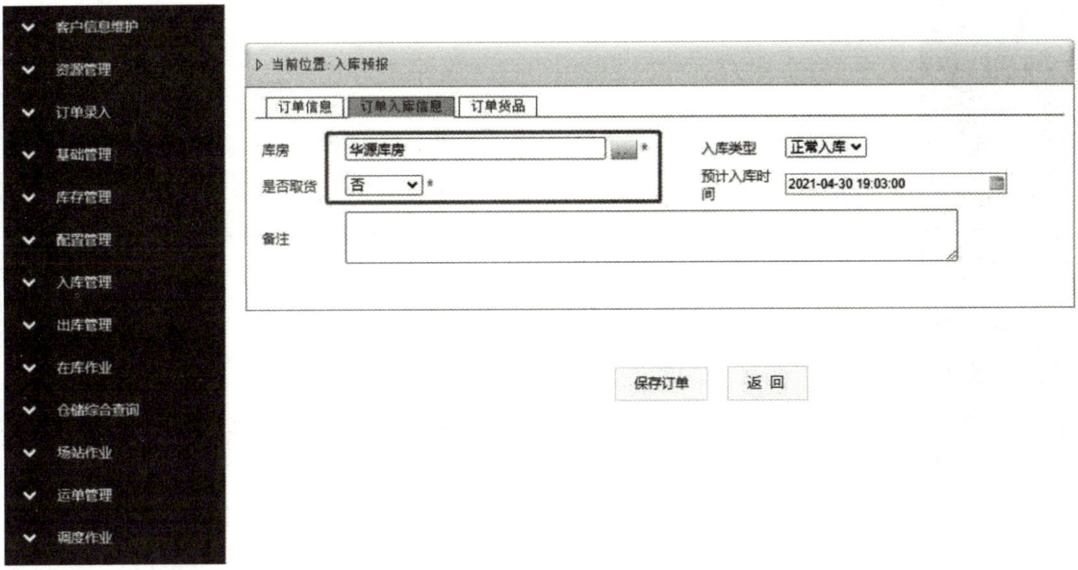

图 8-15　新增订单-订单入库信息

在订单货品界面，点击【添加货品】，添加到货品列表中，填写入库通知单中要求的批次、数量、备注等信息，信息确认无误后，点击【保存订单】按钮提交订单，如图 8-16 所示。

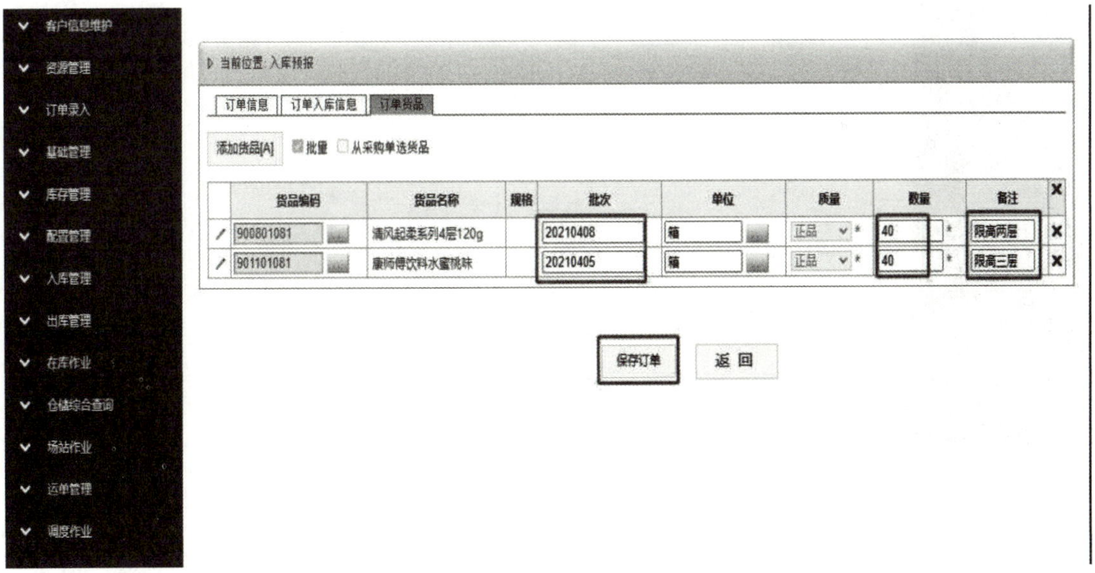

图 8-16　新增订单-订单货品

入库订单保存完成后，返回到订单列表中，勾选新增订单，点击【发送审核】，如有多个订单则重复该操作，如图 8-17 所示。

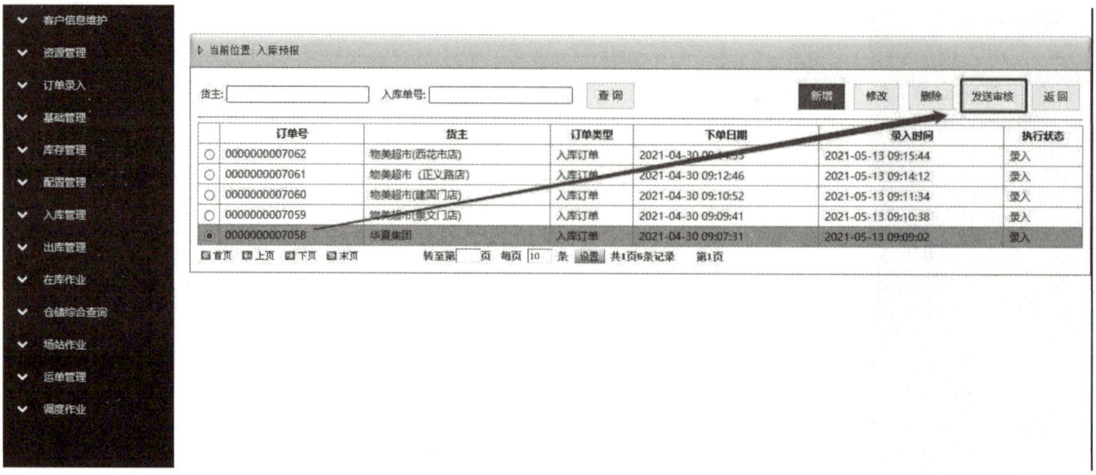

图 8-17　订单审核

核对订单信息是否准确,确认无误后,点击【确认审核】按钮,完成订单审核,如图 8-18 所示。

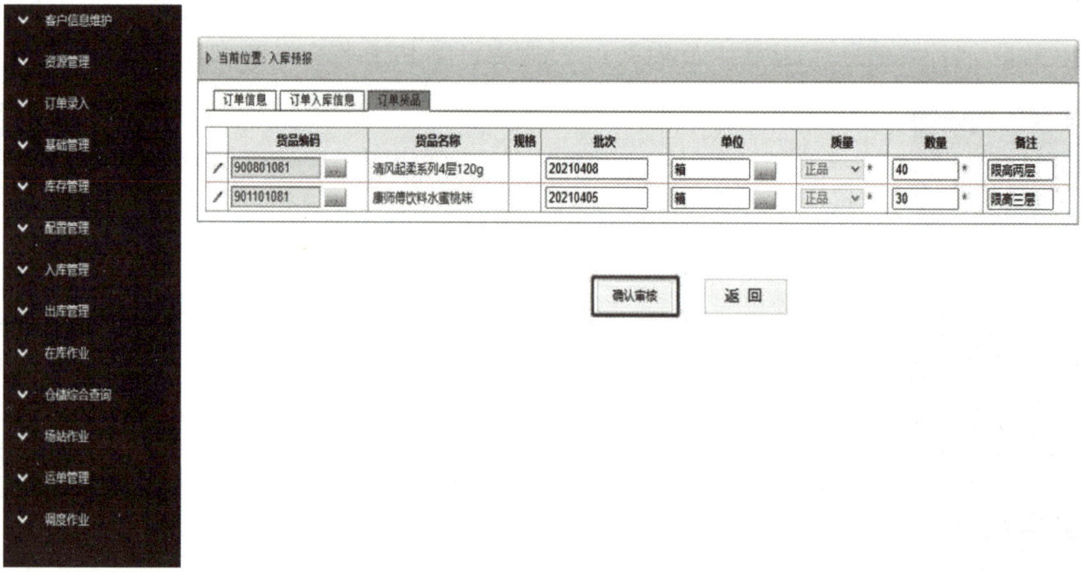

图 8-18　确认审核

在系统主页面选择【ASN 操作】,进行入库月台分配操作,为当前入库作业选择恰当的月台,如图 8-19 所示。

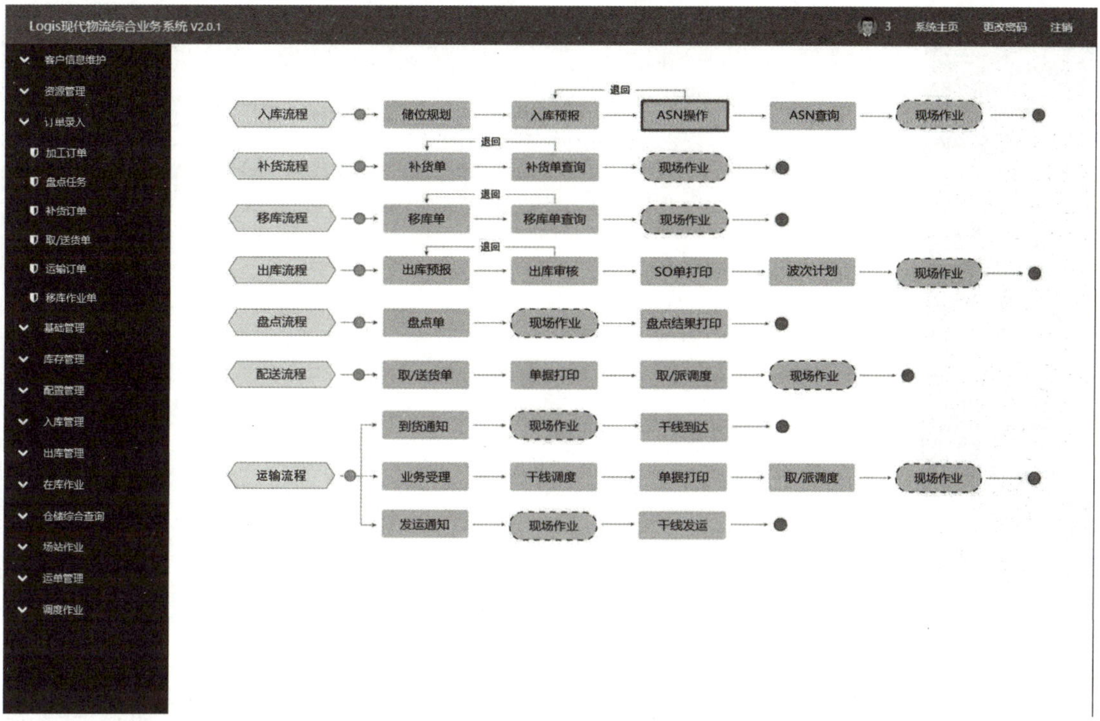

图 8-19 系统主页面-ASN 操作

进入 ASN 操作中，选中待处理的订单信息，点击【月台计划】，进入“月台管理”页面，在当前页面选中待处理信息，点击【确认】按钮，完成月台分配作业，有多个订单需要重复该操作，直至所有订单都完成月台分配，如图 8-20、8-21 所示。

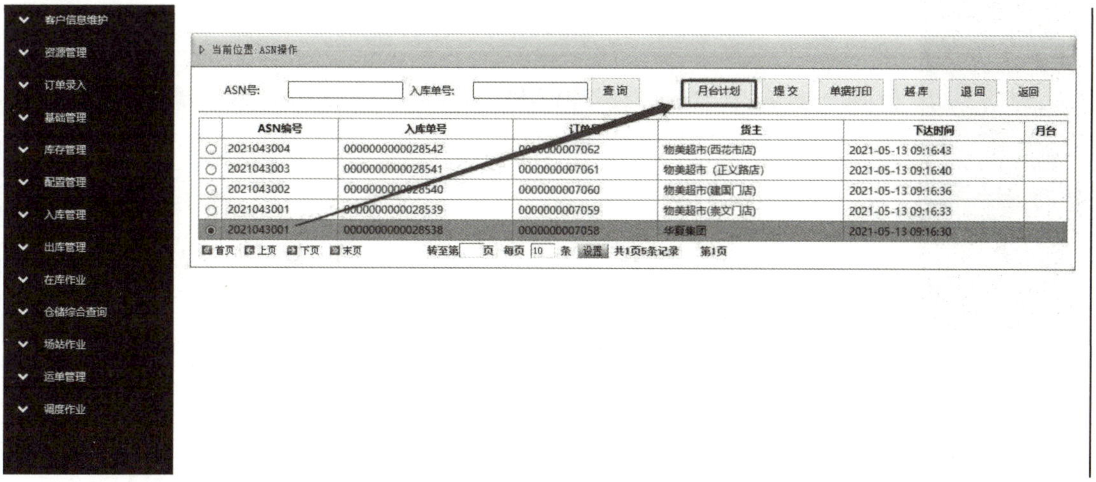

图 8-20 月台计划

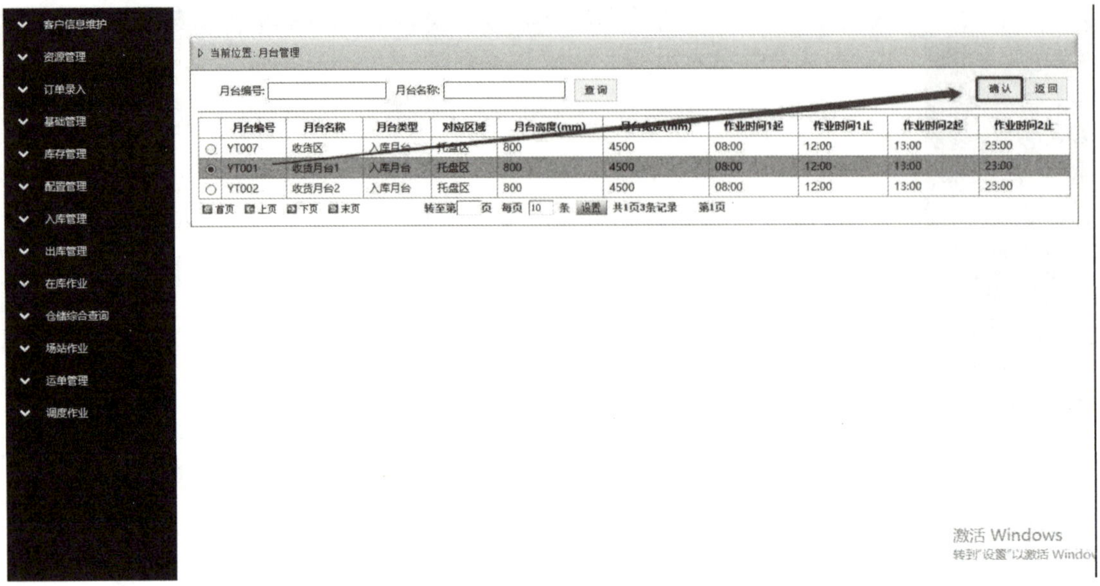

图 8-21　月台分配

2. 订单打印

点击系统主页面的【ASN 操作】,选择要打印的订单,点击【单据打印】按钮,打印完成后,点击【提交】按钮,提交入库任务,如图 8-22、8-23 所示。

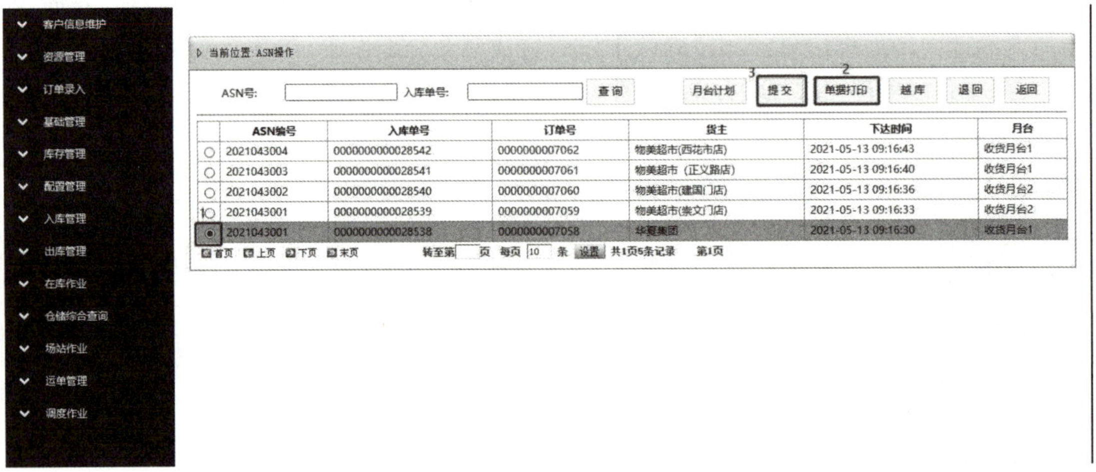

图 8-22　订单打印

打印

入 库 单

库房名称:华源库房	ASN编号:2021043001
客户名称:华夏集团	客户指令号:RK2021043001
收货月台:收货月台1	是否取货:否
应收总数: 70.0	实收总数:

货品名称	货品条码	规格	应收	实收	越库	单位	批号	备注
康师傅饮料水蜜桃味	6902538004045		30		0	箱	20210405	限高三层
清风起柔系列4层120g	6922666443770		40		0	箱	20210408	限高两层

信息员(签字):______________ 仓管员(签字):______________ 送货人(签字):______________

第一联(白联):送货人留存 第二联(红联):仓库留存 第三联(黄联):仓管员留存

图 8-23 打印订单明细

3. 入库理货

通过登录现代物流综合业务系统的手持作业系统进入手持系统登录页面。输入账号、密码后单击【登录】,进入手持系统,如图 8-24 所示。

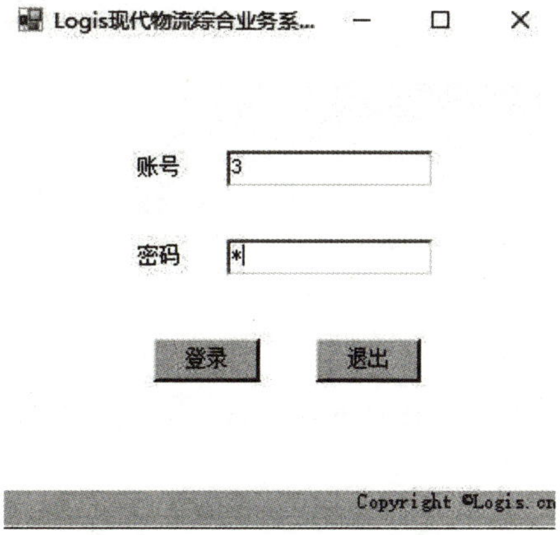

图 8-24 手持系统登录界面

点击【仓储作业】按钮,进入仓储 RF 手持系统(以下简称:仓储手持系统),如图 8-25 所示。

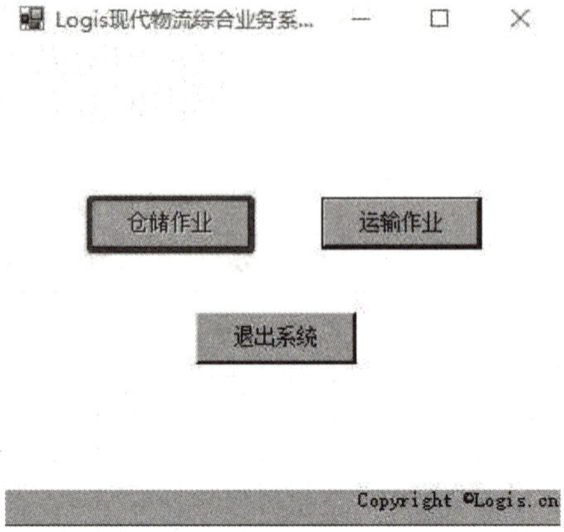

图 8-25　进入仓储业务系统手持

点击【入库作业】按钮进入入库作业界面,如图 8-26 所示。点击【入库理货】按钮进入理货操作界面,如图 8-27 所示。

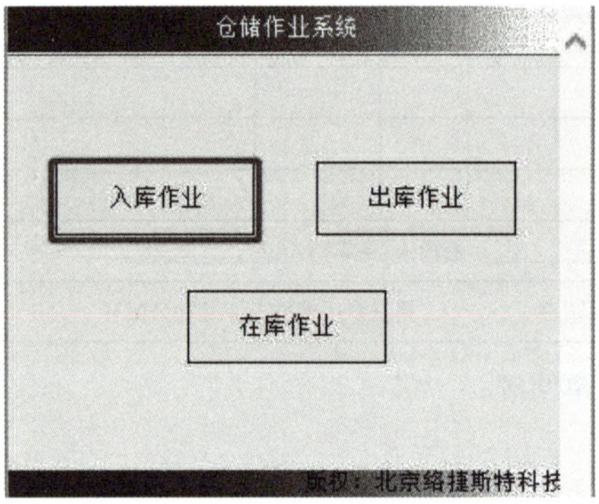

图 8-26　入库作业

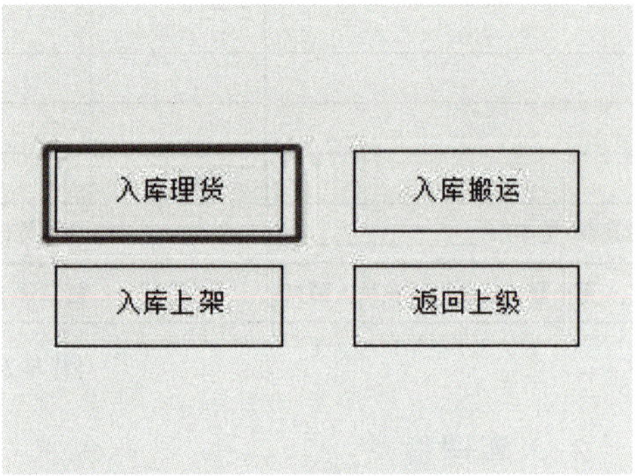

图 8-27　入库理货

仓管员点击【理货】按钮。仓管员扫描托盘标签及货物标签,将二者信息进行绑定,从而实现通过查询托盘信息即可直接找到货物存放位置的目的,如图 8-28 所示。

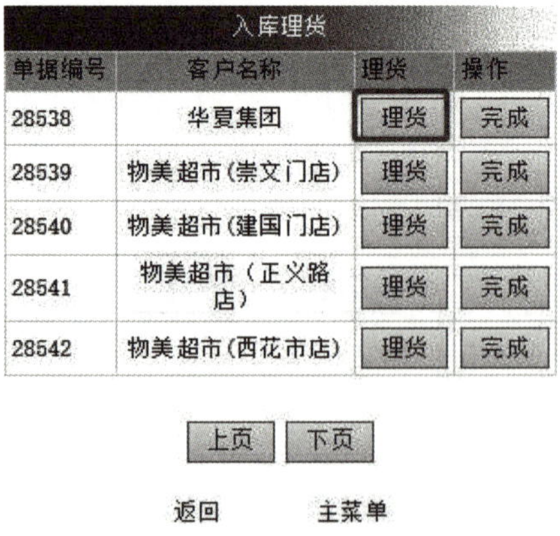

图 8-28　理货

仓管员扫描货品条码及托盘标签，进行绑定货品及托盘信息的操作（若手动输入托盘标签，需注意托盘标签为 13 位编码，在输入时自行编辑；货品条码和托盘标签输入完成后分别按回车键）。扫描完成后，仓管员在仓储手持系统界面获得下一步作业指令“去往[托盘交接区]”，点击【保存结果】按钮。当操作界面的“已理货”区域显示信息且“待理货”区域没有信息时，即所有货品与托盘的信息绑定完成。仓管员可以进行下一步入库搬运操作。如有多个订单则重复该操作，如图 8-29、8-30 所示。

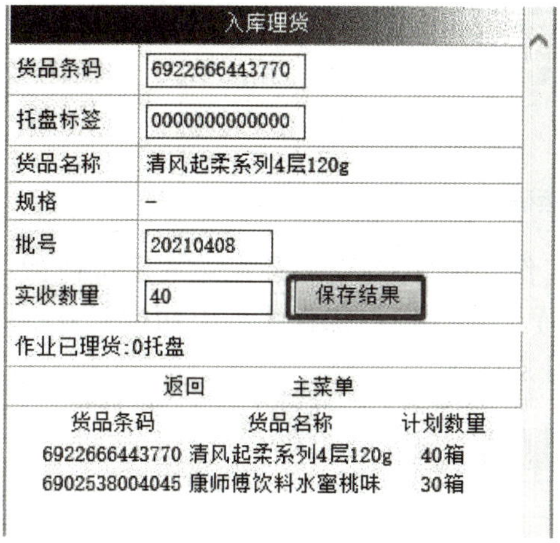

图 8-29 理货确认

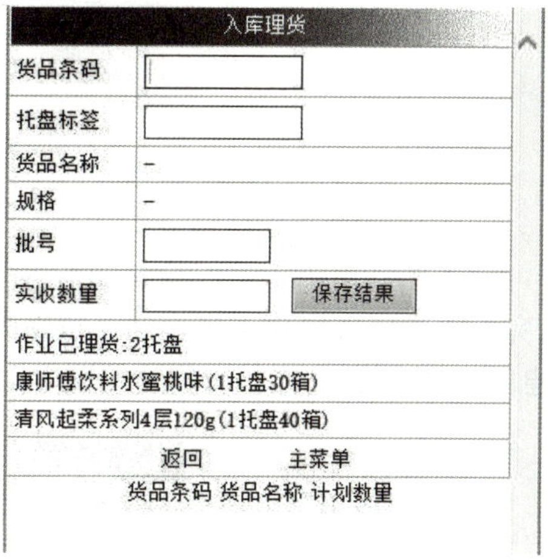

图 8-30 理货完成

如果操作时扫描条码错误，可点击页面中“货品条码”和“托盘标签”即可清除内容。

4. 入库搬运

使用地牛，将托盘搬运至指定位置（入库托盘交接区），登录仓储手持系统并返回系统主页面，点击【入库搬运】，用手持终端（即仓储手持系统）扫描托盘条码，点击【确认搬运】，完成托盘的搬运作业，如图 8-31 所示。

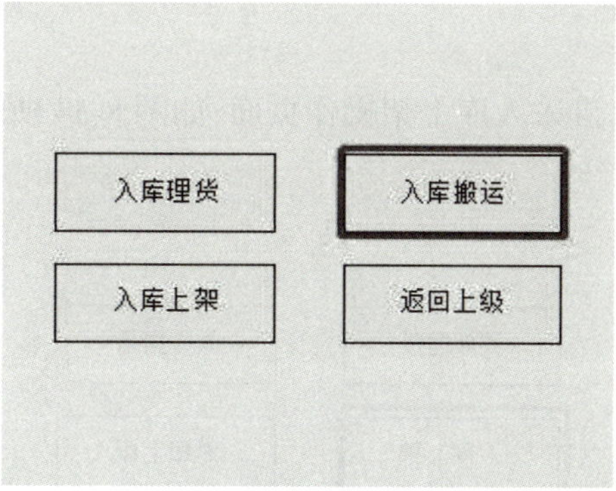

图 8-31 入库搬运

输入托盘标签信息，获得下一步作业指令“到达地点：托盘货架交接区”后，点击【确认搬运】按钮，确认待搬运货物信息，如图 8-32 所示。

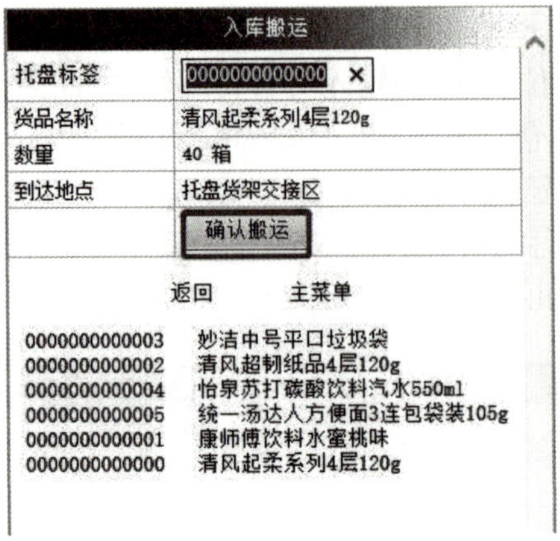

图 8-32 搬运确认

点击【确认搬运】按钮,完成该托盘的搬运工作。循环操作,直至搬运完全部待搬运托盘,完成入库搬运操作。当仓储手持系统的“入库作业-搬运”操作界面下面没有显示操作信息时,即代表已完成所有货物的搬运作业,如图 8-33 所示。

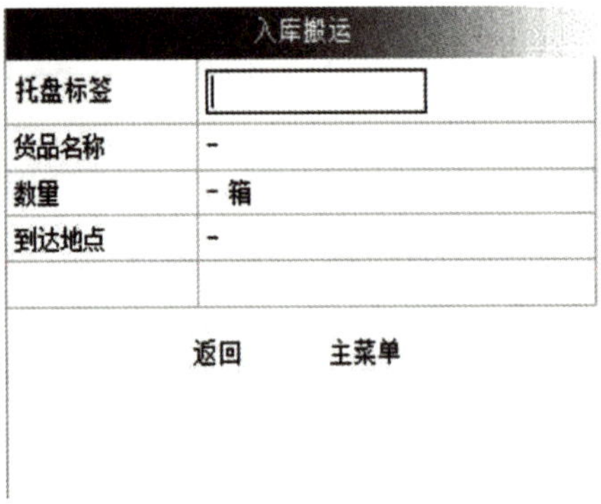

图 8-33 搬运完成

5. 入库上架

点击【入库上架】按钮,进入入库上架操作页面,如图 8-34 所示。

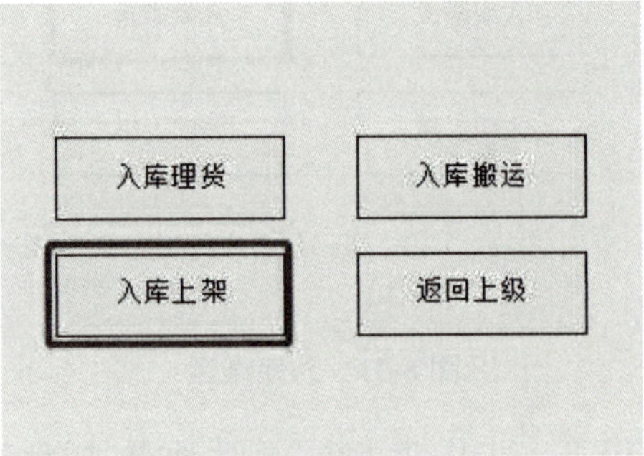

图 8-34 入库上架

扫描待上架的托盘标签，系统显示该托盘上的货品名称和所要上架的目标储位，如图 8-35 所示。

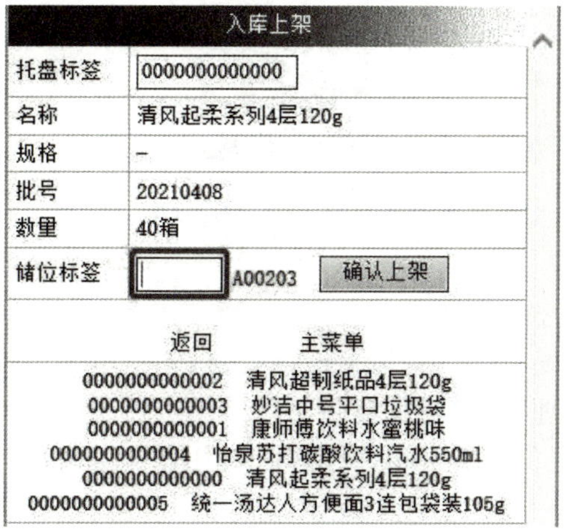

图 8-35　上架确认

扫描要上架的托盘条码，扫描的储位必须与系统分配的储位相同，否则不允许上架。使用叉车 / 叉车，将托盘放入指定的储位，使用手持终端（即仓储手持系统），扫描储位条码（也可手动输入），点击【确认上架】按钮，完成货物的上架。循环操作，直至完成所有货品的上架作业。

6. 入库理货完成

入库上架完成后，点击【入库理货】按钮进入理货界面，选中需要处理的信息并点击【完成】按钮，完成入库作业的手持端操作，如下图 8-36、8-37 所示。

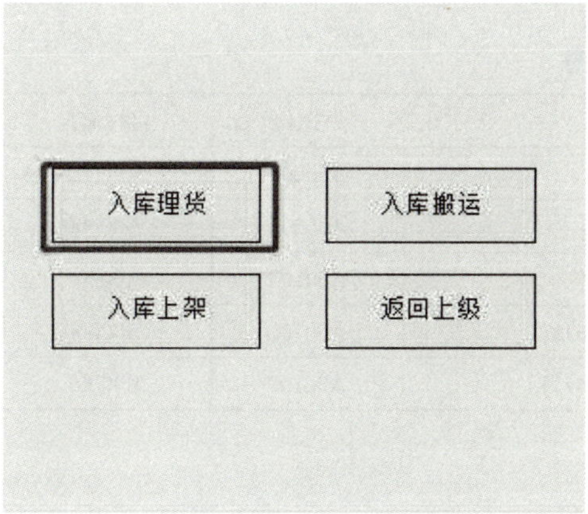

图 8-36　入库理货

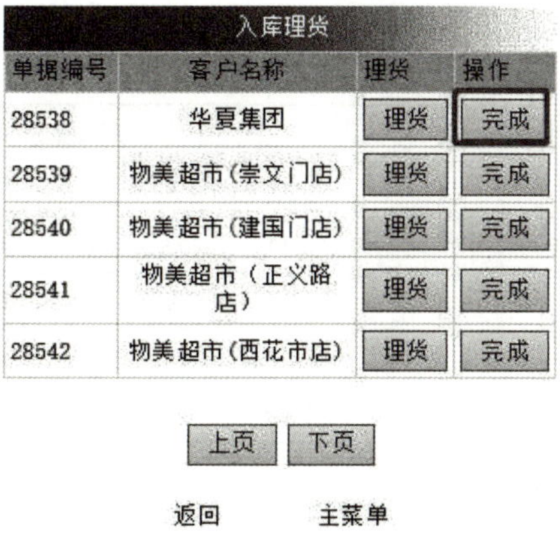

图 8-37　理 2 货完成

三、扫码学习标准化操作视频：入库作业

任务三　移库作业

一、任务描述

华源仓库进行储位管理，需要将托盘货架区货品进行移库。信息员收到指令后，在系统中录入移库指令，叉车司机负责进行移库操作。对托盘货架区进行移库作业，移库作业时应满足以下要求：

（1）货品的存放符合分区要求，日用品类货品存放于 A 区，其他类商品存放于 B 区；

（2）根据 ABC 分类表中的分类结果，按照 A 类货品放置在货架第一层，B 类货品放置在货架第二层，C 类货品放置在货架第三层；

（3）不符合分区要求或 ABC 分类要求需要进行移库的托盘，按照相同名称货品相邻存放，且批号小的放在货位号相对小的货位。

由于清风原木纯品 4 层 120 克的目标储位被清风质感纯品 4 层 120 克占用，因此需要先把清风质感纯品 4 层 120 克商品进行移库后再进行清风原木纯品 4 层 120 克的移库作业。下面操作中以清风绿装 4 层 120 克、清风质感纯品 4 层 120 克、怡泉无糖柠檬味苏打水 550 毫升的移库作业为例，清风原木纯品 4 层 120 克的移库作业操作类似。

表 8-6　移库信息

序号	货品信息	原储位	目标储位
1	清风绿装 4 层 120 克（7 箱）[20201220]	A00202	A00002
2	清风质感纯品 4 层 120 克（4 箱）[20201205]	A00205	A00000
3	清风原木纯品 4 层 120 克（9 箱）[20201220]	A00103	A00205
4	怡泉无糖柠檬味苏打水 550 毫升（9 箱）[20200318]	A00101	B00000
5	怡泉无糖柠檬味苏打水 550 毫升（7 箱）[20200417]	A00100	B00001

二、操作步骤

1. 录入移库作业单

在系统主页面点击【移库单】，进入移库订单新增页面，如图 8-38 所示。

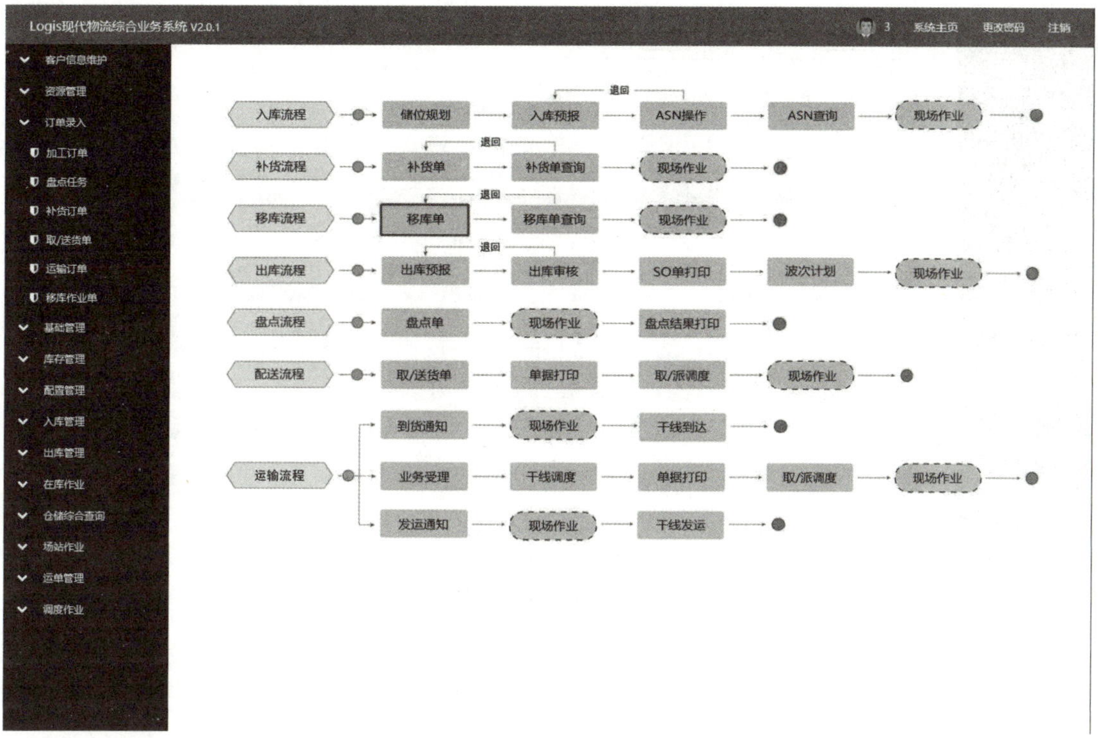

图 8-38　系统主页面-移库单

点击【新增】按钮新增移库作业单，如图 8-39 所示。

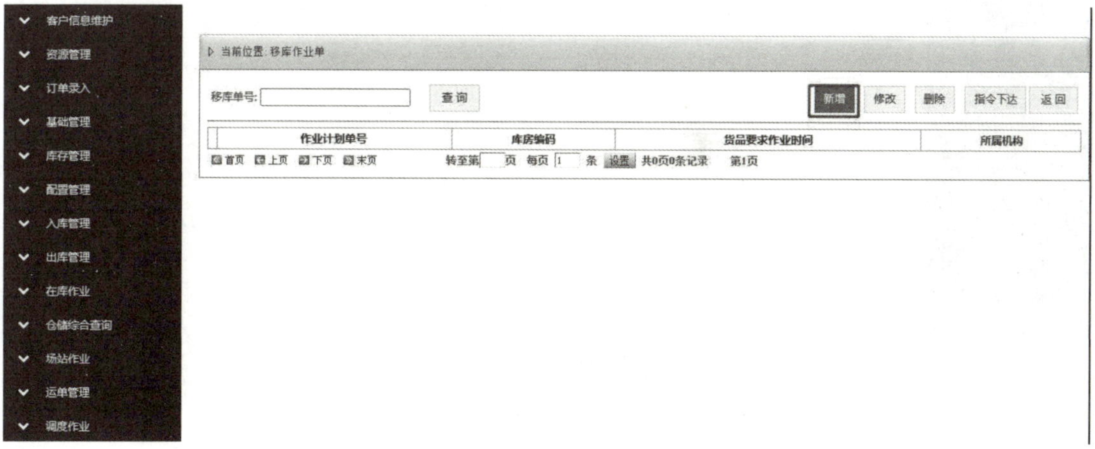

图 8-39　新增移库单

仓管员按照指令填写移库相关信息，在基本信息中填写库房移动情况后，在源库位中，点击【查询库存】，查询目标库房货品的库存情况，根据移库作业需求进行移库，点击要移库货品右侧的上移箭头，货品信息将显示到目标库位区域中，在目标储位下点击【选择】选择对应的目标储位，移库信息填写完成后，点击【保存】按钮，如图 8-40 所示。

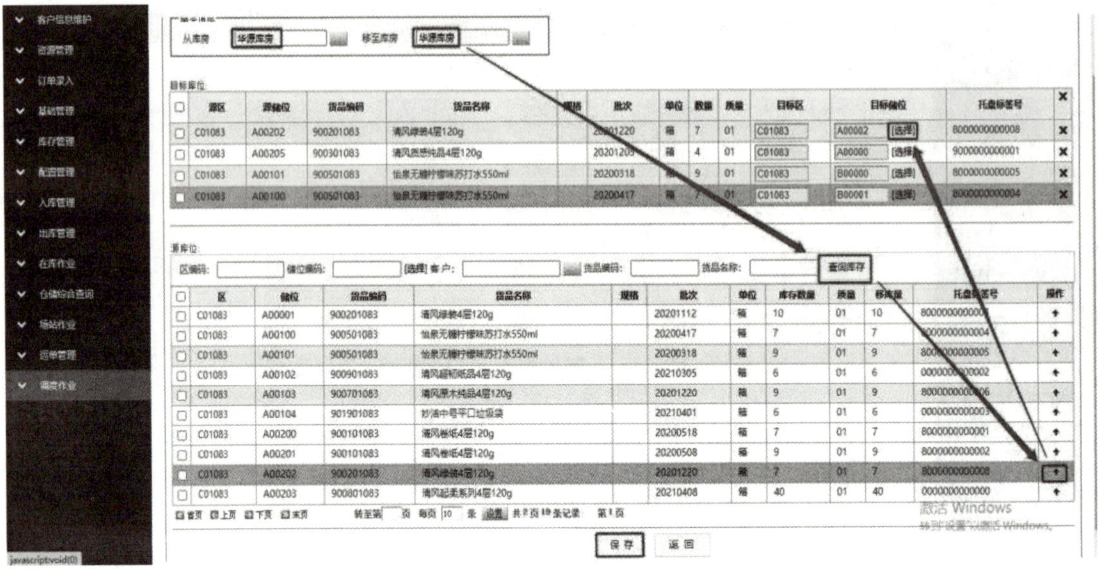

图 8-40　移库明细

移库订单录入完成后，将进入移库作业单提交界面，信息员在系统中提交移库作业单，选中订单信息，点击【指令下达】下达移库指令，如图 8-41 所示。

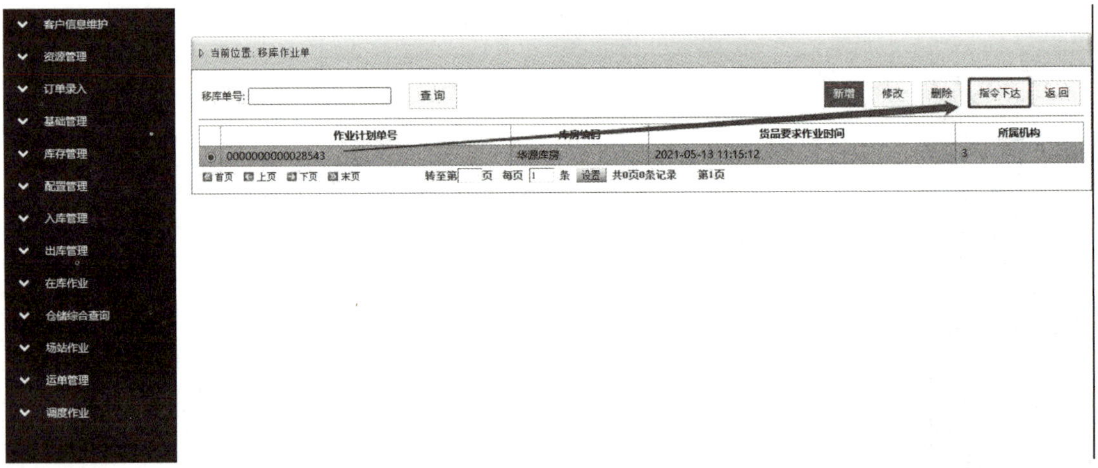

图 8-41　指令下达

2. 移库作业

通过现代物流综合业务手持系统进入手持系统，在主页面点击【仓储作业】，进入仓储 RF 手持系统（以下简称：仓储手持系统），如图 8-42 所示。

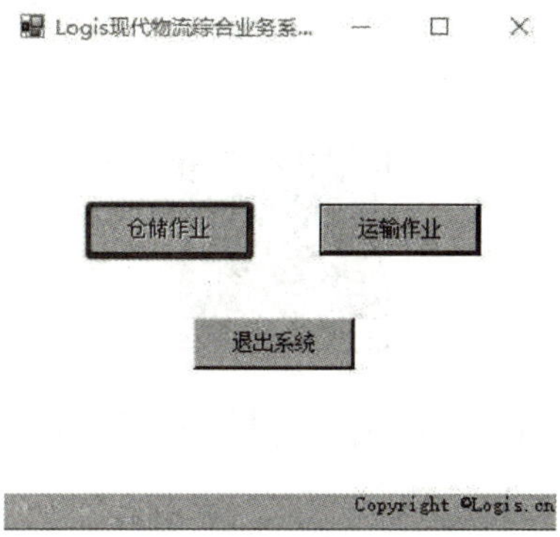

图 8-42　进入仓储业务系统手持

进入仓储作业系统后点击【在库作业】按钮，选择【移库作业】，如图 8-43、8-44 所示。

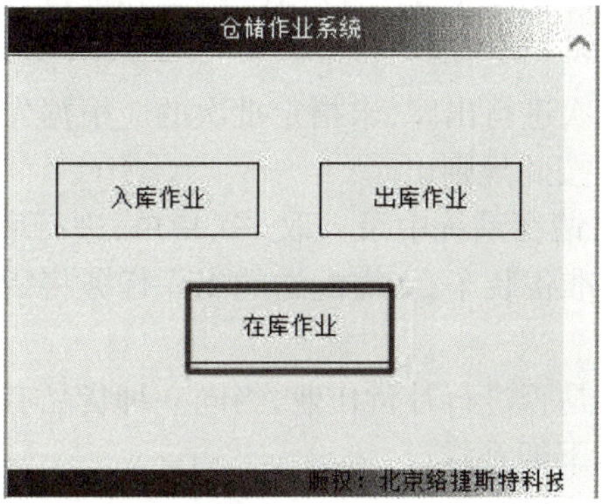

图 8-43　在库作业

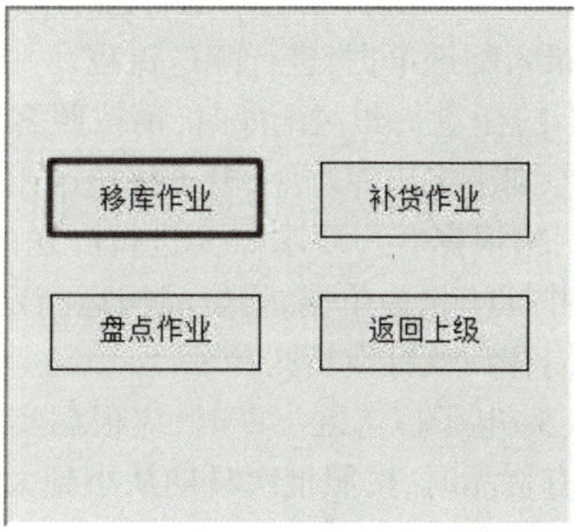

图 8-44　移库作业

在“移库作业”界面扫描托盘标签，根据提示扫描源储位、目标储位（注：此处需手动输入页面中红色字体的储位号），使用叉车/叉车，将货物移动至目标储位，货品移动完成后，点击【确认】按钮，完成移库作业，如图 8-45 所示。

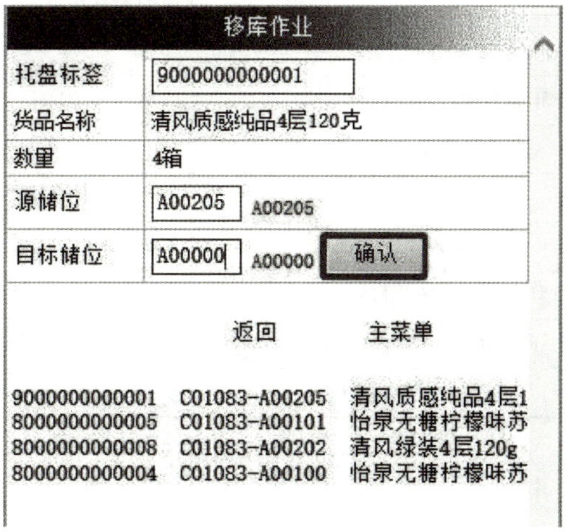

图 8-45　移库确认

三、扫码学习标准化操作视频：移库作业

任务四　出库作业

一、训练准备

2021 年 4 月 30 日，华源库房主管张斌向仓管员许山下达出库订单（表 8-7~表 8-11），由信息员田丽进行系统录入，按照客户的出库要求，规范完成出库作业，将需要进行送货的订单录入配送单据，进行配送流程。

（1）托盘货架区出库时，请按照客户指定的批次进行出库，未指定批次的应根据先进先出的原则决定出库顺序，电子拣选区出库货品无需按此规则出库；

（2）根据客户要求需要进行配送的出库任务，请在系统中录入取 / 送货单，进行取 / 派调度并打印相关单据，将货品搬运指定发货月台，准备装车；无需配送的出库任务将货品按照不同客户放置发货区；

（3）电子拣选区出库时，应根据实际情况确定是否进行补货作业，当同一种货品有多个储位有货品时，按照批次日期从小到大的顺序进行下架补货；

（4）所有货品在完成出库后，其库存量需要大于补货量。

华源库房电子标签拣选区储位分配情况如表 8-12 所示。

表 8-7　出库订单 1

<table>
<tr><td>客户指令号</td><td>CK2021043001</td><td>客户名称</td><td colspan="2">世豪物流</td><td>紧急程度</td><td>一般</td></tr>
<tr><td>库房</td><td>华源库房</td><td>出库类型</td><td colspan="2">正常出库</td><td>是否送货</td><td>是</td></tr>
<tr><td>收货人</td><td colspan="6">物美超市（东蒲桥店）</td></tr>
<tr><td>预计出库时间</td><td colspan="6">2021 年 4 月 30 日</td></tr>
<tr><td>货品编码</td><td colspan="2">货品名称</td><td>单位</td><td>数量</td><td>批号</td><td>备注</td></tr>
<tr><td>6922266443770</td><td colspan="2">清风卷纸 4 层 120 克</td><td>箱</td><td>3</td><td></td><td></td></tr>
<tr><td>6922366443770</td><td colspan="2">清风绿装 4 层 120 克</td><td>卷</td><td>3</td><td></td><td></td></tr>
<tr><td>6921168693002</td><td colspan="2">怡泉无糖柠檬味苏打水 550 毫升</td><td>瓶</td><td>2</td><td></td><td></td></tr>
<tr><td>6922256447833</td><td colspan="2">蓝山风味速溶咖啡 450 克</td><td>瓶</td><td>2</td><td></td><td></td></tr>
<tr><td>6902538004045</td><td colspan="2">康师傅饮料水蜜桃味</td><td>瓶</td><td>3</td><td></td><td></td></tr>
</table>

表 8-8 出库订单 2

客户指令号	CK2021043002	客户名称	世豪物流	紧急程度	一般
库房	华源库房	出库类型	正常出库	是否送货	否
收货人	物美超市(建国门店)				
预计出库时间	2021 年 4 月 30 日				
货品编码	货品名称	单位	数量	批号	备注
6922566443770	清风原木纯品 4 层 120 克	箱	4	20201220	
6922266443770	清风卷纸 4 层 120 克	卷	3		
6922566443770	清风原木纯品 4 层 120 克	卷	1		
6922666443770	清风起柔系列 4 层 120 克	卷	2		
6921168593002	怡泉苏打碳酸饮料汽水 550 毫升	瓶	3		
6922256447833	蓝山风味速溶咖啡 450 克	瓶	3		

表 8-9 出库订单 3

客户指令号	CK2021043003	客户名称	世豪物流	紧急程度	一般
库房	华源库房	出库类型	正常出库	是否送货	否
收货人	物美超市(崇文门店)				
预计出库时间	2021 年 4 月 30 日				
货品编码	货品名称	单位	数量	批号	备注
6922466443770	清风质感纯品 4 层 120 克	卷	2		
6922566443770	清风原木纯品 4 层 120 克	箱	2	20201220	
6922566443770	清风原木纯品 4 层 120 克	卷	3		
6902538004045	康师傅饮料水蜜桃味	瓶	4		
6922766443770	清风超韧纸品 4 层 120 克	卷	4		

表 8-10 出库订单 4

客户指令号	CK2021043004	客户名称		世豪物流	紧急程度	一般
库房	华源库房	出库类型		正常出库	是否送货	是
收货人	物美超市(正义路店)					
预计出库时间	2021 年 4 月 30 日					
货品编码	货品	名称	单位	数量	批号	备注
6922266443770	清风卷纸 4 层 120 克		箱	4		
6922466443770	清风质感纯品 4 层 120 克		卷	2		
6922766443770	清风超韧纸品 4 层 120 克		卷	3		
6921168593002	怡泉苏打碳酸饮料汽水 550 毫升		瓶	4		
6922255447833	蓝山风味速溶咖啡 350 克		瓶	2		

表 8-11　出库订单 5

客户指令号	CK2021043005	客户名称	世豪物流	紧急程度	一般
库房	华源库房	出库类型	正常出库	是否送货	否
收货人	物美超市（西花市店）				
预计出库时间	2021 年 4 月 30 日				
货品编码	货品名称	单位	数量	批号	备注
6921168693002	怡泉无糖柠檬味苏打水 550 毫升	瓶	2		
6922566443770	清风原木纯品 4 层 120 克	箱	2	20201220	
6922366443770	清风绿装 4 层 120 克	卷	2		
6922255447833	蓝山风味速溶咖啡 350 克	瓶	2		
6902538104045	康师傅饮料蜜桃味	瓶	3		

表 8-12 电子标签拣选区储位分配情况表

储位编码	货品条码	货品名称	数量	品类	补货点	单位	箱装数
A00000	6922266443770	清风卷纸 4 层 120 克	9	日用品	5	卷	5
A00001	6922366443770	清风绿装 4 层 120 克	8	日用品	2	卷	4
A00002	6922466443770	清风质感纯品 4 层 120 克	7	日用品	4	卷	5
A00003	6921168593002	怡泉苏打碳酸饮料汽水 550 毫升	4	饮料	3	瓶	5
A00004	6921168693002	怡泉无糖柠檬味苏打水 550 毫升	7	饮料	2	瓶	5
A00005	6922255447833	蓝山风味速溶咖啡 350 克	8	饮料	3	瓶	5
A00100	6922566443770	清风原木纯品 4 层 120 克	8	日用品	3	卷	5
A00101	6922666443770	清风起柔系列 4 层 120 克	8	日用品	5	卷	5
A00102	6922766443770	清风超韧纸品 4 层 120 克	3	日用品	5	卷	5
A00103	6922256447833	蓝山风味速溶咖啡 450 克	9	饮料	3	瓶	5
A00104	6902538004045	康师傅饮料水蜜桃味	8	饮料	5	瓶	8
A00105	6902538104045	康师傅饮料蜜桃味	7	饮料	3	瓶	8

托盘货架区储位分配情况如表 8-13 所示（方括号内数字表示批号）。

表 8-13　托盘货架区储位分配情况

日用品区（A 区）					
清风卷纸 4 层 120 克（7 箱）[20200518]	清风卷纸 4 层 120 克（9 箱）[20200508]	清风绿装 4 层 120 克（7 箱）[20201220]		清风原木纯品 4 层 120 克（8 箱）[20201210]	清风质感纯品 4 层 120 克（4 箱）[20201205]
A00200	A00201	A00202	A00203	A00204	A00205

续表

怡泉无糖柠檬味苏打水 550 毫升（7 箱）[20200417]	怡泉无糖柠檬味苏打水 550 毫升（9 箱）[20200318]		清风原木纯品 4 层 120 克（9 箱）[20201220]		
A00100	A00101	A00102	A00103	A00104	A00105
	清风绿装 4 层 120 克（10 箱）[20201112]				
A00000	A00001	A00002	A00003	A00004	A00005
食品区（B 区）					
蓝山风味速溶咖啡 350 克（10 箱）[20200228]	蓝山风味速溶咖啡 350 克（10 箱）[20200111]				
B00200	B00201	B00202	B00203	B00204	B00205
B00100	B00101	B00102	B00103	B00104	B00105
				康师傅饮料蜜桃味（6 箱）[20200307]	康师傅饮料蜜桃味（7 箱）[20200411]
B00000	B00001	B00002	B00003	B00004	B00005

由于电子拣选区怡泉苏打碳酸饮料汽水 550 毫升和清风超韧纸品 4 层 120 克商品的出库数量大于库存数，因此需要先进行补货作业再出库。下面的实训操作中以出库订单 1（表 8-7）、出库订单 4（表 8-10）和出库订单 5（表 8-11）为例。

二、操作步骤

1. 订单录入

信息员在系统主页面选择【出库预报】，进行出库订单的处理。如图 8-46 所示。

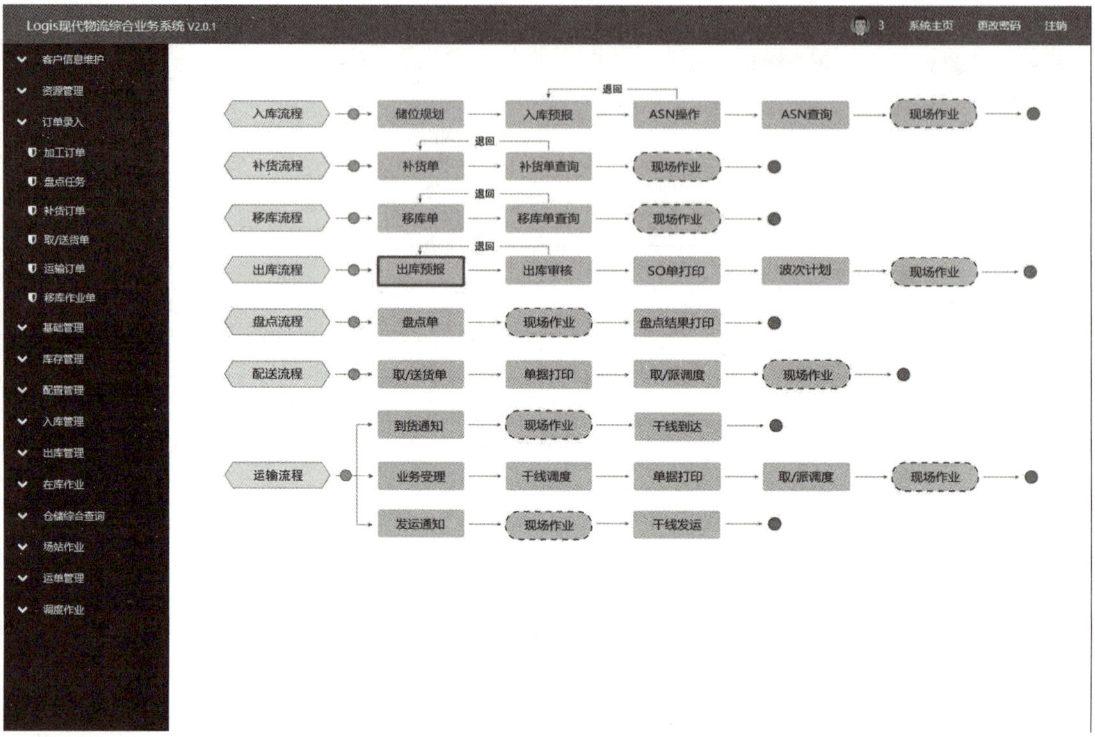

图 8-46　系统主页面-出库预报

点击【新增】按钮，进入出库订单信息维护页面。如图 8-47 所示。

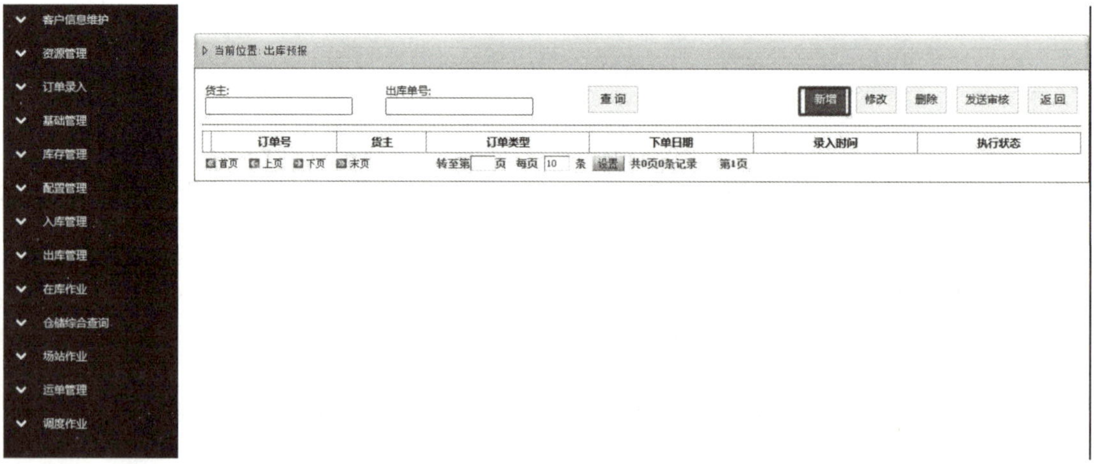

图 8-47　新增出库单

在“订单信息”页面录入订单下达时间、SO 编码、货主指令号、货主、收货人、订单来源、紧急程度等内容。如图 8-48 所示。

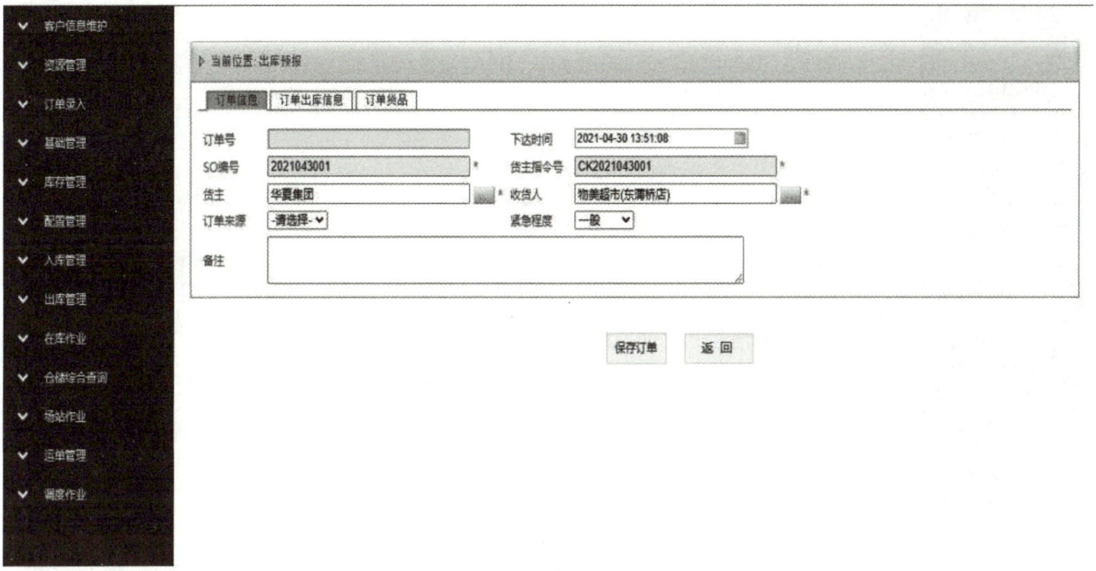

图 8-48　订单信息

在“订单出库信息”页面录入库房、出库类型、是否送货、出库时间等内容。如图 8-49 所示。注:如果订单需要配送操作,在是否送货选项中选择“是”。

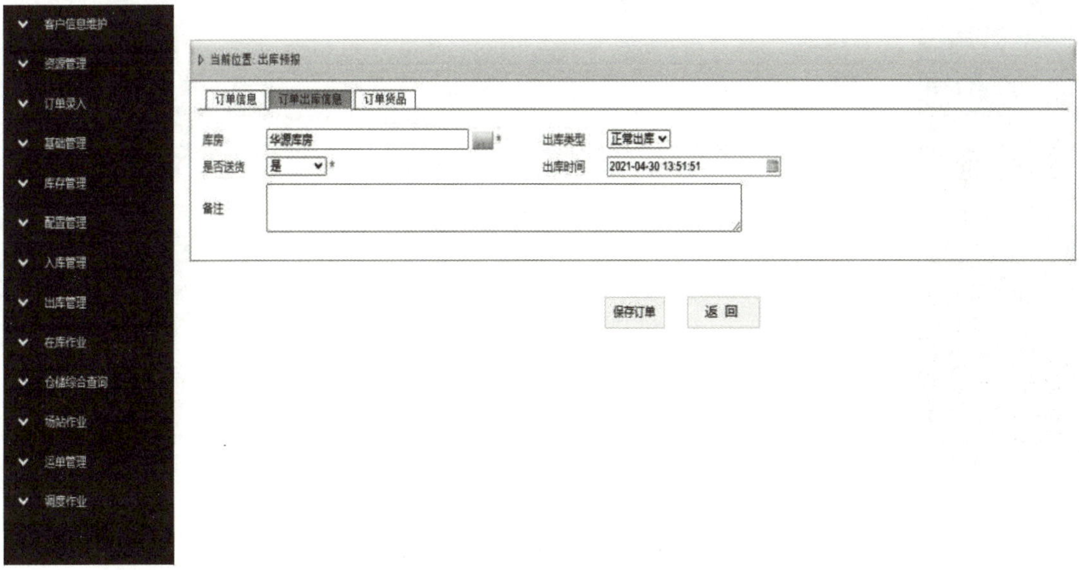

图 8-49　订单出库信息

在“订单货品”页面添加货品,录入货品数量信息。仓管员确认“订单信息”“订单出库信息”、“订单货品”的信息无误后,点击【保存订单】按钮,保存订单。如图 8-50 所示。

图 8-50　保存订单

2. 生成作业计划

仓管员在“出库预报”页面，选中需要审核的订单，点击【发送审核】。如图 8-51 所示。

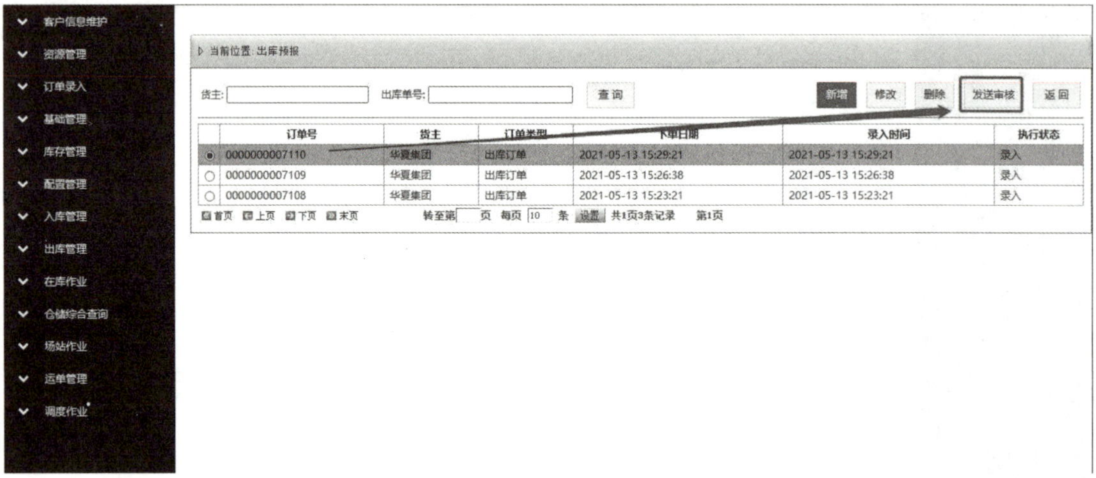

图 8-51　订单审核

仓管员确认信息无误后，点击【确认审核】按钮完成审核。如图 8-52 所示。

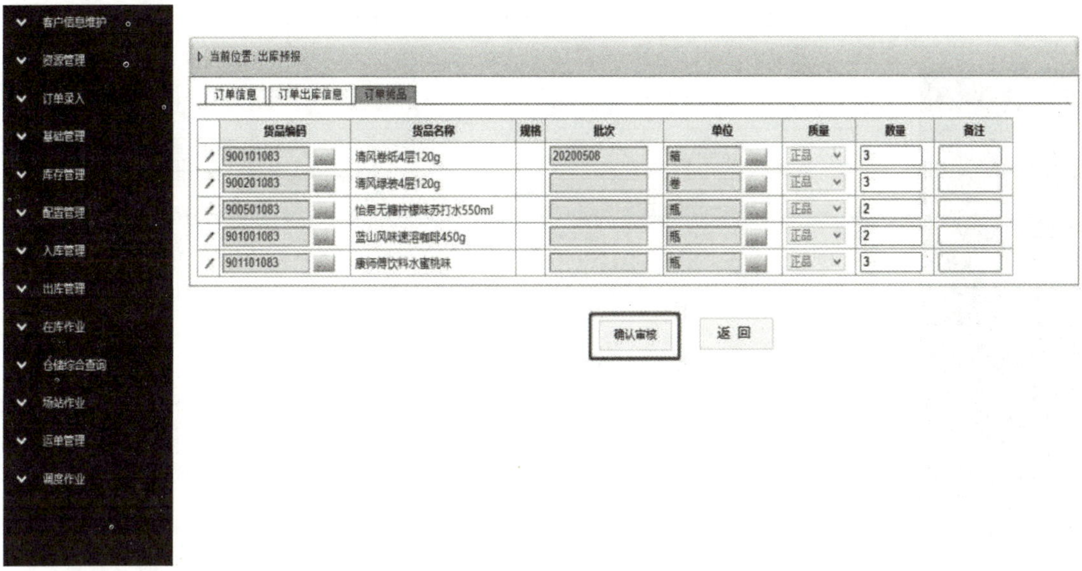

图 8-52　确认审核

3. 月台分配

仓管员在系统主页面点击【出库审核】按钮，进入审核页面。如图 8-53 所示。

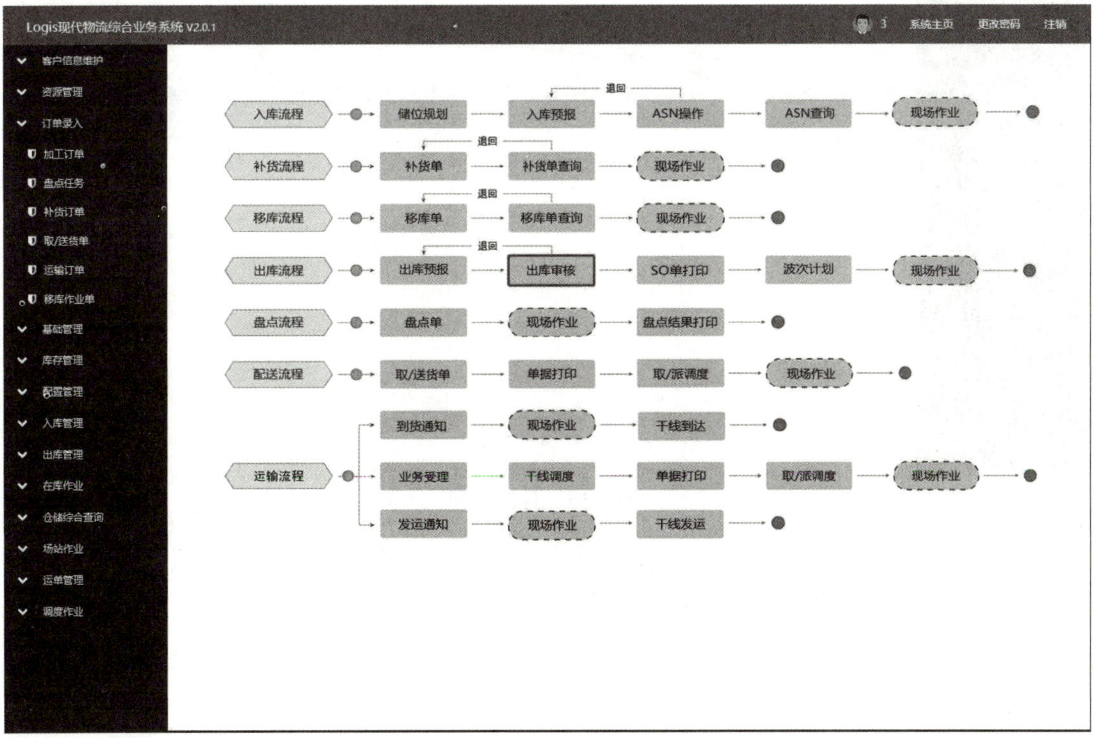

图 8-53　系统主页面-出库审核

选中待处理的订单，点击【月台计划】按钮进行出库月台分配，在跳转出的页面中，选择出库月台，点击【确认】完成出库任务的月台分配操作。如图 8-54、8-55 所示。

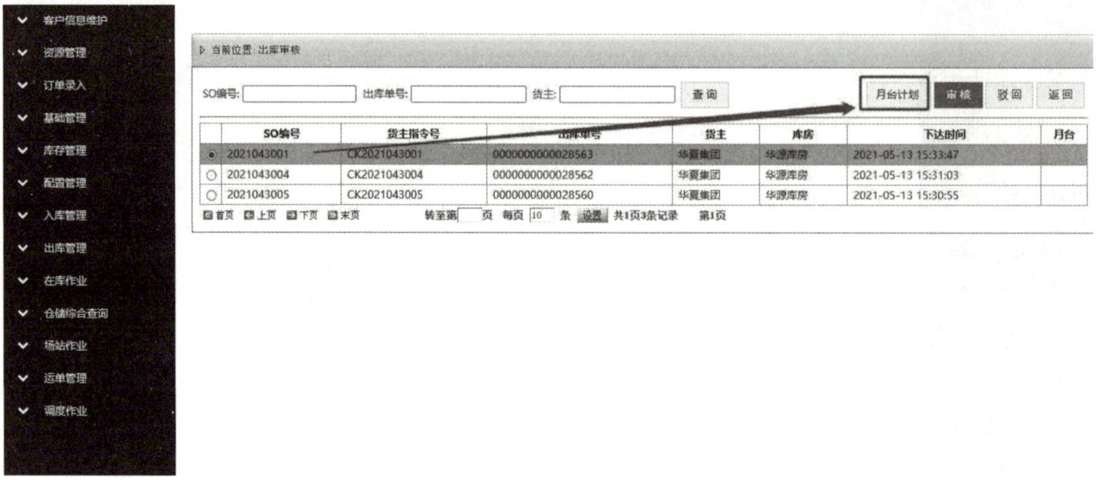

图 8-54　月台计划

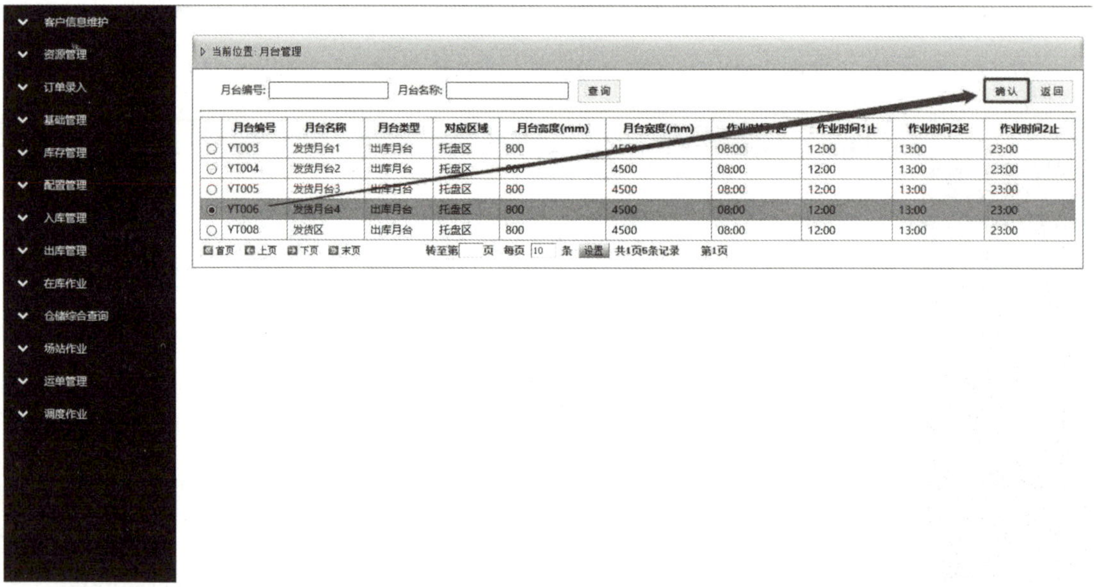

图 8-55　月台分配

仓管员在“出库审核”页面选中需要审核的订单，点击【审核】按钮，在系统上方弹出的提示内点击【确定】完成出库单的审核操作。如图 8-56 所示。

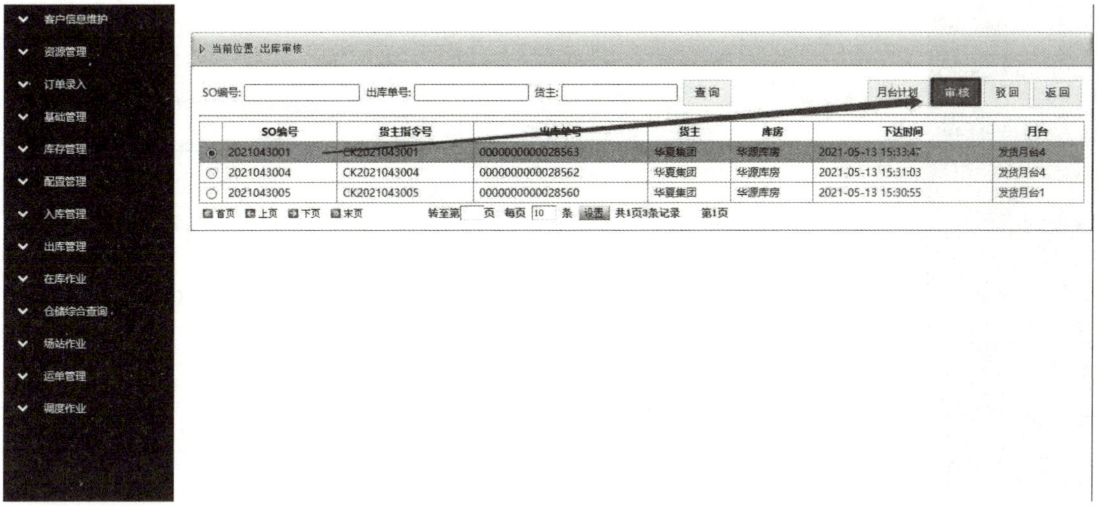

图 8-56　出库订单审核

4. 订单打印

仓管员在系统主页面点击【SO 单打印】按钮，进入订单打印页面，仓管员确认信息无误后点击【打印】按钮，完成出库单的打印操作。如图 8-57、8-58、8-59 所示。

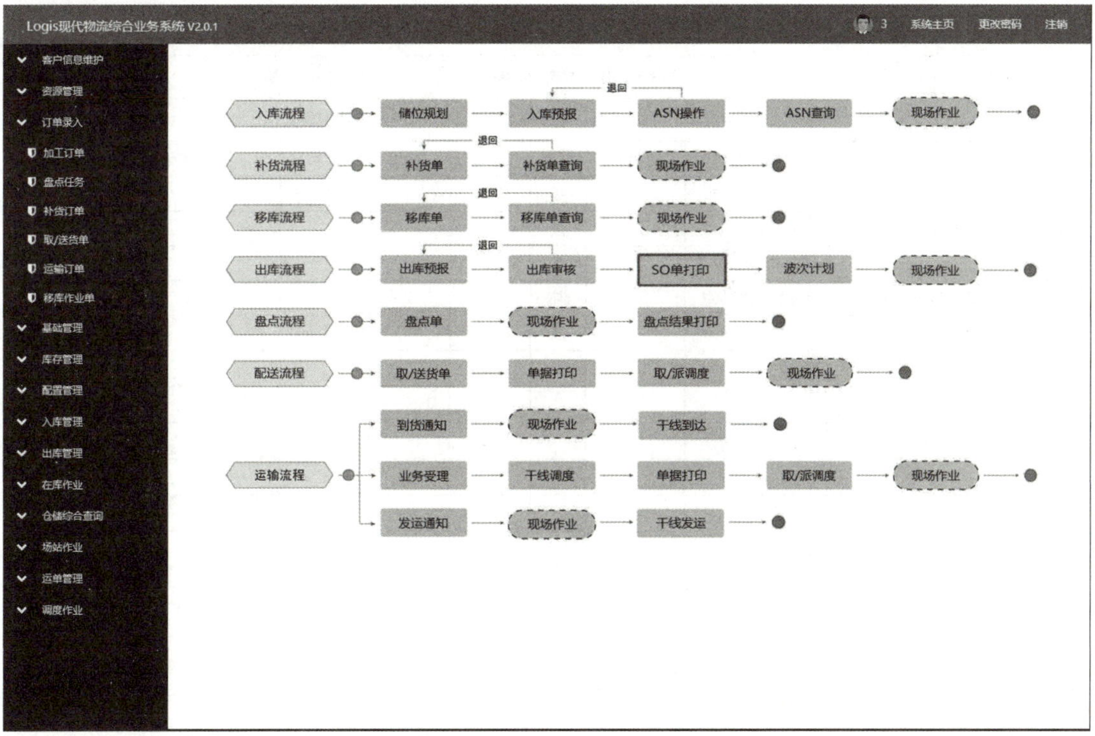

图 8-57　系统主页面-SO 单打印

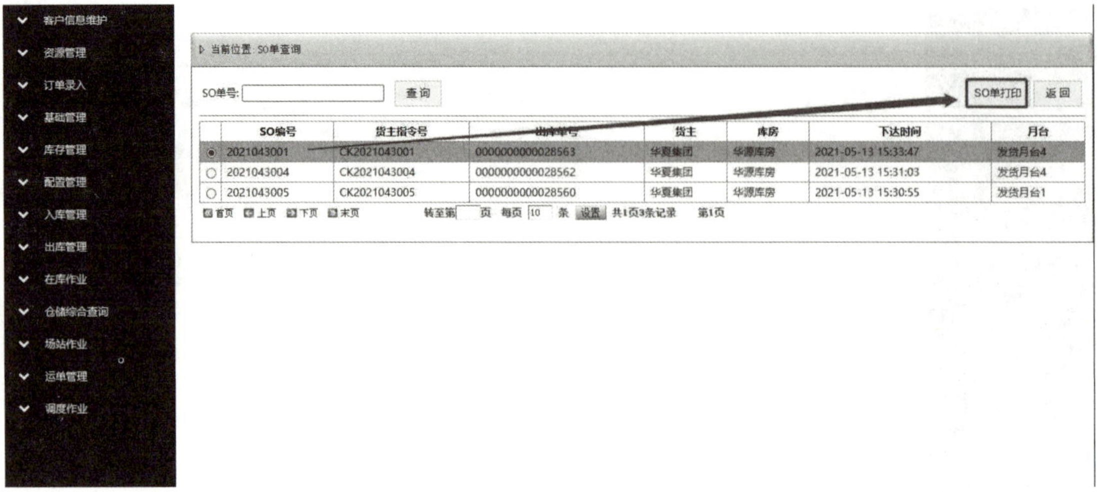

图 8-58 SO 单打印

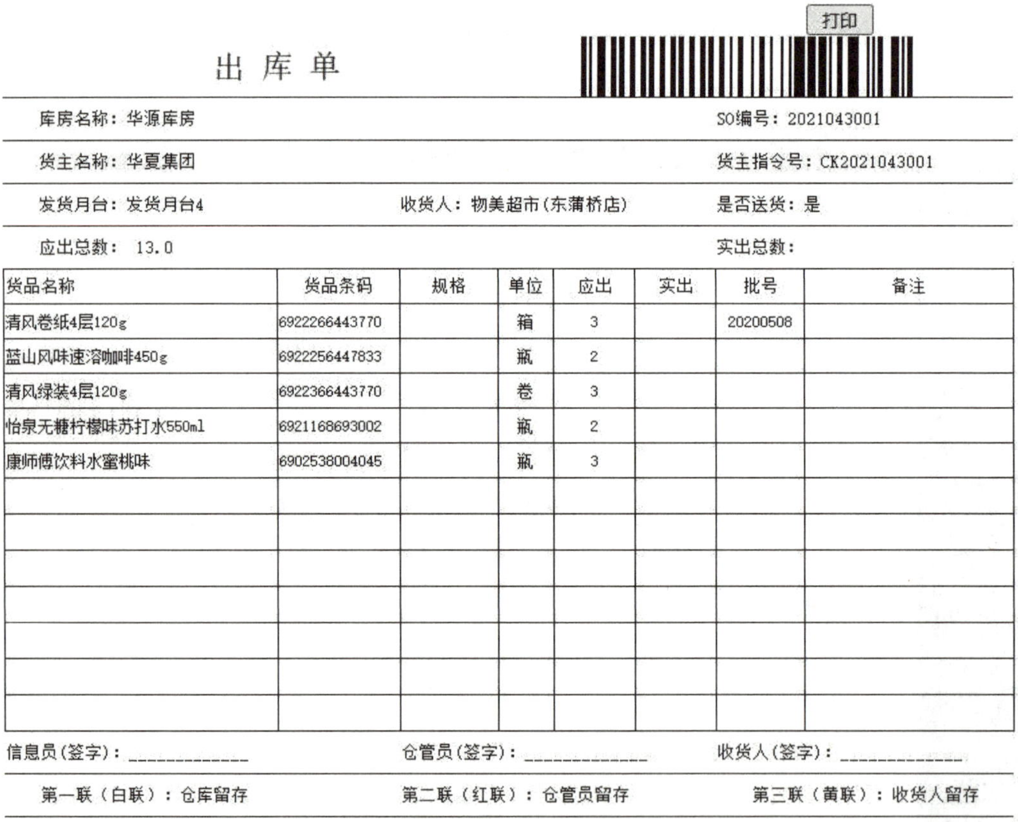

打印

出 库 单

库房名称：华源库房　　SO编号：2021043001

货主名称：华夏集团　　货主指令号：CK2021043001

发货月台：发货月台4　　收货人：物美超市(东蒲桥店)　　是否送货：是

应出总数： 13.0　　实出总数：

货品名称	货品条码	规格	单位	应出	实出	批号	备注
清风卷纸4层120g	6922266443770		箱	3		20200508	
蓝山风味速溶咖啡450g	6922256447833		瓶	2			
清风绿装4层120g	6922366443770		卷	3			
怡泉无糖柠檬味苏打水550ml	6921168693002		瓶	2			
康师傅饮料水蜜桃味	6902538004045		瓶	3			

信息员(签字)：____________　　仓管员(签字)：____________　　收货人(签字)：____________

第一联（白联）：仓库留存　　第二联（红联）：仓管员留存　　第三联（黄联）：收货人留存

图 8-59 订单明细

5. 生成拣选单

仓管员在系统主界面选择【波次计划】,新增出库订单的波次拣选计划。如图 8-60 所示。

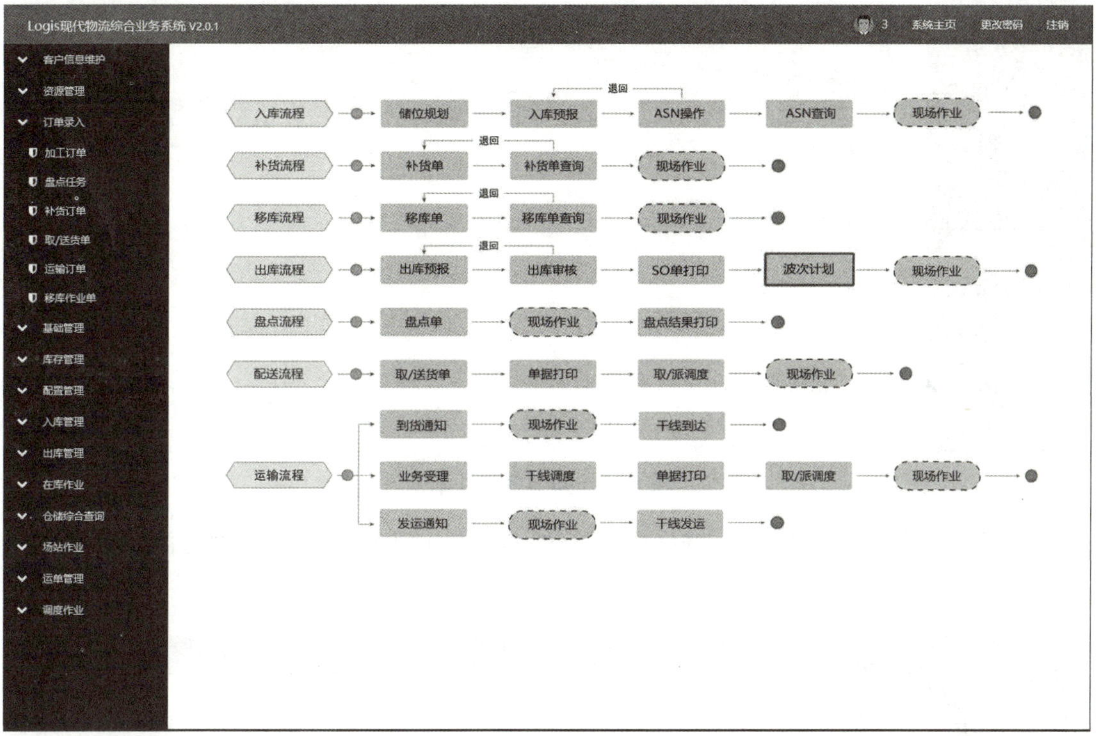

图 8-60　系统主页面-波次计划

点击【新增】按钮进入新增拣选单页面。如图 8-61 所示。

图 8-61　新增波次计划单

仓管员在新增的波次计划页面中选择库房后，会出现待调度的订单，勾选需要调度的订单并点击【加入调度】，所有待调度的订单加入完成后，点击【保存】。如图 8-62 所示。

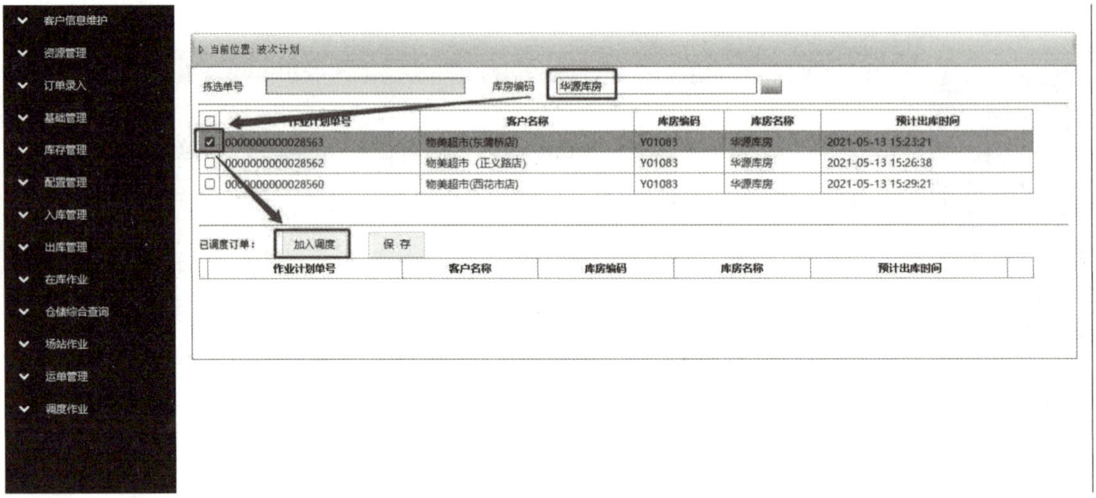

图 8-62　新增波次计划

仓管员在“波次计划”页面，选择调度订单，点击【分配】按钮进行货物分配。如图 8-63 所示。

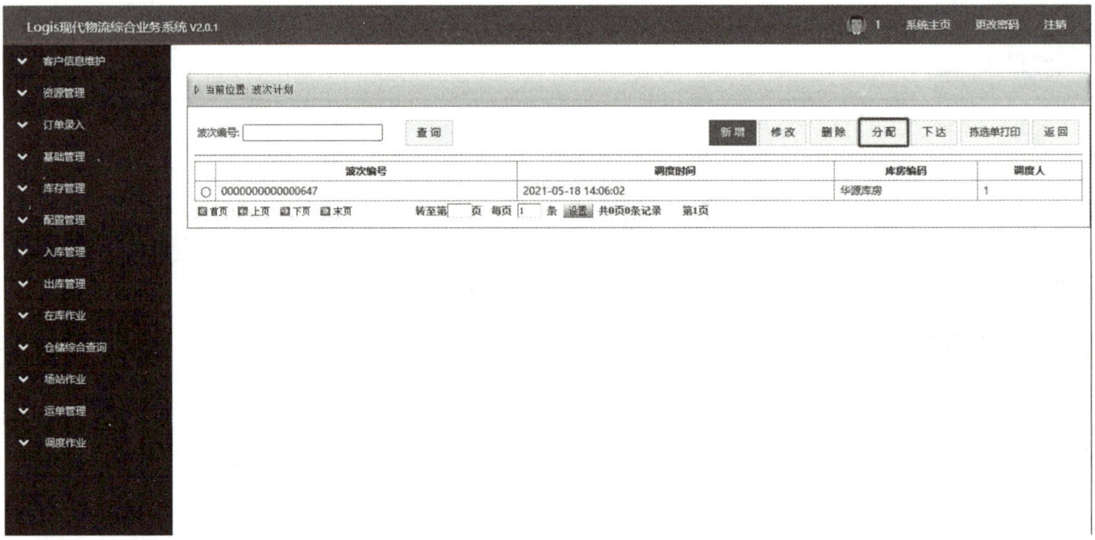

图 8-63　波次分配

进入分配页面后，在“待拣货结果”中选择需要拣选的商品，①点击【库存】按钮，库存框中会显示该货品的库存信息；②点击需要出库的货品库存信息；③在“数量”处的输入框内填入需要出库的数量；④点击【拣货调度】完成该商品的出库分配，若有多件商品需要出库重复操作即可。待所有商品全部分配完成，点击【保存】按钮，完成分配。如图 8-64 所示。

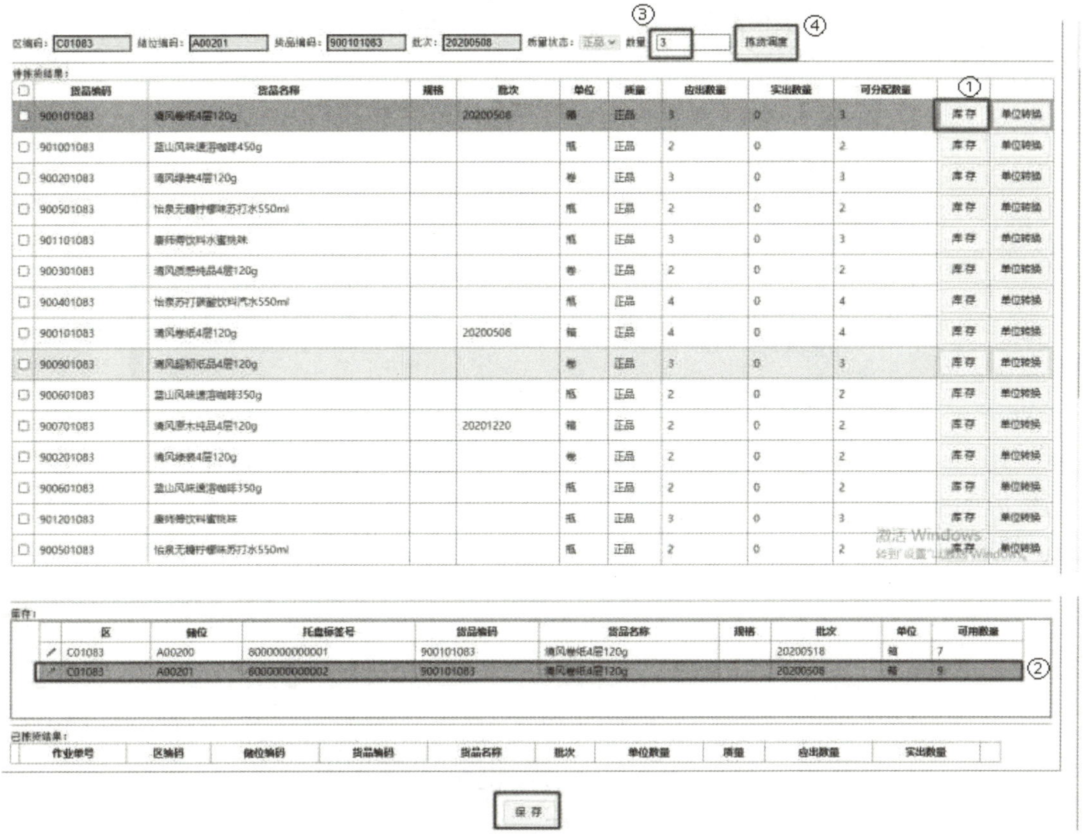

图 8-64　拣选计划

分配调度完成后，在“出库管理—波次计划”中找到订单记录，选中订单，点击【拣选单打印】，进行拣选单的打印作业。如图 8-65 所示。

图 8-65　拣选单打印

仓管员在拣货单打印预览窗口中，出库拣选单信息确认无误后，点击左上角【打印】按钮，即完成打印操作。如图 8-66 所示。

打印

拣选单

作业库区:托盘货架区　　拣选单号:0000000000000630

拣选货位	货品名称	数量	单位
A00103	清风原木纯品4层120g	2	箱
A00201	清风卷纸4层120g	7	箱

拣选单

作业库区:电子拣选区　　拣选单号:0000000000000630

拣选货位	货品名称	数量	单位
A00001	清风绿装4层120g	5	卷
A00002	清风质感纯品4层120g	2	卷
A00003	怡泉苏打碳酸饮料汽水550ml	4	瓶
A00004	怡泉无糖柠檬味苏打水550ml	4	瓶
A00005	蓝山风味速溶咖啡350g	4	瓶
A00102	清风超韧纸品4层120g	3	卷
A00103	蓝山风味速溶咖啡450g	2	瓶
A00104	康师傅饮料水蜜桃味	3	瓶
A00105	康师傅饮料蜜桃味	3	瓶

装箱单

客户名称:物美超市(东蒲桥店)

图 8-66　波次订单明细

仓管员在“出库管理—波次计划”页面，选中待处理订单，点击【下达】按钮，将出库信息发送至操作员的手持终端（即仓储业务系统）中。如图 8-67 所示。

图 8-67　下达波次计划

确认信息无误后，点击【确认下达】，下达订单拣选任务。如图 8-68 所示。

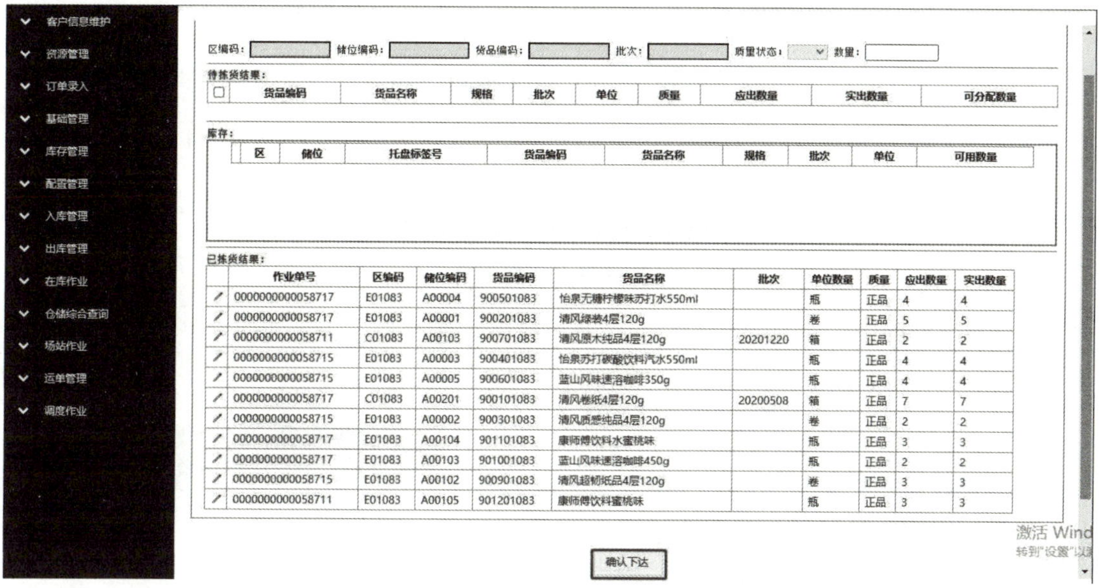

图 8-68　确认下达

6. 出库理货

通过现代物流综合业务手持系统进入手持系统，在主页面点击【仓储作业】，进入仓储 RF 手持系统（以下简称：仓储手持系统）。如图 8-69 所示。

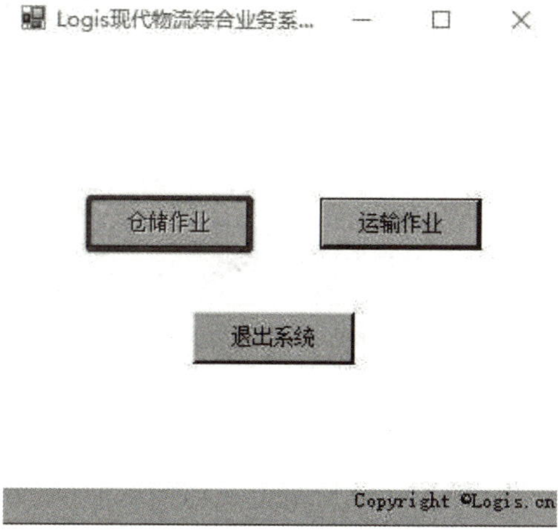

图 8-69　进入仓储业务手持系统

进入仓储手持系统后，点击【出库作业】进行出库操作。如图 8-70 所示。

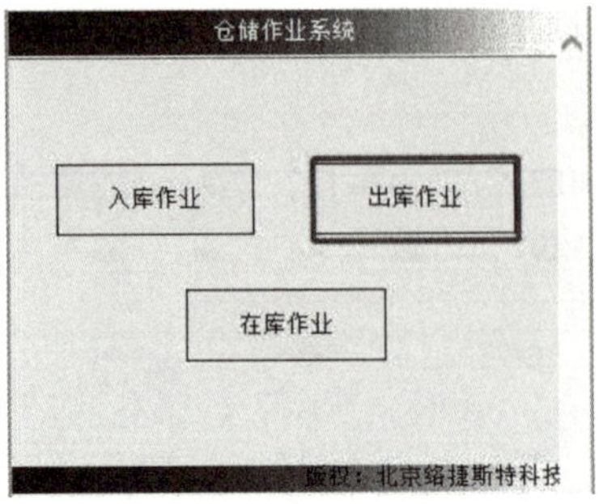

图 8-70　出库作业

点击【出库理货】按钮，选择相应的作业单号，点击【开始】按钮，即开始出库理货。如下图 8-71、8-72 所示。

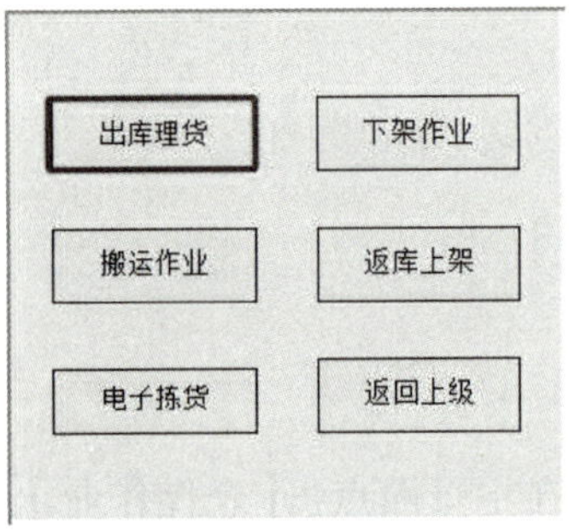

图 8-71　出库理货

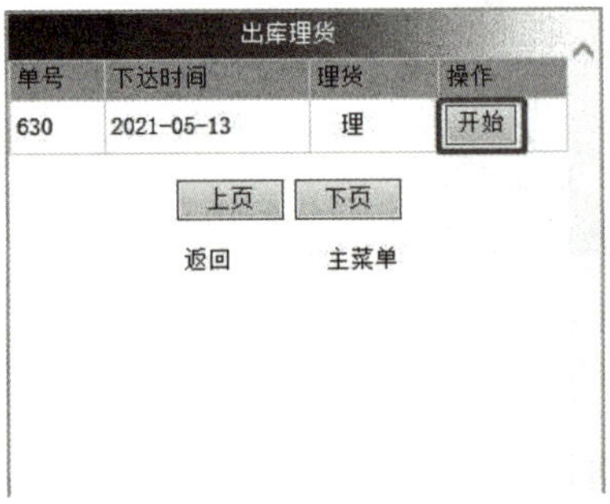

图 8-72　开始作业

7. 出库下架

驾驶叉车 / 叉车进入托盘货架区，返回手持上一界面，点击【下架作业】按钮，进入下架页面，如图 8-73 所示。

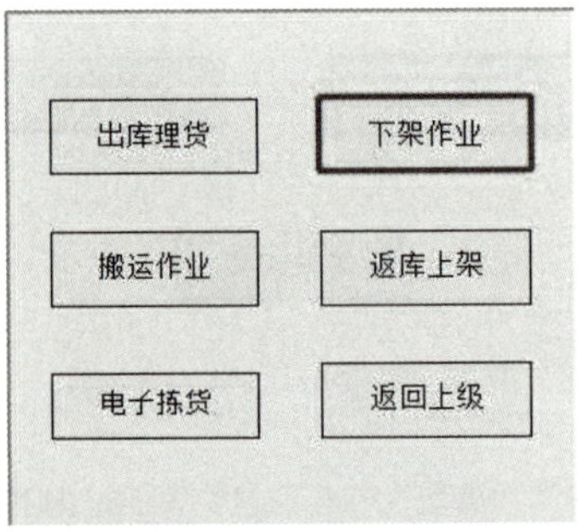

图 8-73　下架作业

使用手持终端（即仓储业务系统手持）扫描货物所在储位，在扫描托盘条码，点击【确认下架】，完成货物的下架作业，如图 8-74 所示。

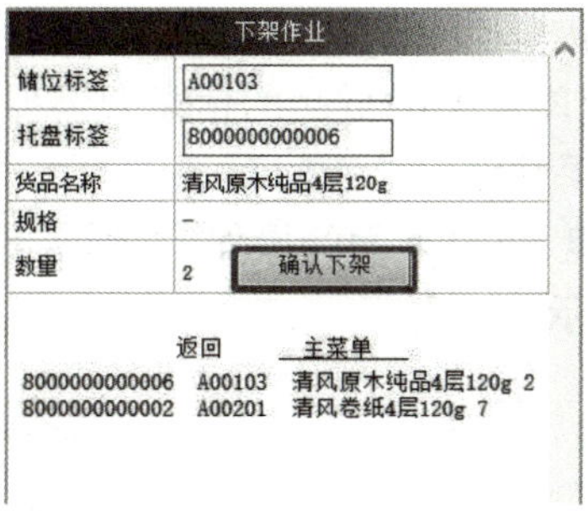

图 8-74　下架确认

8. 搬运作业

点击【搬运作业】按钮进入仓储业务系统操作界面，仓管员利用手持终端（即仓储业务系统手持）扫描待搬运托盘的标签，获得搬运指令信息，系统会自动显示出该托盘上所放的货品信息、数量和要搬运到的地点，点击【确认搬运】按钮。如果有多个搬运任务，循环操作，直至完成所有出库货品的搬运作业。如图 8-75、图 8-76 所示。

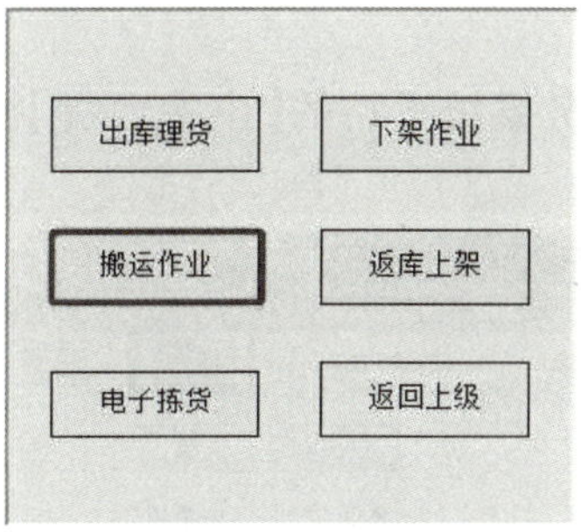

图 8-75　搬运作业

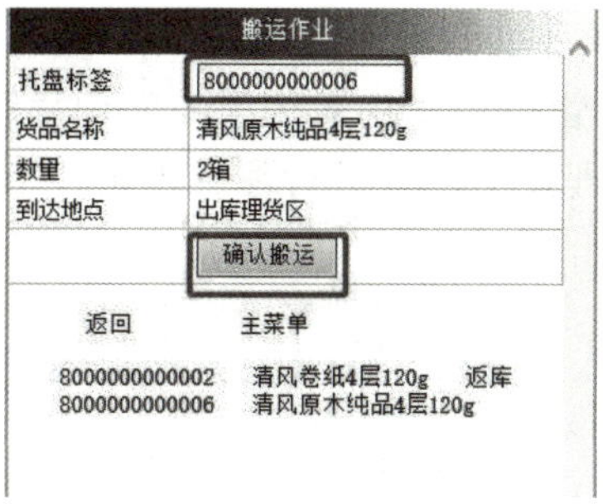

图 8-76　搬运确认

整箱出库完成后，托盘内若有剩余的货品未出库，仓储手持系统会提示“返库”，则需进行返库作业；托盘内若没有剩余的货品，则将空托盘返回托盘存放区。

9. 返库作业

在当前页面（即“搬运作业”页面）的“托盘标签”处，输入待返库搬运的托盘编号，并点击【确认搬运】按钮完成托盘的返库搬运作业。如图 8-77、图 8-78 所示。

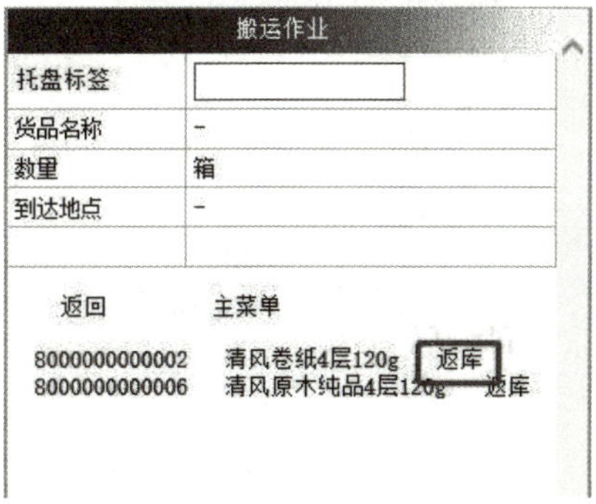

图 8-77　返库提示

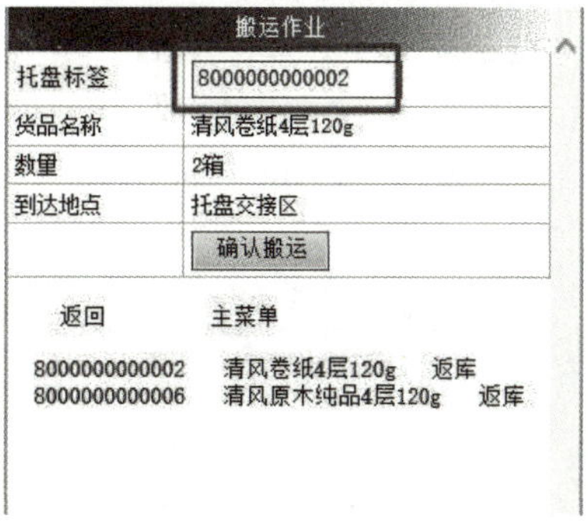

图 8-78　返库搬运确认

回到主菜单,点击【返库上架】按钮,进行托盘商品返库操作。扫描需要返库上架的托盘标签号,系统自动显示出需要返库上架的货品的信息及需要上架的储位如图所示。扫描系统分配的区储位(注:系统中需手动输入并按回车确认),点击【确认返库】完成上架操作。

如果有多个需要返库的托盘,重复上面的操作,直到所有待返库上架的托盘全部返库上架完成。如下图 8-79、图 8-80 所示。

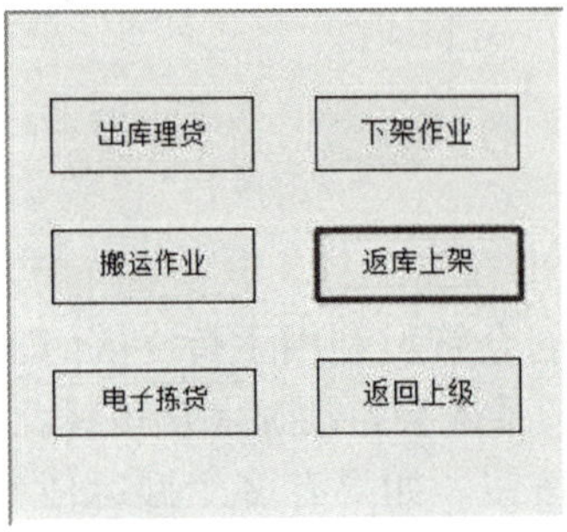

图 8-79　返库上架

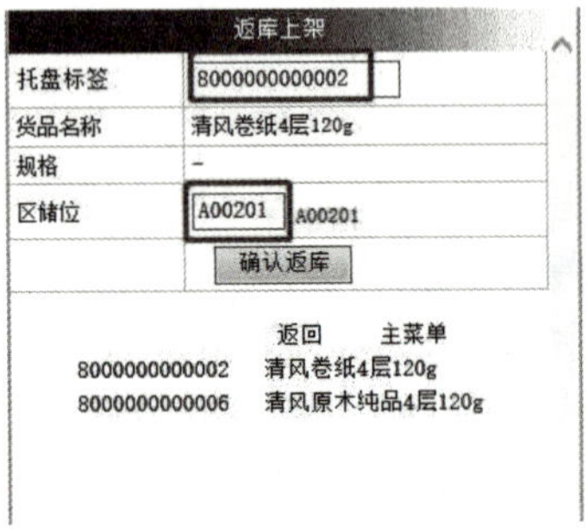

图 8-80　返库上架确认

10. 出库理货

仓管员将货物搬运至出库理货区后,进入仓储业务系统手持的【出库理货】操作界面,点击【理货】按钮,进行理货作业。如图 8-81、8-82 所示。

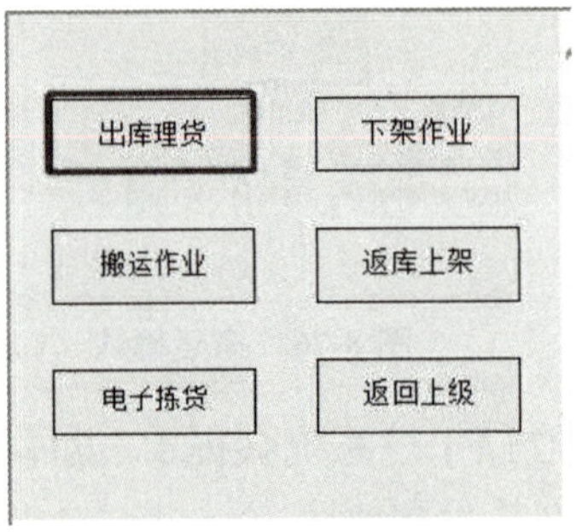

图 8-81　出库理货

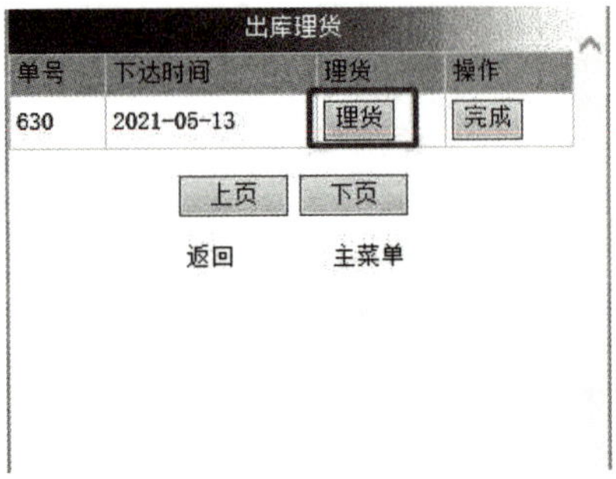

图 8-82　理货

仓管员点击"托盘标签信息",信息确认无误后,点击【保存结果】按钮,待所有货品条码信息确认完成后,会显示货品理货成功提示。如图 8-83、8-84、8-85 所示。

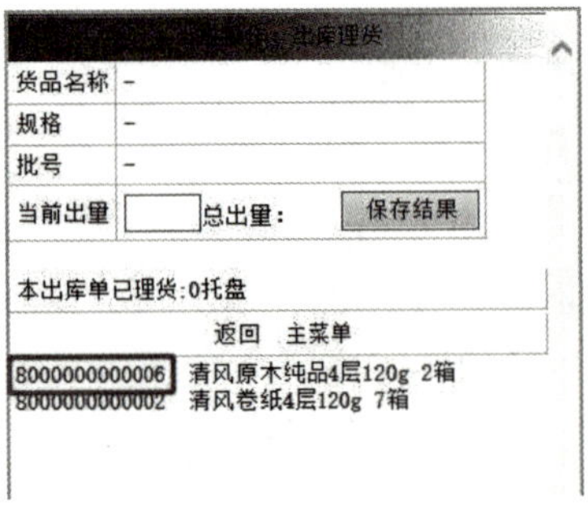

图 8-83　出库理货

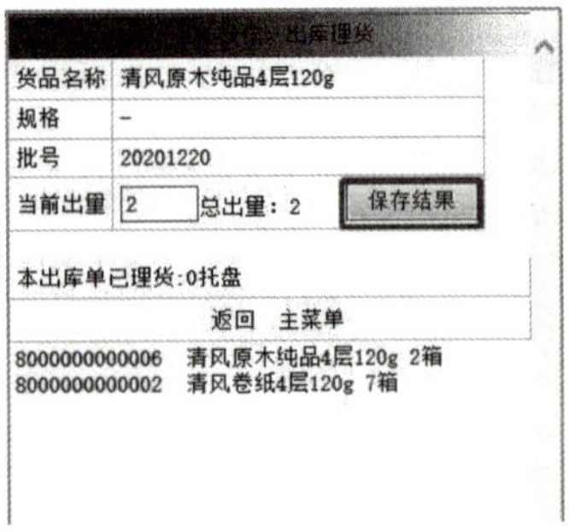

图 8-84　理货结果保存

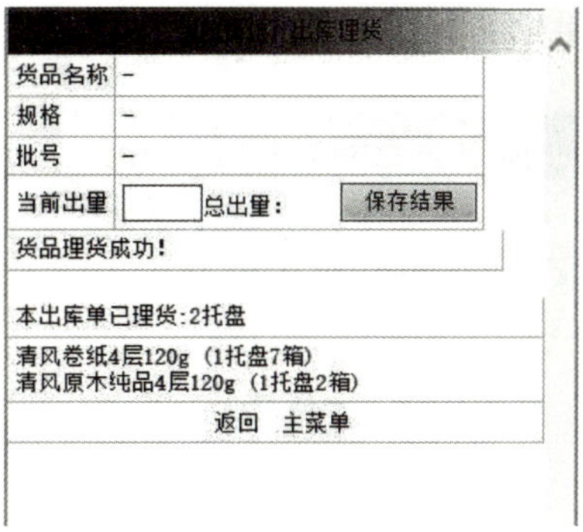

图 8-85 理货成功

11. 电子拣选区出库作业

操作人员利用终端设备分别扫描“出库单条码”和“周转箱条码”(注:出库单条码可在系统左侧“出库管理”下的“SO 单查询”页面进项查找),完成出库单和周转箱的绑定,并在周转箱醒目位置粘贴客户标签。点击【确认】按钮。根据电子标签中的指令将货物从电子拣选货架区拣选至周转箱,拣选完成后把周转箱放在托盘上或手推车上,将托盘或手推车搬运到发货区,验收后将已经签字的出库单交给发货人。完成所有拣货操作后,在【出库理货】页面点击完成。进入出库作业的操作菜单页面,点击【电子拣选】。如图 8-86 所示。

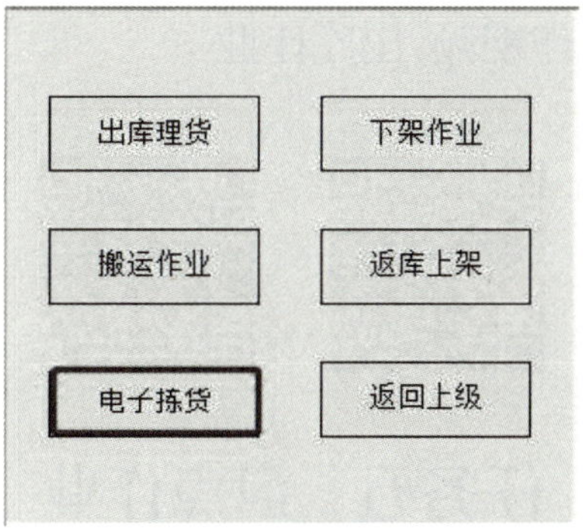

图 8-86 电子拣货

进入电子拣选页面,扫描订单条码,周转箱后点击【确认】按钮。如图 8-87 所示。

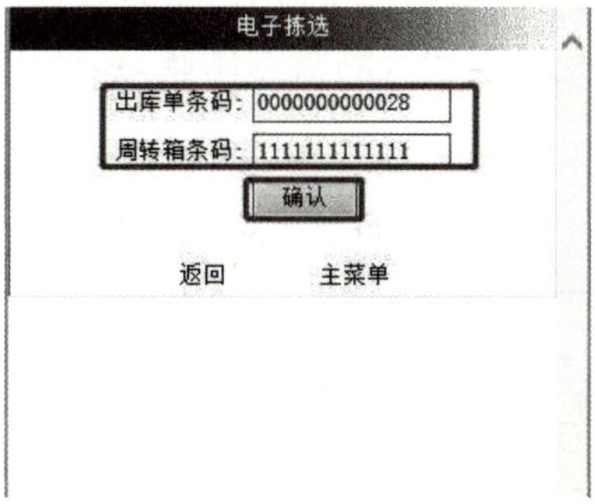

图 8-87 单据绑定

返回到出库理货界面，点击【完成】按钮即完成理货，如图 8-88 所示。

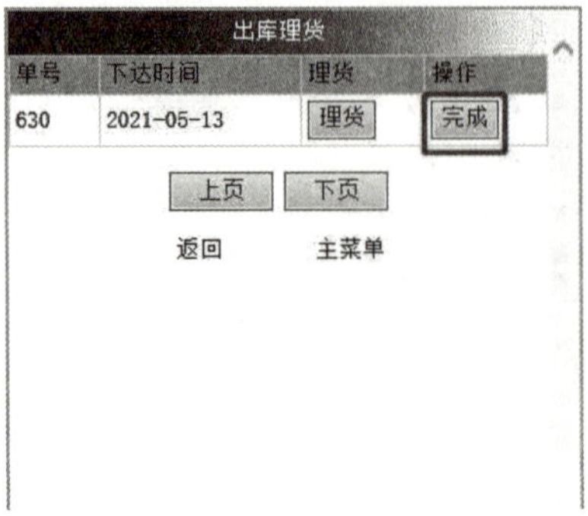

图 8-88　出库理货完成

其中订单条码为“出库单”打印页面条形码，可扫描输入，也可手动输入条码下方数字；周转箱条码同样可扫描输入，也可手动输入。输入完成后，点击【确认】按钮。

正常情况下，此时电子标签的指示灯将被点亮，上面会显示相应货品的出库数量。作业人员拿着周转箱到电子拣选货架根据指示灯显示的数量进行拣货操作。

拣选完一种货品后，拍灭相应的电子标签。当所有的拣选任务完成后，订单结束器上的绿灯会闪烁同时伴有蜂鸣声。将结束器拍灭后，该订单的拣选任务完成。

三、扫码学习标准化操作视频：出库作业

任务五　盘点作业

一、任务描述

在所有入库、出库、补货作业完成后，仓配中心主管张斌要求信息员根据实际作业情况对电子拣选区进行盘点，完成托盘货架区的盘点作业，并打印和提交盘点结果单，如表 8-14 所示。

表 8-14　电子拣选区库存情况

储位编码	货品条码	货品名称	数量	品类	补货点	单位	箱装数
A00000	6922266443770	清风卷纸 4 层 120 克	9	日用品	5	卷	5
A00001	6922366443770	清风绿装 4 层 120 克	8	日用品	2	卷	4
A00002	6922466443770	清风质感纯品 4 层 120 克	7	日用品	4	卷	5

续表

储位编码	货品条码	货品名称	数量	品类	补货点	单位	箱装数
A00003	6921168593002	怡泉苏打碳酸饮料汽水 550 毫升	4	饮料	3	瓶	5
A00004	6921168693002	怡泉无糖柠檬味苏打水 550 毫升	7	饮料	2	瓶	5
A00005	6922255447833	蓝山风味速溶咖啡 350 克	8	饮料	3	瓶	5
A00100	6922566443770	清风原木纯品 4 层 120 克	8	日用品	3	卷	5
A00101	6922666443770	清风起柔系列 4 层 120 克	8	日用品	5	卷	5
A00102	6922766443770	清风超韧纸品 4 层 120 克	3	日用品	5	卷	5
A00103	6922256447833	蓝山风味速溶咖啡 450 克	9	饮料	3	瓶	5
A00104	6902538004045	康师傅饮料水蜜桃味	8	饮料	5	瓶	8
A00105	6902538104045	康师傅饮料蜜桃味	7	饮料	3	瓶	8

二、操作步骤

1. 盘点单录入

在系统主页面选择【盘点单】按钮进入新增盘点单页面，如图 8-89 所示。

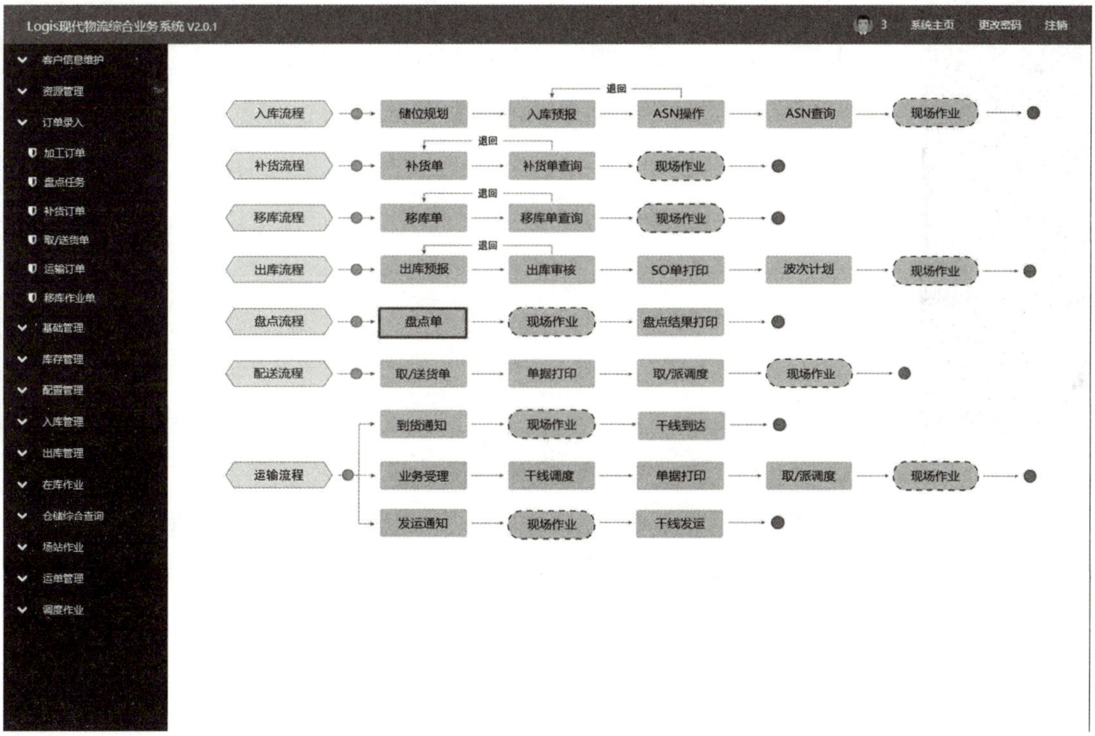

图 8-89　系统主页面-盘点单

点击【新增】按钮进入盘点单录入页面，如图 8-90 所示。

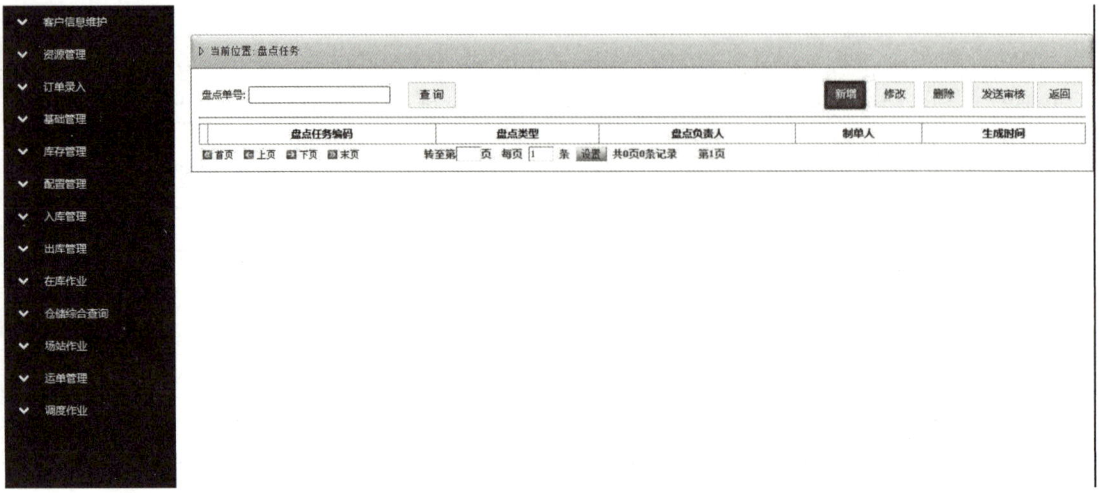

图 8-90 新增盘点单

在“盘点任务单”界面，填写盘点任务的基础信息：库房、盘点区域、盘点方式（电子拣选区选择“明盘”）等，填写完成后点击【保存订单】按钮，如图 8-91 所示。

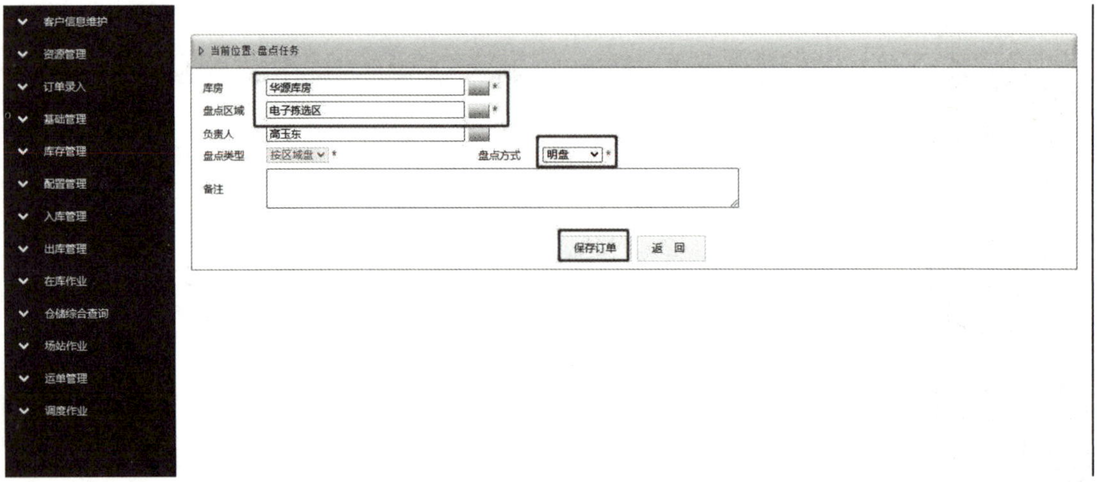

图 8-91 盘点单明细

选中需要执行盘点作业的订单，点击【发送审核】，提交处理后的订单信息会下发到对应负责人的手持终端（即仓储业务系统）中，负责人根据盘点单内容对目标区域的商品进行盘点，如图 8-92 所示。

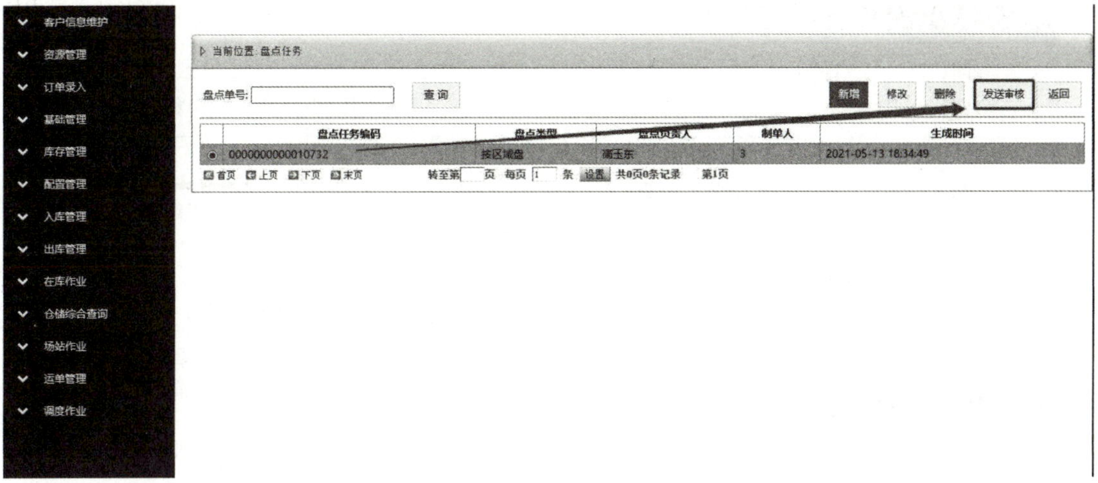

图 8-92　发送审核

2. 盘点作业

通过现代物流综合业务手持系统进入手持系统，在主页面点击【仓储作业】，进入仓储RF 手持系统（以下简称：仓储手持系统），如图 8-93 所示。

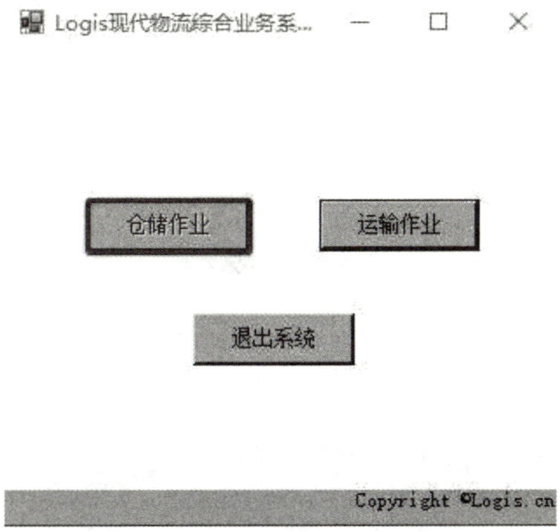

图 8-93　进入仓储业务系统手持

点击【在库作业】进入在库作业的操作界面。在【在库作业】中选择【盘点作业】，进入盘点作业界面，选中作业信息，点击【开始】按钮，启动盘点任务，进入电子拣选区盘点作业的页面，如图 8-94、图 8-95、图 8-96 所示：

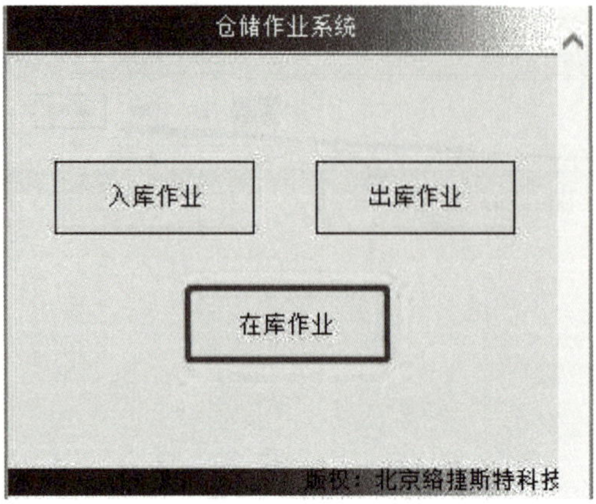

图 8-94　在库作业

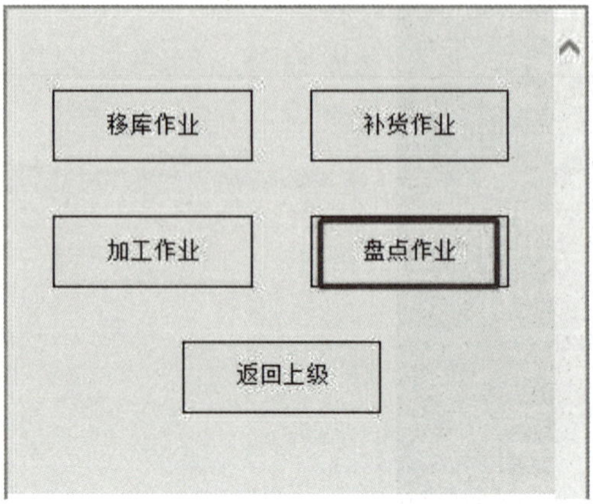

图 8-95　盘点作业

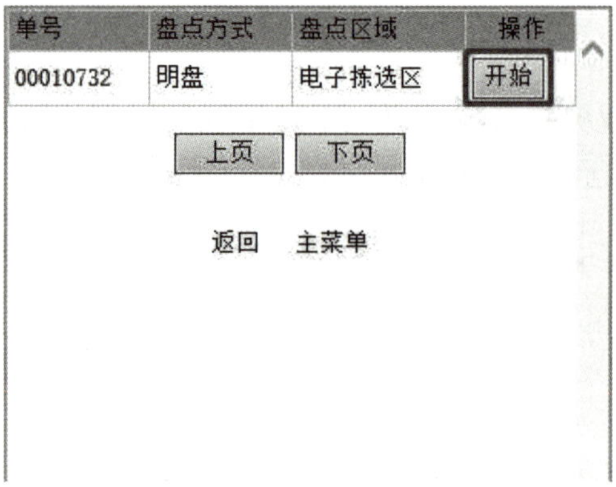

图 8-96　盘点开始

电子拣选区的盘点作业需要在场地进行盘点，现场盘点完成后在仓储作业系统手持中点击【完成】按钮，完成盘点操作，如图 8-97 所示。

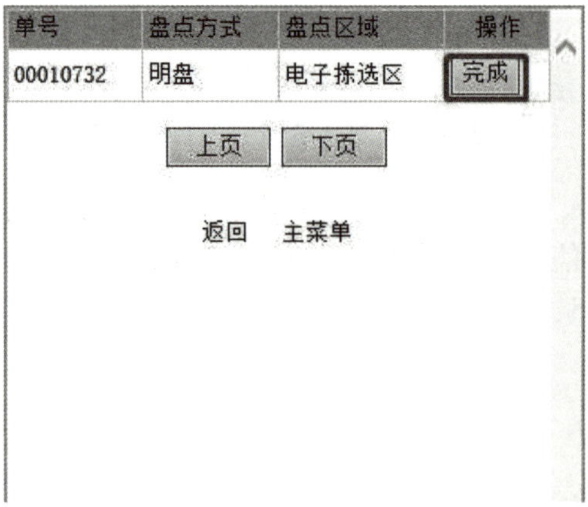

图 8-97　盘点任务完成

现场盘点结束后，仓管员在系统主页面点击【盘点结果打印】，盘点任务的状态为“完成”，则可点击【打印】按钮，进入“盘点结果单”打印预览界面，如图 8-98、图 8-99 所示。

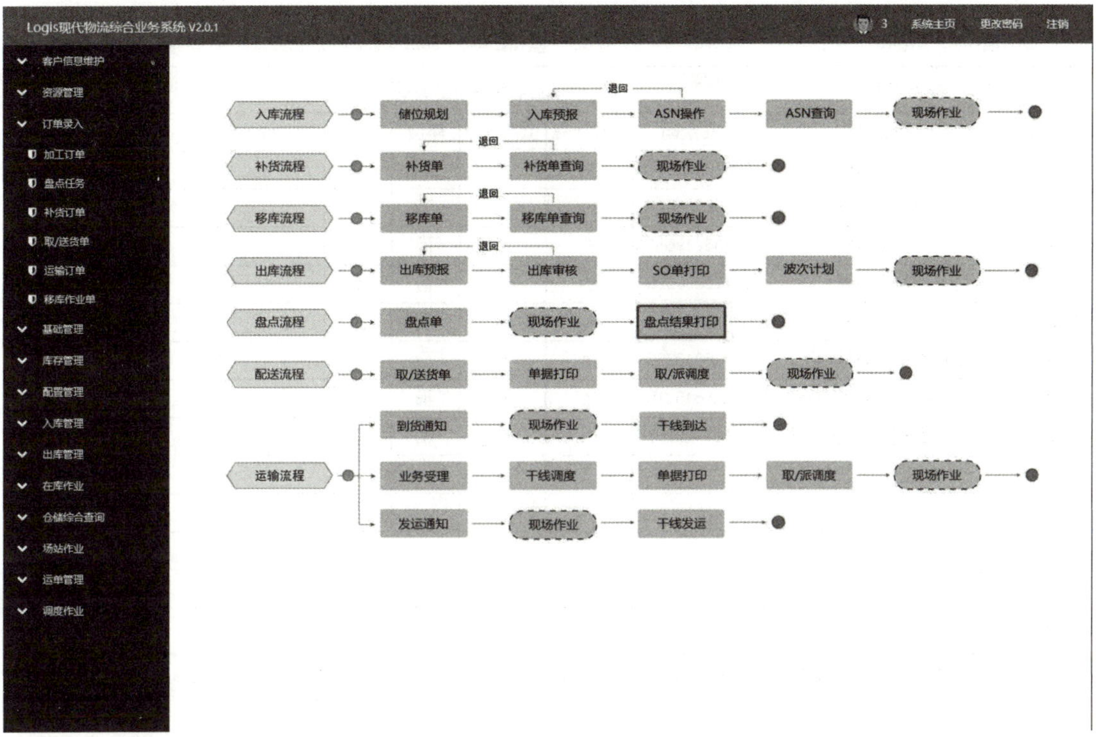

图 8-98　系统主页面-盘点结果打印

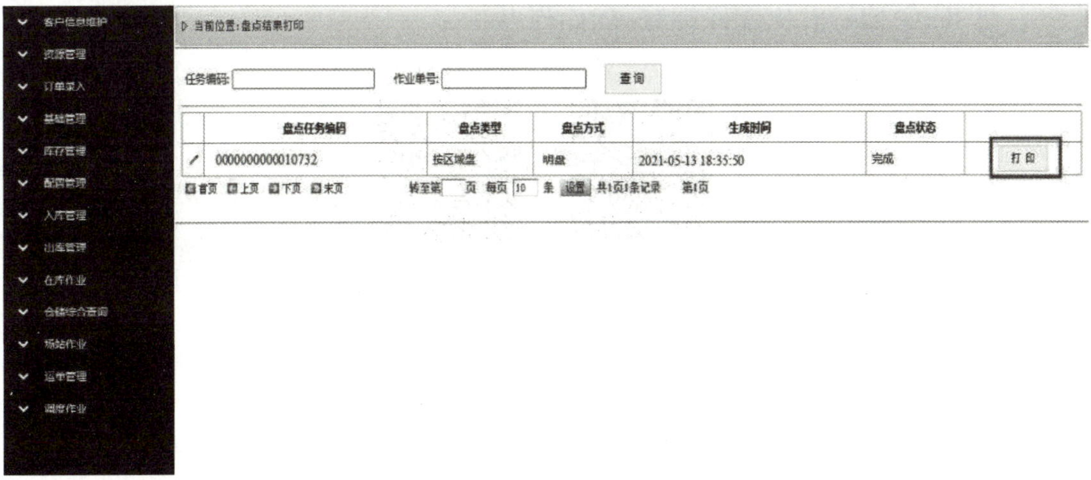

图 8-99　盘点结果打印

在“盘点结果单”打印预览界面，点击【打印】按钮即可打印“盘点结果单”，如图 8-100 所示。

打印

盘 点 结 果 单

库房名称:华源库房　　　　盘点日期: 2021-01-25

盘点类型:按区域盘　　　　区名称:托盘货架区

储位	货品名称	货品条码	库存数量	盘点数量	单位	盈亏	备注
A00000	可口可乐	6928804011173	5	5	箱	0	
A00001	娃哈哈营养快线	6902083886455	15	15	箱	0	
A00100	百事可乐	6924882496116	8	8	箱	0	
A00102	农夫山泉	6921168509256	5	5	箱	0	
A00103	冰露矿泉水	6928804013740	5	5	箱	0	
B00002	清风卷纸(新韧纯品)	6922266437359	10	10	箱	0	
B00100	清风卷纸(原木纯品)	6922266452154	12	12	箱	0	
B00101	白猫柠檬红茶洗洁精	6901894121670	15	15	箱	0	

信息员(签字):__________　　仓管员(签字):__________

第一联(白联):信息员留存　第二联(红联):仓库留存　第三联(黄联):仓管员留存

图 8-100　盘点结果明细

三、扫码学习标准化操作视频:盘点作业

附录　成绩评定用表

信息员执裁表

评分指标	项　目	扣　分	次　数	小　计
现场失误	纸质单据尚未打印并交到作业人员手中就开始作业	2		
	单据未交接、交错联、签字错误	0.4		
	货物、设备或人员压、越黄色实线（按出错次数累计）	0.4		
	未找出破损/污损/错误/未封口的货物（按箱计算次数）	2		
	货物、托盘、工具或周转箱掉落地面（按出错次数累计）	1		
	设备、人员相互之间发生明显碰撞（按出错次数累计）	0.4		
	设备不在指定存放处，且无人看管（按出错次数累计）	0.2		
	人工跨区域搬运货品、纸箱或周转箱（按出错次数累计）	0.6		
	周转箱或纸箱未贴客户标签（按出错次数累计）	0.6		
	盘点后货品码放不规整（按出错次数累计）	0.4		
设备归位	刀具、安全帽、手持、手持包、周转箱、空托盘等未归位	0.2		
	叉车、地牛、手推车等未归位	0.3		
其他扣分	其他错误（注明原因）：	1		
	其他错误（注明原因）：	2		

仓管员执裁表

评分指标	项　目	扣　分	次　数	小　计
	单据未交接、交错联、签字错误	0.4		
	货物、设备或人员压、越黄色实线（按出错次数累计）	0.4		
	未找出破损/污损/错误/未封口的货物（按箱计算次数）	2		
	货物、托盘、工具或周转箱掉落地面（按出错次数累计）	1		
	设备、人员相互之间发生明显碰撞（按出错次数累计）	0.4		
	设备不在指定存放处，且无人看管（按出错次数累计）	0.2		
	人工跨区域搬运货品、纸箱或周转箱（按出错次数累计）	0.6		
	周转箱或纸箱未贴客户标签（按出错次数累计）	1		
	非信息员进入现场办公区（按出错次数累计）	0.6		
	盘点后货品码放不规整（按出错次数累计）	0.4		
设备归位	安全帽、手持、手持包、周转箱、空托盘等未归位	0.2		
	叉车、地牛、手推车等未归位	0.3		
其他扣分	其他错误（注明原因）：	1		
	其他错误（注明原因）：	2		

操作员执裁表

评分指标	项　目	扣　分	次　数	小　计
	单据未交接、交错联、签字错误	0.4		
	货物、设备或人员压、越黄色实线（按出错次数累计）	0.4		
	未找出破损/污损/错误/未封口的货物（按箱计算次数）	2		
	货物、托盘、工具或周转箱掉落地面（按出错次数累计）	1		
	设备、人员相互之间发生明显碰撞（按出错次数累计）	0.4		
	设备不在指定存放处，且无人看管（按出错次数累计）	0.2		
	人工跨区域搬运货品、纸箱或周转箱（按出错次数累计）	0.6		
	周转箱或纸箱未贴客户标签（按出错次数累计）	1		
	非信息员进入现场办公区（按出错次数累计）	0.6		
	盘点后货品码放不规整（按出错次数累计）	0.4		
设备归位	安全帽、手持、手持包、周转箱、空托盘等未归位	0.2		
	叉车、地牛、手推车等未归位	0.3		
其他扣分	其他错误（注明原因）：	1		
	其他错误（注明原因）：	2		

叉车司机执裁表

评分指标	项　目	扣　分	次　数	小　计
叉车操作	叉车行驶中出现轮胎离地（按出错次数累计）	2		
	叉车制动不当或者制动过程出现拖痕（按出错次数累计）	2		
	叉车未按规范上车、起步、停车和下车（按出错次数累计）	0.6		
	叉车行驶和停车时，货叉离地面距离不在 30 cm~40 cm 之间（按出错次数累计）	0.6		
	叉车行驶中升降货叉按出错次数累计）	0.6		
	叉车比赛结束后未停回原位（按出错次数累计）	0.6		
	叉车手未佩戴安全帽（按出错次数累计）	0.4		
	单据未交接、交错联、签字错误	0.4		
	货物、设备或人员压、越黄色实线（按出错次数累计）	0.4		
	未找出破损/污损/错误/未封口的货物（按箱计算次数）	2		
	货物、托盘、工具或周转箱掉落地面（按出错次数累计）	1		
	设备、人员相互之间发生明显碰撞（按出错次数累计）	0.4		
	设备不在指定存放处，且无人看管（按出错次数累计）	0.2		
	人工跨区域搬运货品、纸箱或周转箱（按出错次数累计）	0.6		
	周转箱或纸箱未贴客户标签（按出错次数累计）	1		
	盘点后货品码放不规整（按出错次数累计）	0.4		

续表

评分指标	项　目	扣　分	次　数	小　计
设备归位	安全帽、手持、手持包、周转箱、空托盘等未归位	0.2		
	叉车、地牛、手推车等未归位	0.3		
其他扣分	其他错误(注明原因):	1		
	其他错误(注明原因):	2		

参考文献

[1] 李升全,毛艳丽. 物流基础[M]. 北京:高等教育出版社, 2012.
[2] 陈雄寅. 现代物流基础[M].2 版. 北京:电子工业出版社, 2023.
[3] 陈雄寅,贾铁刚. 快递实务[M]. 北京:高等教育出版社, 2019.
[4] 韦妙花. 仓储与配送实务[M]. 北京:电子工业出版社, 2019.
[5] 陈雄寅. 移动电商物流 [M].2 版. 北京:电子工业出版社, 2020.
[6] 宋文官. 物流基础[M].4 版. 北京:高等教育出版社,2014.
[7] 吴清一. 现代物流概论[M]. 北京:中国物资出版社, 2005.
[8] 廖刚,邵淑仪,陈唯宏. 网店客服[M]. 北京:中国人民大学出版社,2015.
[9] 朱溪亭. 快递业务与运营实务[M]. 北京:北京理工大学出版社,2018.
[10] 毛宁莉. 运输作业实务[M].2 版. 北京:机械工业出版社,2021.
[11] 白东蕊. 电子商务基础[M].2 版. 北京:人民邮电出版社,2019.
[12] 万守付,罗慧. 电子商务基础[M].5 版. 北京:人民邮电出版社,2020.
[13] 邵贵平. 电子商务物流管理[M]. 北京:人民邮电出版社,2010.
[14] 陈德人,方美玉,白东蕊. 电子商务案例分析[M]. 北京:人民邮电出版社,2022.
[15] 廖刚,邵淑仪,陈唯宏. 网店客服[M]. 北京:中国人民大学出版社,2015.
[16] 袁红清. 电子商务:理论与实训[M]. 杭州:浙江大学出版社,2019.
[17] 何雄明. 快递客户服务与营销[M]. 北京:人民邮电出版社,2017.